ISBN 978-0-260-18604-1
PIBN 10933089

Forgotten Books is a registered trademark of FB &c Ltd.
Copyright © 2018 FB &c Ltd.
FB &c Ltd, Dalton House, 60 Windsor Avenue, London, SW19 2RR.
Company number 08720141. Registered in England and Wales.

For support please visit www.forgottenbooks.com

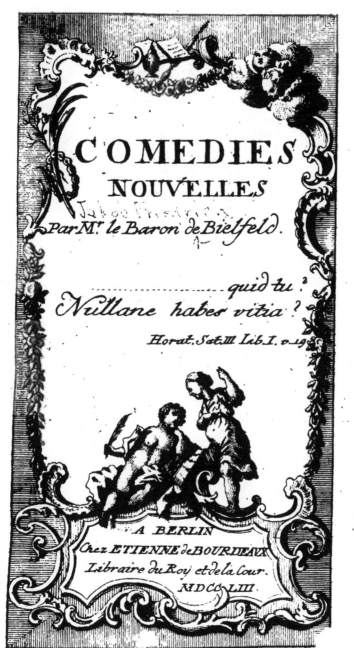

COMEDIES
NOUVELLES

Par M. le Baron de Bielfeld.

.............quid tu?
Nullane habes vitia?

Horat. Sat. III. Lib. I. v. 19.

A BERLIN
Chez ETIENNE de BOURDEAUX
Libraire du Roy et de la Cour.
MDCCLIII.

Gravé par Schleu

A
MES-DAMES
DE
LA SOCIETÉ DES VINGT

Etablie à Berlin;

MESDAMES

LAUTIER, née JORDAN

KUHN, née JASSOY

FERONCE, née FERONCE

ROYER, née DE MAROLLES

JORDAN, née COLIN

PLATZMAN, née MARION

GIRARD, née JASSOY

VILLIERS, née DURADE

SCWEIGGER, née TROMMEL

HAUDOT, née DARRET

PLATZMAN, née LAUTIER

CAQUOT, née BOUISSONT.

MES-DAMES,

Je me fis un plaisir l'année passée d
présenter à Messieurs Vos Epou
un Ouvrage qui rouloit sur de
matieres rélatives à leurs occupations fa
milieres; je ne m'en fais pas un moindr
de vous offrir aujourd'hui, MES-DA
MES, ce petit Volume de Comédies
qui pourra Vous faire passer quelque
momens agréables. C'est la productio
d'un Auteur distingué par son mérite, &
par le rang qu'il tient dans la Société
d'un Auteur, qui vivant dans le grand mon
de a pû copier ses portraits, & tracer se
caracté

aractères d'après nature. Je fuis donc perfuadé, MES-DAMES, que Vous me fçaurez
quelque gré du préfent que je vous prie
l'agréer ; ravi de trouver par là une occa-
ion d'obliger les dignes moitiés de mes
meilleurs Amis, & de payer en leurs per-
onnes à tout le beau Sexe le tribut que
ui doivent ceux qui, comme moi, fen-
ent combien cette brillante & aimable
partie du genre humain embellit la Nature,
& répand de charmes dans la Vie. C'eft
vec ces fentimens que j'ai l'honneur
l'être,

MES-DAMES,

Berlin,
24 Avril
1753.

> Votre très-humble &
> très obéïffant Serviteur,
> ETIENNE de BOURDEAUX.

AVANT-PROPOS.

Ma vocation n'eſt aſſûrément point de faire des Comédies, & l'envie ſeule de m'amuſer à été le motif qui m'a fait écrire celles que renferme ce Volume. Dans le tems que j'y travaillai, je ne penſois pas qu'elles verroient jamais le jour; c'eſt

)(une

COMEDIES
NOUVELLES

Par Mr. le Baron de Bielfeld.

.... *quid tu?*
Nullane habes vitia?

Horat. Sat. III Lib. I. v. 19.

A BERLIN
Chez ETIENNE de BOURDEAUX
Libraire du Roy et de la Cour.
MDCC LIII.

Gravé par Schleuen

vertu les remèdes en poisons, on a pris
pour malice de méchanceté ce qui n'é-
toit de ma part qu'un désir de corriger
les mœurs en montrant leur côté ridicule. Il étoit nécessaire pour cela de
faire des portraits, de peindre des caractères: comment pouvois-je faire autrement? Ne faloit-il pas prendre ces
caractéres dans la nature, dans le vrai?
Si j'avois fait des portraits enfantés par
le caprice, si j'avois peint des fanta-
fies, des figures baroques, des monstres,
& joint à des têtes d'hommes des corps d'a-
nimaux, des queues de poisson, comme
on fait dans le grotesque, qu'eut - on
dit? C'est faire l'éloge de la Piéce, que
de trouver de la vérité dans les caractères.

Au

Au reste, je n'ai eu personne en vûë,
je le protefte folemnellement; mais par
malheur il fe trouve dans le monde les
originaux de mes portraits. Qu'y faire?
Le meilleur confeil que je puiffe leur donner, c'eft de changer promtement de
conduite; le portrait ne leur reffemblera
plus, & ils m'auront obligation. Je puis
leur dire ce que Mr. des-Touches dit
à fes Lecteurs, à la tête de fes Epi-
grammes:

Or écoutez, Meffieurs & Dames,
Par la préfente on vous fait affavoir;
Que fi quelcun voïant ces Drames
S'y reconnoît comme dans un miroir,
Loin de détefter la Satire,
Et de chercher à s'en venger.

Il dit se tourmenter par ces vers ?
Et finir par se corriger.

Je ne me ferois pas donné la peine d'en dire tant fur cette matiére, fi je n'avois remarqué que des perfonnes dont je refpecte la façon de penfer, ont été féduites par des apparences fpécieufes à me croire méchant. C'eft de tous les caractères celui que je détefte le plus, & dont je fuis le plus éloigné. Ceux avec qui j'ai l'honneur de vivre, me rendront juftice. J'ai crû devoir déclarer une fois pour toutes mon fentiment fur cet article.

Aprés les défagrémens que m'avoit donné ma première Piéce de Théâtre, je n'aurois pas dû penfer à une feconde; mais

mais que ne fait-on dans le ennuie de l'ennui
à un homme accoutumé à s'occuper?
J'étois tranquille à la campagne; j'y avois
dans mon cabinet un Tableau qui repré-
sentoit la Matróne d'Ephése. Un jour,
me trouvant tout à fait désoeuvré, je
jettai les yeux sur cette Piéce; & il me
vint dans l'esprit que ce Conte de Petrone pourroit faire un bon sujet de Comédie. Je crus qu'il ne conviendroit pas
de s'attacher aux circonstances particulié-
res de cè Conte, mais d'en prendre simplement l'idée. C'est ainsi que Mr. de
Voltaire en a agi avec son Enfant prodigue. Il n'a point placé le lieu de sa
Scene en Judée, on ne voit point d'Hé-
breux dans sa piéce, ni l'Enfant prodigue
garder les pourceaux, ou se nourrir de

tisn　　　X 5　　　glands.

grandes. Toutefois... &

... De même dans

la Matrone l'action ne pouvoit pas se

passer à Ephése, & il eut été ridicule

& dégoûtant de voir une potence ou

un pendu sur le Théatre, ou même

d'en parler. J'ai évité tous ces incon-

véniens en habillant ce sujet à la mo-

derne, & en retranchant du titre le mot

d'*Ephése*. Au reste cette Piéce n'a jamais

été jouée ni imprimée; mais quelques

amis qui l'ont luë, ont trouvé que les

caractères y étoient poussés au delà du

vrai: Il m'auroit été très facile de défé-

rer à leur avis, de refondre quelques

endroits de ma Piéce, & d'adoucir ce

qui paroît sortir du naturel; mais j'ai

crû ne pas devoir le faire. Voici ma

rai-

raifon. C'eft un préjugé affez généra-
lement & accrédité même chez beaucoup
de gens d'efprit, de croire que dans la
Comédie il ne faille jamais aller un peu
au delà de ce qui fe paffe dans la vie
ordinaire, & charger les caractéres qu'on
expofe fur la Scéne. Une Piéce de
Théatre, foit tragique, foit comique,
eft un tableau d'une action humaine,
mais ce tableau eft fait pour être vû
de loin, & demande par conféquent
de grands traits, des touches fortes &
hardies, comme les Piéces de perfpective. Si un Auteur tragique ne vouloit donner à fes Héros que des fentimens ordinaires, tels que la Nature les
produit, il eft moralement fûr que fa
Piéce deviendroit froide & infipide.

Le

Le grand art, que Corneille furtout a
fi bien connu, & que nous découvrons
dans quelques Piéces de Racine, c'est
de donner aux principaux perfonnages des vertus un peu gigantesques,
fi j'ofe m'exprimer ainfi. Il en eft pré-
cifement de même de la Comédie.
Je défie qu'on faffe rire le fpectateur,
fi l'on fe renferme trop fcrupuleufement
dans le naturel. L'expérience s'accorde
tout à fait avec cette thefe. On obfer-
vera que les Piéces qui ont eu le plus
de fuccés au Théatre, font celles où
les caractéres font changés. Le Tartuf-
fe de Moliere eft plus fourbe, plus impofteur, que tous les faux dévots qu'on
voit ordinairement dans la vie; l'Avare eft plus Avare, le Joüeur plus Joüeur,

le

le Glorieux plus Glorieux & ainfi du
refte. Il eft même remarquable que
les Piéces les plus fameufes ont été
univerfellement goûtées à mefure que
leurs Auteurs y ont obfervé la régle
que je viens de dire. Le caractére du
Mifantrope eft le moins chargé de tous
ceux que Molière a produits fur la Scéne. Mais auffi la Piéce a-t-elle penfé
tomber à la repréfentation, & il a falu
toutes les beautés de détail dont elle
eft parfemée, pour faire foutenir une
certaine froideur, que le naturel trop
bien gardé y donne, & qui lui ôtera
éternellement cette vivacité fi néceffaire pour amufer deux heures de fuite le
fpectateur.

Je

Je conviens qu'il y a quelques Pièces qui ne sortent absolument pas du naturel, & qui cependant ont eu le bonheur de plaire; mais j'ose dire que ce
n'est qu'à la lecture, & point à la re-
présentation, qui ne peut jamais manquer d'être froide, quelque excellens
que puissent être les Comédiens qui la
jouent. Or ce n'est que par l'effet de
l'action qu'on devroit juger de la bonté
d'une Comédie : elle n'est faite que pour
être jouée.

Mon idée cependant n'est nullement
qu'un Auteur puisse se permettre à cet
égard des licences trop grandes, comme
d'outrer ses caractéres au lieu de les charger,

ger, & de sortir tout à fait du vrai-
semblable. Rien n'est plus ridicule ni
plus choquant. C'est vouloir amuser la
populace, & lors même que les honnêtes gens rient par hazard à une telle Piéce, il semble qu'ils en ayent honte un
moment après. D. Japhet d'Arménie,
les Visionaires, sont déjà beaucoup trop
outrés. Malgré cela ils font rire, & beaucoup de Piéces naturelles font baailler.
Entre le monstrueux & le naturel tout
simple, il y a mille nuances. Un certain
milieu qui fait la perfection en toutes
choses, est très difficile à attraper, mais
c'est le point que l'Auteur comique doit
chercher. Je ne me flatte pas que les caractères de ma Matrone, de mon Faux
brave, de mon Pédant & de ma Dé-

vûte ayent cette-perfection; mais je n'ai
pas crû devoir leur ôter la vivacité du
comique, pour leur donner plus de ce
naturel qui est si froid & si glaçant.

Il s'est introduit dans ces derniers
tems un nouveau genre de Dramatique,
qui n'est ni Tragédie, ni Comédie, mais
qui tient de l'une & de l'autre. Les Auteurs mêmes n'ont osé décider sur la nature de ce genre, & quelques-uns ont
mis sur le titre au lieu de Comédie ou
Tragédie, le seul nom de *Piéce*; comme,
par exemple, *Cenie, Piéce*. Les Critiques,
ont appellé ce genre par dérision, le
Genre larmoyant, & il est assez connu
sous cette dénomination. Un desir fort
raison-

raifonnable, de produire du nouveau, a
donné lieu fans doute à l'invention de
ces fortes de Piéces. Il eft aujourd'hui
plus difficile qu'on ne croit, de faire une
Comédie où il y ait du nouveau & du
bon. Les Moliéres, les Regnards, les
des Touches, les Boiffys, ont écrémé
tous les bons fujets, tous les grands vices, tous les grands ridicules. Il ne
nous refte plus à traiter que de petits
caractères, des efpéces de demiteintes
de ridicules, dont les nuances ne font
pas tranchantes, & fe perdent, pour ainfi dire, l'une dans l'autre. Mais le public ne veut pas toujours voir des Piéce: anciennes qu'on joue depuis 50 ans,
qu'il peut acheter pour 24 S. & lire tranquilement dans fon Cabinet. On me dira, que le ridicule dans le Monde eft iné-

)( )(
pui-

puifable, & malheureufement cela n'eſt que
trop vrai; mais tous les ridicules ne font
pas du reſſort du Théatre, & les bienſéan-
ces y mettent des bornes fort étroites.
On a donc imaginé un genre mitoyen;
on a pris un ſujet tragique, des perſona-
ges dans un état au-deſſous des Princes &
des Héros: Là tendreſſe eſt devenue le
caractère dominant dans ces Piéces, & y
tient la place du comique ou du plaiſant.
Ce genre nouveau a reuſſi à Paris; Sidney,
Mélanide, la Gouvernante, & tant d'autres Piéces dans ce goût y ont été fort
applaudies. Je croi cependant, qu'il faut
attribuer ce ſuccès à deux raiſons, la nouveauté & l'élégance du ſtile: car pour le
genre en lui-même, j'avoüe qu'il ne ſeroit
pas de mon goût. La Tragédie a beſoin
de toute ſa majeſté, de tout l'héroïſme

des

des perfonnages, de toute la fublimité
des fentimens, de toute la grandeur des
caractéres, de la fingularité des événemens, de l'horreur des cataftrophes, de
la vérité même de l'hiftoire, pour m'infpirer, ou de la pitié, ou de la terreur. De
petits événemens domeftiques, arrivés entre des particuliers, (quelque lamentables
& quelque bien écrits qu'ils foient,) ne fau-
roient jamais émouvoir mon ame à ce
point. Je tâche de voir une vraye Tragédie lorsque je veux pleurer, & je vais, à
la Comédie fi j'ai envie de rire ; mais il n'y
a que le vrai, que le grand comique, qui
puiffe faire cet effet fur moi. Quelle im-
preffion ce genre mixte, ce genre atten-
driffant, fait-il fur mon cœur ? Aucune. Je
fors du fpectacle fans avoir été véritablement ému, & fans que la Piéce ait laiffé

la

le moindre trace de douleur ou de joye dans mon ame. Dans ces fortes de Comédies d'ailleurs, on eft obligé de mettre enfemble des chofes qui ne font pas faites pour être unies, & de peindre prefque toujours des figures baroques; ce qui en-traîne les plus grands inconvéniens.

Lorfque je compofai mon Emilie, je fis toutes ces réfléxions, & je voulus effayer s'il étoit poffible de réünir dans cette Piéce le plaifant avec le tendre & le tou-chant. C'eft au Lecteur à juger fi j'ai réüf-fi. J'ai tâché de donner aux caractéres de Lifimon & d'Emilie des nuances tragiques, de rendre leur fituation intéreffante, & leur façon de penfer également tendre & raifonnable, à-peu-près comme Euphémon pére, & Life, dans l'Enfant prodigue. Mais

au

au moment que je suis tombé dans le ton
tragique, j'ai tâché d'en sortir au plus vîte, & d'égayer le sujet par un incident, ou
par une Scéne vive & comique. Ce paffage foudain du férieux au plaifant, ne doit
donc point être envifagé comme un défaut, mais comme un plan, fait à deffein, &
avec beaucoup de réfléxion ; l'expérience
m'ayant fait connoître, que cette alternative fait un très bon effet à la repréfentation.

Après avoir achevé la Matrone, je me
fuis fouvenu que Mr. de la Motte a traitté
le même fujet. J'ai d'abord relû fa Piéce,
mais j'ai trouvé qu'elle n'avoit aucune ref-
femblance avec la mienne, qu'elle n'eft que
d'un feul Acte, que la Scene eft placée à
Ephéfe ; qu'il a fuivi prefque mot pour mot
le Conte de Petrone, & que je pouvois

us)( )(3 hardi-

hardiment donner cette Comédie, sans craindre d'être soupçonné de plagiat.

Voilà ce que j'avois à dire sur mes trois Piéces, pour épargner bien de la peine aux Critiques, qui n'entrent pas toujours dans les motifs des Auteurs, & qui ne se rendent pas volontiers aux raisons.

La quatriéme est une petite farce, que j'ai imitée du Théatre Hollandois, à la persuasion d'un ami respectable de ce païs-là, qui a toujours été employé dans des postes distingués de la République, & auquel elle a confié le gouvernement d'une riche & importante Province dans les Indes Occidentales. Quoique j'aye adouci bien des expressions, corrigé bien des irrégularités, changé la plûpart des Scenes,

aug-

augmenté l'intrigue, & tâché d'appro-
prier le tout à nos mœurs, je m'apperçois cependant, que cette Piéce est trop
bourgeoise, qu'elle ne sauroit réüssir que
dans certains Païs, & qu'elle ne va pas
trop bien en Français. Elle a eu également le malheureux sort d'être imprimée
à mon insçû, en Allemand, avec beaucoup
plus de fautes & d'imperfections qu'elle ne paroît ici; mais telle qu'elle est je
ne la défends point, je la donne pour
ce qu'elle vaut, & en tout cas une couple de feüilles, qu'on peut sauter, ne sont
pas capable de ruïner personne.

En général, je n'ai nulle envie de me
rendre le défenseur de mes Comédies.
Si elles amusent quelques personnes à la
lecture, comme elles m'ont amusé en

les

les compoſant, j'en ſerai charmé; ſinon;
je m'en conſolerai mieux que mon Libraire. Encore un coup, ce n'eſt pas
mon métier de travailler pour le Théatre, c'eſt une petite recréation que je me
fuis permiſe à des heures perduës. La
ſeule difficulté que j'y ai trouvée a été
du côté du ſtile : j'ai éprouvé, qu'un
Etranger, qui ſait aſſez de Français, pour
pouvoir rendre ſes idées, & s'expliquer
dans des matiéres ſérieuſes, ou dans les
affaires, eſt encore fort éloigné de poſſé-
der cette langue au point d'écrire pour
le Théatre. C'eſt un écueil, contre lequel
je crains d'avoir échoué.

LA

LE
TABLEAU
DE
LA COUR.

COMÉDIE
EN CINQ ACTES.

Les Grands hommes, COLBERT,
font mauvais Courtifans.

Moliere.

ACTEURS.

LE VICOMTE DE BOUSCARASSÉ, un des grands Officiers de la Cour.

ERASTE, fon fils, Amant d'ELIANTE.

LA BARONNE DE HAUTESOURCE, vieille Douaïriere demeurant à la Cour.

ELIANTE, fa fille, aimée d'ERASTE.

LE CHEVALIER DE LA FAVEUR, jeune Courtifan, parent d'ERASTE.

ARTEMISE, Fille d'honneur, Coufine d'ELIANTE.

CHAMPAGNE, Valet de Chambre du VICOMTE.

L'ABBÉ POMPON, Aumônier de la Cour.

La Scene eft à * * * dans une Sale du Chateau, qui communique aux differens Appartemens de ceux qui font domiciliés à la Cour.

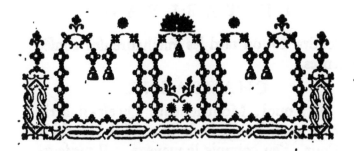

LE TABLEAU
DE LA COUR.
COMEDIE EN V. ACTES.

ACTE PREMIER.

SCENE PREMIERE.
LE VICOMTE (*) CHAMPAGNE.

LE VICOMTE.

 tems! Ó mœurs! hélas! dans quelle dépravation notre Cour eſt-elle tombée! Non, je n'ai pû fermer l'oeil de toute la nuit; l'incongruïté d'hier m'a roulé dans la tête. Oh! cela va trop loin. On en

A 2   reſſen-

(*) *En desbabillé fort riche, mais d'un goût antique, aſſis à côté d'une table ſur laquelle on voit un grand Livre, & une Sonnette.*

reſſentira tôt ou tard les malheureuſes conſé-
quences.

CHAMPAGNE.

Eh! quoi, Monſeigneur! Qu'eſt-il arrivé? Je parie que je le devine. J'ai blanchi à
la Cour, j'en connois le manége. Il me ſemble qu'il ſe forme quelque Orage. Je l'avois
bien dit que nous nous laiſſerions entraîner:
ah! cette maudite Monarchie Univerſelle. . .

LE VICOMTE.

Monſieur Champagne, vous avez toujours
la rage de politiquer. Il s'agit ici de bien autre choſe que de la Monarchie Univerſelle.
Quand même elle exiſteroit, les Etats, les
rangs, & les conditions ne ſeroient point con-
fondus; on rendroit peut-être mieux à chacun ce qui lui convient; & l'on ne verroit pas
des ſcandales pareils à celui dont je fus hier
au ſoir le triſte témoin.

CHAMPAGNE.

Quel ſcandale, Monſeigneur? Son Alteſſe
auroit-elle entrepris une expédition ſans ſa
Fauconnerie?

LE VICOMTE.

Non, Champagne, non, mes yeux ont vû,
ah! tu ne ſçaurois le croire, . . .

CHAM-

CHAMPAGNE.

Quoi? L'Ambaſſadeur Turc, & celui de Veniſe . . .

LE VICOMTE.

Non. Tu ſçais que le mariage de nôtre Princeſſe a occaſionné la Fête qui s'eſt donnée hier au ſoir. Mais que cette Fête reſſembloit peu à celles de notre ancienne Cour! Autre-fois il n'étoit permis qu'à la Famille de nos Souverains, aux Grands Officiers, au Chan-celier, & aux Miniſtres, de danſer à un Bal paré, à une Fête de Cérémonie; on n'admet-toit à la danſe que des ſpectateurs modeſtes. Mais maintenant tout a changé de face; j'ay vû, ah! j'ai peine à le dire, j'ay vû hier juſ-qu'au dernier des Gentilshommes de la Cham-bre, & les plus Jeunes Filles d'honneur, vol-tiger dans la Sale, & danſer des Contredan-ſes avec une effronterie ſans égale. Quelle indécence!

CHAMPAGNE.

Eh! bon Dieu, Monſeigneur, n'eſt-ce que cela! Il eſt vrai; j'ai vû ſouvent du tems jadis la gravelle, la goute, la ſciatique & la paraliſie, former un quadrille au bal de Céré-monie; des ſeptuagenaires ſe trainer dans les Sales en ſuivant l'air des folies d'Eſpagne, ou

de

de l'aimable Vainqueur. Mais, que Votre Grandeur pardonne à la liberté d'un ancien Domeſtique : le Bal n'en avoit pas meilleur air pour cela. La danſe eſt faite pour la jeuneſſe. . . . Moi, je croyois tout à l'heure qu'il étoit queſtion du Traitté d'Alliance que Schach Thamas Couli-Kan a fait avec le Roi de Corſe, & qui ne peut qu'allarmer toutes les Puiſſances Chrêtiennes.

LE VICOMTE.

Toujours de la Politique, Monſieur Champagne. Savez-vous bien que je commence à être mécontent de vous, & à vous ſoupçonner de gâter l'eſprit de mon fils, en lui mettant dans la tête, qu'il eſt permis aux jeunes gens de prétendre à de certaines prérogatives, qui ne ſont duës qu'aux gens en place. Mais, à propos de mon fils, je veux lui parler, & lui donner une leçon dont la journée d'hier me fournit le ſujet. Je prétens que l'exemple de nos Courtiſans lui faſſe éviter les ridicules dans lesquels ils tombent. Qu'on appelle Eraſte.

CHAMPAGNE.

S'il m'eſt permis de le dire, rien ne lui ſera plus ſalutaire qu'une Mercuriale de la part de Vôtre Grandeur. Quant à moi, quoiqu'il

ſache

sache que je suis un vieux Routier, il ne fait
non plus de cas des instructions que je veux
lui donner, que des neiges qui tombent en La-
ponie; il ne fait qu'en rire, & marmotte entre ses dents des paroles, qui pourroient bien
vouloir dire; vieux Radoteur, ou quelque
chose de pis. Mais Vôtre Grandeur oublie
que l'Etat-major de la Cour doit s'assembler
aujourd'huy pour délibérer sur une affaire de
la plus grande importance.

LE VICOMTE.

Il est vrai, & tu fais bien de m'en faire
souvenir. Ouï, on va mettre en délibération,
s'il sera déformais permis aux Cavaliers de la
Cour d'y paroitre en bourse, ou s'ils doivent
noüer leurs cheveux en cadenettes; & s'il n'est
pas indécent de la part des Dames de se coëffer
en brun, lorsqu'elles se présentent aux Souverains.

CHAMPAGNE.

Monseigneur voudroit-il s'habiller pour aller à cette Conference?

LE VICOMTE.

Oui, Champagne. Qu'on fasse entrer
mes Domestiques qui sont de service aujourd'hüi; & qu'en même tems on aille cher-
A 4
cher

cher mon fils. Il pourra affifter à mon grand
lever.

> *Champagne dit un mot dans la Cou-*
> *liſſe. Quatre Domeſtiques paroiſ-*
> *ſent, qui portent chacun une pie-*
> *ce de l'habillement, & qui s'ap-*
> *prochent ſelon leur rang, & fort*
> *reſpeĉtueuſemenc de Champagne,*
> *qui à ſon tour habille le Vicomte*
> *avec beaucoup de cérémonie. Il y*
> *a ici bien du jeu de Theatre. Pen-*
> *dant que cette Scene ſe paſſe, Eras-*
> *te arrive.*

SCENE II.

LE VICOMTE, ERASTE, CHAMPAGNE.

LE VICOMTE.

Mon fils; vous êtes-vous preſenté ce matin
à la toilette de la Grande Chambelane?
C'eſt une femme à la verité ennuyeuſe, & d'un
mérite trés mince; mais elle a un grand crédit à la Cour, elle tient à tout, & peut ou ſervir, on nuire infiniment, ſans qu'il y paroiſſe.

ERASTE.

Mon Pére; une affaire importante m'a empêché d'y aller aujourd'hui.

LE VICOMTE.

Rien n'eſt plus important que la fortune,
mon

mon fils. Vous négligez la vôtre, vous ne ferez jamais bon Courtisan. Je vois avec douleur que la vie de la Cour n'est pas de vôtre goût, je ne reconnois pas mon sang à la tiédeur, que vous faites paroitre pour vous y pousser.

Ici le Vicomte est habillé, & Champagne sort.

ERASTE.

Pardonnez, mon Père . . .

LE VICOMTE.

Dites-moi naturellement de quel oeil vous envisagez la Cour. Quelle idée en avez-vous?

ERASTE.

Je vous prie de me dispenser de cet aveu. Je suis né sincére, & d'un autre côté je dois respecter les opinions d'un Père. Mon sentiment pourroit choquer le vôtre, & je serois au deséspoir que cette contrariété devint un sujet de vous déplaire.

LE VICOMTE.

Non, je serai charmé d'apprendre à connoitre vôtre façon de penser. Parlez moi sans déguisement, vous ne sauriez me donner une plus grande marque de confiance, & de plus je vous l'ordonne.

ERASTE.

En ce cas, je ne sçai qu'obéïr; mais de grace pardonnez à ma franchise. La Cour est

A 5

un théatre qui présente plusieurs vices, & quelques vertus d'une espece singuliere. Tout y semble être contradiction. Les Objets les plus frivoles y prennent l'air de gravité. Des personnes appellées à vivre sans cesse ensemble, se rendent cette même vie amére par leurs tracasseries perpetuelles. La politique y sert de masque à la jalousie, à l'envie, & à la duplicité. La faveur est l'idole commune à laquelle tous sacrifient. Peu d'offrandes cependant sont efficaces, & en général tous les Courtisans me paroissent ressembler à des aveugles qu'une malheureuse destinée oblige à marcher toute leur vie à coté d'un précipice. Ils marchent toujours, & ne connoissent jamais le danger où le moindre faux pas les fait tomber.

LE VICOMTE *à part.*

Quel langage impertinent! Que de fausses idées!

ERASTE *continuant.*

Le mérite d'un homme de Cour réside souvent plus dans ses jarrets, que dans sa tête; & tel qui aura eu le courage de se tenir trente ans sur ses jambes dans une Antichambre, obtiendra à la fin des récompenses, qu'on refuse souvent aux hommes les plus utiles à l'Etat. Mais on appelle aussi à la Cour servir, lorsqu'un homme mange, boit, rit, dort, promene sa figure, & participe aux plaisirs du Sou-

Souverain. Rare mérite en effet, & bien digne de récompenfe !

LE VICOMTE.

Ah ! je n'y puis plus tenir . . . . Voilà, mon fils, la belle morale que vous apprenez dans le commerce de ces prétendus Savans, de ces doctes perfonnages, dont toute la fcience au fond n'eſt que futilité & néant devant le Maître. A force de vous livrer à ces beaux efprits, vous négligez les devoirs les plus effentiels de vôtre état. Vous ignorez certainement, fi-le Prince étoit hier de bonne, ou de mauvaife humeur. Vous vous préfentez rarement chez les Miniſtres, vous n'avez aucune affiduïté auprés des femmes. Quelle honte ! Vous ne favez pas ce qu'elles peuvent à la Cour, & combien leur protection eſt utile. Elles font paſſer un fot pour un grand génie, & un homme de mérite pour un imbecille ; malheur à qui leur déplait ! Comment eſt-il poffible, que vous faſſiez votre fortune avec ce train de vie-là ?

ERASTE.

Si je frequente des perfonnes inſtruites, c'eſt, mon Pére, pour me former l'efprit & le cœur, c'eſt pour me rendre meilleur Citoyen, & plus agréable dans la Société.

LE VICOMTE.

Vous avez tout le jour le nés collé fur les Livres.

Livres. Quand vous faurez par cœur toûte une Bibliotheque, fi vous n'avez point de pro-tection, que vous en reviendra-t-il?

ERASTE.

Le but des connoiffances que je travaille à aquérir, eft de me rendre utile au Prince. & à l'Etat.

LE VICOMTE.

A la Cour mon fils, il vaut mieux être agréable qu'utile. Croyez moi, évitez de don-ner dans le Pédantifme.   Sages & heureux ceux qui ne font qu'effleurer les Sciences! Perfonne ne fait mieux fortune à la Cour que des gens qui font agréablement fuperficiels. Les feuls mots de folide, de profond, ont quelque chofe de fi péfant, de fi plat, qu'on voit bien que les graces, & les agrémens font attachés à l'ecorce des Sciences.   Au bout du compte, fi vous voulez lire, lifez des Ouvra-ges utiles, & qui ayent du rapport à vôtre mêtier. Tenez, voilà un Livre qui renferme plus d'efprit, que tous les Ouvrages anciens & modernes.

ERASTE.

Quel livre, mon Pére?

LE VICOMTE.

C'eft le Cérémonial de l'ancienne Maifon des Agilolfingiens. Le Ciel nous a confervé cet unique Exemplaire pour notre inftruction.

J'y

J'y ai marqué un Chapitre que je veux vous faire lire, & qui vous fera voir en même tems l'impertinence de ces jeunes gens, qui se presserent hier de danser au bal. C'est une faute qu'il faut éviter.

ERASTE *à part.*

Ah! Dieu!

LE VICOMTE.

Appellons Champagne; il nous servira de Lecteur.

il sonne.

ERASTE *à part.*

A quel ennui faut-il se soumettre!

CHAMPAGNE *entrant.*

Que souhaite votre Grandeur,

LE VICOMTE *lui donnant le livre.*

Tiens, lis le Chapitre que j'ai marqué.

CHAMPAGNE.

Moi, lire . . . *à part.* Maudit soit de la lecture. Encore si c'étoit le Corps diplomatique.

Il tire ses lunettes, & les met sur le nés.

Voyons dequoi il s'agit?

Il feuillette le livre,

Commençons.

Il lit.

„Titre. Véritable Etiquette; loyales, & „honnorables Coutumes; & superlatives ou „rémo-

„rémonies ufitées en la moult haute & férenis-
„fime Maifon des Princes Agilolfingiens.

. LE VICOMTE *l'interrompant.*

.   Mon Enfant, lorfqu'on prononce des
mots auffi refpeftables, il convient de faire la
révérénce.

Tous les trois tirent une grande révérence.

CHAMPAGNE *continuant de lire.*

„Chapitre premier. Comme quoi nul
„Etat ou Roïaume ne fauroit fubfifter, ni fe
„tenir en vigueur, fans Etiquette.

LE VICOMTE.

Ce n'eft point cela.

CHAMPAGNE *lit.*

„Chapitre deux, où l'on demontre par 47
„preuves que la moult haute, & féreniffime
„Maifon des Agilolfingiens, eft entre les Sou-
„verains, ce que le Lion eft entre les Quadru-
„pédes. Chapitre III. dans lequel on donne.
„un Almanac contenant ce que mon gracieux
„Seigneur le Duc doit faire à un chacun jour
„de l'année; item, les plats & mangeailles,
„que les Officiers de bouche de .mondit Sei-
„gneur doivent fervir à un chacun jour fur fa
„table; item, un réglement pragmatique pour
„les heures où mondit Seigneur doit fe lever,
„manger, boire, promener, vifiter fa moult
„chére & féale Epoufe, ma noble & haulte
„Dame la Ducheffe, & fe coucher avec icelle;

„Item

„Item, en quel tems, & en quel jour de l'an
„il feroit bon que mesdites grandes Dames, &
„Duchesses, à present & à venir, pussent ac-
„coucher le plus décemment pour se régler en
„conséquence.

LE VICOMTE.

Ce n'est point encore cela.   Cherches plus
loin.

CHAMPAGNE *feuilletant*.

„Chapitre IX. Des révérences; où l'on don-
„ne salutaires enseignemens pour faire en gen-
„tille maniere les trois genouïls-flections usi-
„tées en cette Cour.   Joint illec une planche
„Chorographique indicative des saults & gam-
„bades qu'il faut faire pour approcher du
„Souverain.

LE VICOMTE *lui arrachant le livre*.

Ne nous ennuïe pas plus longtems avec tes
Rubriques. . . .

Il feuillette, & lui rend le Livre.

Tiens, voilà un Chapitre excellent, lis.

CHAMPAGNE *lisant*.

„Chapitre XXIV. Réglement moult néces-
„saire touchant le Rang, qu'un chacun des dits
„Serviteurs de Monseigneur doit tenir en sa-
„dite Cour, depuis le Maire de son Palais,
„jusqu'à ses fideles chiens de chasse inclusive-
„ment; Item, de la subordination de chacun
„d'iceux.   Tout ainsi comme l'on voit au Fir-
„manent

„manent maintes Planetes, Aftres, & Etoiles
„de grandeur & éclat divers, lesquels roulent
„& circulent par deffus nos têtes avec autant
„d'ordre, que l'on voit, pour ainfi parler, les
„petites céder aux grandes dans leur courfe
„refpective; femblablement dans la Cour d'un
„Prince Souverain, il eft honnête, & falutaire,
„que tous les Aftres, & Satellites, qui entou-
„rent le Soleil de la Majefté, faffent ramen-
„tevoir fans ceffe à leur efprit la fubordina-
„tion qui doit régner en tous leurs nobles faits,
„& geftes.

ERASTE *baaille, & fait quelques dé-
monftrations d'ennui.*

LE VICOMTE *s'en appercevant.*

Je vois bien, mon fils, que vous n'êtes pas
d'humeur aujourd'huy à écouter d'auffi fages
leçons. Mais j'ai à vous entretenir d'une matiére, qui vous fera plus de plaifir. Sortez,
Champagne, & ferrez ce livre avec foin.

Champagne fort.

ERASTE.

Mon Pére, tout ce qui me vient de vôtre
part, me fera toujours cher, & le fentiment
de mon devoir m'auroit même fait écouter avec
tranquillité le Chapitre de vôtre Etiquette.

LE VICOMTE.

Il s'agit de la démarche la plus importante
de vôtre vie . . . J'ai voulu vous parler . . .

Mais

Mais non, cela ne se peut pas maintenant . . .
Il faut que je me rende à la Conférence, & que je passe auparavant chez la femme de Chambre favorite de la Princesse, pour voir si je ne puis découvrir la cause de cette froideur insoutenable avec laquelle j'ai été reçu hier au soir, & s'il n'a pas été question de moi à la toilette . . . Ah! je pourrois être sacrifié tout net, si je n'y prenois garde.

ERASTE.

De grace, mon Pére, un seul mot.

LE VICOMTE.

Non, mon fils, à tantôt. Tout ce que j'ai à vous dire à l'heure qu'il est, c'est de vous habiller le mieux que vous pourrez. Tenez, vous n'aurez jamais l'air Seigneur, & c'est ce qui me désole; un toupet mal arrangé, des boucles de cheveux en desordre, un bas qui n'est pas bien tiré, un habit dont la coupe est trop bourgeoise, toutes ces choses font plus de tort à un jeune Cavalier qui vit à la Cour qu'on ne le croiroit; & au bout du compte c'est contre le respect . . . c'est contre le respect . . . c'est contre le respect . . .

il sort.

B SCENE

SCENE III.

ERASTE *ſeul.*

Le diſcours de mon Pére m'a jetté dans un trouble affreux. . Il s'agit, m'a-t-il dit, de la démarche la plus importante de vôtre vie. Se ſeroit-il aperçu de la paſſion que j'ai pour Eljante? Conſentiroit-il . . . Mais non, ſes vuës ne s'accorderont pas avec mes déſirs. . . Il me vient une idée. Le Chevalier de la Faveur a toute la confiánce de mon Pére, qui le regarde comme le Courtiſan le plus accompli, & la meilleure tête de la Cour. J'ai envie de lui faire connoitre mes ſentimens par ſon canal. Je risque beaucoup à la verité; car le Chevalier eſt d'un caractére ſingulier; Il ne manque pas d'eſprit, mais il a peu de jugement & de ſolidité; il eſt leger, & à l'envie de dire un bon mot, il ſacrifieroit le meilleur de ſes Amis. N'importe, il n'y a que lui qui puiſſe me tirer de l'embarras où je ſuis. Auſſi bien, faut-il toujours que les grandes choſes ſoient miſes en mouvement ou par des Fous, ou par des Avanturiers; Les gens ſenſés donnent trop peu au hazard. Le voici qui vient fort à propos . . . Qu'il a l'air conſterné!

SCENE

SCENE IV.

ERASTE. LE CHEVALIER DE LA FAVFUR.

ERASTE.

Qu'avez-vous, Chevalier? Vous paroiffez bien émû.

LE CHEVALIER.

Ah! Coufin, je viens de paffer un bien mauvais quart-d'heure. Tous mes Créanciers fe font donné le mot pour faire une fortie fur moi ce matin. Ma Chambre a été remplie d'une foule d'Ufuriers, & de Marchands, Juifs & Chrêtiens, Arabes pour la plûpart. Tous demandoient de l'argent, & moi-même j'étois celui qui en avoit le plus grand befoin. Il a falu amadoüer un de ces affaffins, donner de l'efpérance à l'autre; quéreller un troifième, renvoyer un quatrieme à coups de barre, & ainfi du refte . . .

ERASTE.

Voilà, Meffieurs les Courtifans, les fuites de vôtre train de vie.

LE CHEVALIER.

Il y a entre autres un certain Hébreu & Archi-fripon de fon mêtier, qui a ofé me relancer jusques dans la ruë, pour une bagatelle de cent piftoles, ou environ, que je lui dois. J'ai envie de les lui payer par une centaine de coups de baton.

B 2 ERA.

ERASTE.

Que je ferois charmé, Chevalier, fi je pouvois vous tirer d'embarras à l'heure qu'il eft;
une petite Bibliotheque que j'ai achetée à l'in-
fçu de mon Pére, vient d'épuifer ma bourfe,
Cependant . . .

LE CHEVALIER *riant*.

Oh! Coufin, mon embarras n'eft pas grand.
Ces Marauts-là ont l'heureux don d'attendre.
C'eft un plaifir d'avoir des Créanciers & des
femmes qui penfent à vous, & à qui vous caufez des infomnies. Sans dettes, & fans Maitreffes, la vie feroit infipide, perfonne ne fe
fouviendroit que vous êtes au Monde.

ERASTE.

Je n'examinerai pas, fi votre façon de penfer eft honnête on équitable. J'ai à vous entretenir d'une affaire de la derniere importance, & à la réüffite de laquelle vos foins peuvent beaucoup contribuer.

LE CHEVALIER.

J'efpere que vous ne doutez ni de mon
zéle, ni de ma fincere amitié.

ERASTE.

Je vais donc vous parler avec une entiere
confiance. J'adore cette jeune Eliante qui
vient de paroitre à la Cour. Vous favez que
j'ai fait mes Etudes dans la même Ville de
Province où elle a été elevée. Les occafions
affez

affez fréquentes de nous voir, des jeux innocens, mais bien plus encore un rapport heureux de caractére, d'humeur, & d'inclinations,
firent naitre entre nous une tendrefle mutuelle.
La févérité avec laquelle j'examinai fon mérite
& fes vertus, ne fervit qu'à accorder de plus
en plus mon amour avec ma raifon. J'ofai
lui en faire la déclaration, & elle voulut bien
me témoigner quelque retour.

LE CHEVALIER.

Eh! morbleu, il faut l'époufer. Quel obftacle y rencontrez-vous?

ERASTE.

Mon Pére vient de jetter le trouble dans
mon ame, en me faifant foupçonner qu'il penfe à m'établir par un mariage. Comme il n'y
a pas d'apparence que ce foit Eliante qu'il me
deftine, jugez de l'inquiétude où je me trouve.

LE CHEVALIER.

Mon Coufin, on fe marie pour foi, & non
pour fes Parens. Il faut refufer tout net le
parti qu'il vous propofera.

ERASTE.

Ah! je n'ai pas le courage d'étre rebelle à
fes volontés: Mais vous n'ignorez pas la confiance que mon Pére met en vous, & le pouvoir que vous avez fur fon efprit. Parlez-lui,
expliquez lui mes raifons, intereffez fa tendreffe
paternelle, employez vos heureux talens de perfuader, priez, conjurez . . . LE

LE CHEVALIER *l'interrompant.*

Cher Erafte, une confidence en vaut une
autre. Vous adorez Eliante; & moi, je brule
pour Artemife. C'eft, comme vous favez, un
chiffon de fille affez plaifant, & je l'aime à
caufe de la fingularité de fon caractére. Elle
entend parfaitement bien le manége de la Cour,
& c'eft ce qu'il me faut. Mais un obftacle
s'oppofe à nôtre bonheur. J'ai des dettes, &
fort peu de cet ingrédient qui eft fi néceffaire
en ménage. Si . . .

ERASTE *à part.*

Je le vois venir. Ame intéreffée ! Eft-ce
là cette amitié fi pure ?

au Chevalier.

Chevalier, fi vos foins me rendent heureux,
fi j'époufe Eliante, mes biens fuffiront pour
vous tirer d'embarras, & vous procurer l'établiffement que vous fouhaitez. J'aurai la fatisfaction de vous marquer ma reconnoiffance
en contribuant à vôtre bonheur, ce qui fera
pour moi la confolation la plus douce que mon
cœur puiffe tirer des dons de la fortune.

LE CHEVALIER.

Ah ! vous étes un homme tout divin, tout
adorable. En vérité, ce n'eft pas l'intérêt qui
me guide, & fi j'accepte vos préfens, je ne les
regarderai que comme un effet du fuccés de
ma négociation.

ERA-

ERASTE.

Et comme un foible témoignage de ma reconnoiffance. Je me repofe fur vos foins &
fur vôtre difcrétion.

LE CHEVALIER.

Sans vanité, jamais Courtifan ne fut plus dis-
cret que moi, & quant à mon zéle, vous l'ex-
citez par vôtre génerofité. Je vais travailler
inceffamment pour vous. En amour tout dépend du moment. Si je ne me trompe, vous
conclurez le Roman dés ce foir.

ERASTE *fortant.*

Je vous quitte. Tout mon bonheur eft entre vos mains.

SCENE V.

LE CHEVALIER *feul.*

Vivent les gens d'efprit. Les Courtifans
font affez mal payés partout, mais leur
état a des reffources. Heureux qui fait les employer . . . Voilà pourtant un Couple affez
mauffade qui va s'unir. Erafte à la verité a
du mérite; mais c'eft un mérite trop folide &
trop peu bruyant pour faire fortune; c'eft de
ces mérites que la Cour ne méprife pas, mais
qu'elle oublie, & qu'elle ne récompenfe presque jamais. Il faut plus de brillant pour parvenir. Eliante de fon côté a de la beauté &
des vertus; mais le Ciel lui a refufé le rare ta-

lent

lent de faire ufage de fes charmes. Elle manque de cette volubilité de Langue, de ces maniéres de Cour, de ces airs de Ducheffes, qui
enlevent, qui enchantent. Ah! quand je con-
fidére Eliante à côté de nos Dames de la Cour,
quelle difference! c'eft vouloir comparer une
perdrix nourrie' fur le'pallier avec des perdrix
rouges qui ont du fumet. Mais voici juftement
mon adorable Artemife. Que de graces!
que d'agrémens!

SCENE VI.

LE CHEVALIER, ARTEMISE.
LE CHEVALIER.

Eh! bonjour, charmante Reine. Que vôtre
parure eft élégante! On a raifon de dire
que les beautés font journalieres. Vous êtes
aujourd'hui vis à vis du parfait. Venus ne
fut pas fi belle, le jour qu'elle fortit de l'onde.

ARTEMISE.

Vous voulez me perfifler, Chevalier. Il
feroit fingulier que j'euffe mon jour couleur
de rofe, quand mon efprit eft tout noir & tout
rembruni.

LE CHEVALIER.

Quel fujet en avez-vous, divine Artemife?
Auriez-vous eté offenfée par quelcun de nos
Cavaliers, dites, je me coupe la gorge avec
lui: eft-ce par une femme, nous avons d'autres

tres armes. Je suis satyrique en diable, & je sais lancer de ces traits qui portent coup jusqu'à la réputation.

ARTEMISE.

C'est tout autre chose. J'ai eu mille petits chagrins, capables de faire tourner la tête à une fille d'honneur.

LE CHEVALIER *se jettant à ses pieds.*

De grace, belle Artemise, faites-m'en confidence. Je vous servirai de mon sang.

ARTEMISE.

Ma femme de Chambre a eu ce matin les doits ensorcelés. Ce toupet est en désordre, ces marons sont dérangés, ces boucles ne jouent point, en un mot je suis coëffée comme une folle. Et mon tailleur est un autre imbécile; il fait monter mon Corps de robe jusqu'au menton. Il croit travailler pour Hortense, qui a de bonnes raisons pour cacher sa gorge.

LE CHEVALIER.

Ah! que ce traitre de tailleur me cache de beautés!

ARTEMISE.

Ce n'est pas tout encore. Je viens de rencontrer Hortense. Elle étoit parée comme une Déesse. J'ignore d'où elle peut avoir eu une aigrette de brillans que je lui ai vûe. & une garniture de dentelles si superbe. J'eus honte de marcher à côté d'elle, un frisson me saisit,

&

& je fuis fûre qu'elle m'enlevera ce foir les
regards de toute la Cour. . .

LE CHEVALIER.

Que fert à Hortenfe toute la parure du Monde? Elle ne fait point tirer parti de fes ajufte-
mens, & elle confervera toute la vie fon air
provincial . . . Mais il faut que je vous di-
vertiffe. Vous allez mourir de rire, ha, ha, ha !
Vous connoiffez Erafte. Il fe donne les airs
d'être amoureux.

ARTEMISE.

O mon Dieu! Eh de qui?

LE CHEVALIER.

D'Eliante. Il a deffein de l'époufer, & m'a
chargé d'en faire la propofition à fon Pére.
Plufieurs raifons m'engagent à fouhaiter la
réüffite de ce mariage, & vous même, belle
Artemife, vous pouvez y contribuer. La
qualité de Parente vous donne un libre accés
auprès de la Mére d'Eliante. Avec un peu de
cette glu que nous faifons à la Cour, vous
prendrez aifément cette vieille folle; & foyez
fure que vous & moi nous trouverons nôtre
compte à fervir ces amans.

ARTEMISE.

J'y confens. Je me fuis déjà apperçue que
ma Coufine n'étoit pas indifferente pour Erafte; après tout, c'eft un cœur de cire qui peut
recevoir toutes les impreffions qu'on veut.

LE

LE CHEVALIER.

Tâchons de trouver le Vicomte, & commençons par le gagner. En travaillant pour les autres, nous travaillerons à couronner nos propres amours.

Ils sortent.

Fin du premier Acte.

ACTE II.

SCENE PREMIERE.

Il y a deux fauteuils sur le théatre.

LE VICOMTE, ARTEMISE, LE CHEVALIER,

LE VICOMTE *en continuant une conversation.*

Oui, Chevalier, je vous l'ai dit, & je le répéte, je veux établir la gloire de mon nom, & je n'aurai point de repos, que je ne voye cette Cour reprendre son ancien air de dignité.

LE CHEVALIER.

Mais par où Vôtre Grandeur veut-elle commencer sa réforme?

LE VICOMTE.

Je veux commencer par faire revivre la mode de faire porter aux Pages de grandes Perruques quarrées.

LE CHEVALIER.

Bravo, ma foi, bravo. Rien n'aura l'air
si res-

ſi reſpeƈtable que de voir une table entourée d'une trentaine de vaſtes perruques.   Cela va même donner une oƈcupation à la doƈte Poſtérité ; & dans quelques centaines d'années on diſputera de quel animal étoit la toiſon qu'on portoit ſur la tête dans le dix-huitiéme Siècle.

ARTEMISE.

A' propos de coëffure, Monſieur le Vicomte ; vous nous voyez chargés l'un & l'autre d'une commiſſion importante, dont la réüſſite dépend uniquement des bontés de Vôtre Grandeur

LE VICOMTE.

Et dequoi s'agit-il?

à part.

Il n'en coute rien de promettre.

LE CHEVALIER.

D'un mariage.

ARTEMISE.

Monſieur votre fils aime la fille de Madame la Baronne de Hauteſource.

LE CHEVALIER.

Il n'attend, Monſieur, que votre conſentement pour s'unir avec elle ; le comble de ſes voeux ſeroit, que vous vouluſſiez vous même en faire la demande.   Nous lui ſervons içi d'interprêtes pour vous demander cette grace, ſa timidité l'ayant empêché de vous en parler.

LE

LE VICOMTE.

Il eſt vrai, c'eſt là ſon défaut. La fauſſe honte ſied mal à un homme de Cour ; une noble effronterie lui eſt beaucoup plus utile. Je veux bien conſentir au mariage de mon fils ; je lui avois pourtant deſtiné un parti plus avantageux.

ARTEMISE.

Que vous avez de bontés, Monſieu , & que vôtre fils aura de joïe !

LE VICOMTE *rêvant.*

Ce choix n'eſt pas mauvais. La Mére d'Eliante eſt une femme de mérite, qui connoit à fonds la Cour, alliée à tout ce qu'il y a de Gens en place. Pour ſe pouſſer, il faut entrer dans une famille accréditée. On eſt ſûr d'avoir des partiſans qui vous prônent, qui forment des cabales, & vous font parvenir à vos fins. La ſeule difficulté que j'y trouve, c'eſt qu'Eliante a été élevée en Province, & j'aurois voulu donner à mon fils une femme qui put l'entrainer dans le tourbillon du grand monde, & le détourner par là de ſon goût pour l'Etude.

LE CHEVALIER.

Ah ! Monſieur, on fait tout ce que l'on veut d'une jeune perſonne comme Eliante. Madame ſe charge de la dreſſer, & de la rendre digne d'une Alliance comme la vôtre.

LE

LE VICOMTE.

Rien ne me fera plus agréable. Voudriez-
vous, Madame, vous charger d'un soin aussi
essentiel?

ARTEMISE.

Assurément; j'en fais mon affaire : trop heureuse si mon zéle ... Mais voici Monsieur
vôtre fils.

SCENE II.

LE VICOMTE, ARTEMISE, LE CHE-
VALIER, ERASTE.

LE VICOMTE.

Vous venez fort à propos mon fils. Madame & Monsieur se font aquittés de leur
commission, & vos intérêts ont été en bonnes
mains. Je consens au mariage que vous voulez conclure. Eliante a du bien & seize quar-
tiers. Voilà tout ce qu'il faut pour être heureux en ménage. Je vais de ce pas chez la pré-
tendüe lui offrir votre main. Mais il faut de
vôtre côté que vous alliez chez la Baronne sa
mére. Soyez souple, adroit, insinuant, & tâchez de gagner cette Dame, qui est une des
plus respectables femmes de la Cour. Vous
voilà assez bien mis. Je m'en vais encore vous
envoyer un flacon d'eau de Lavande pour vous
parfumer.

ERA-

ERASTE *baifant la main de fon Pére.*

Que ne dois-je pas, mon Pére, à vos bontés.
J'ofe efpérer que ma conduite vous fera connoitre toute l'étendüe de ma reconnoiffance.
Il eft des inftans dans la vie où l'homme eft
véritablement heureux. Vos procédés généreux me le font éprouver en ce moment.

LE VICOMTE.

Ne perdons point de tems. Erafte, allez
au plus vite chez la Baronne, & je vais travailler de mon côté auprés d'Eliante. Artemife & le Chevalier feconderont nos efforts.

LE CHEVALIER *frappant Erafte fur l'épaule.*

Vas, mon Ami, tu entreras dans le grand
ordre, je t'en réponds. Dépêche-toi feulement. Se marier & fe pendre font des folies
qu'il faut faire brusquement, & fans y trop
réfléchir.

Le Vicomte & Erafte fortent.

SCENE III.

ARTEMISE, LE CHEVALIER.

ARTEMISE.

Belle réfléxion pour un homme qui me propofe le mariage !

LE CHEVALIER.

Ah! divine Artemife, je me flatte que vous
favez diftinguer les faillies de l'efprit d'avec les
fenti-

fentimens du cœur. C'étoit un mot plaifant, que je n'ai pû retenir non plus qu'un éternüement.

ARTEMISE.

Je vous le pardònne, Chevalier, mais à condition que vous ne ferez plus le jaloux, quand par hazard je m'entretiens un peu trop long-tems avec des Chevaliers étrangers.

LE CHEVALIER.

Belle bagatelle!

ARTEMISE.

Vous favez que c'eſt par devoir, & par bien-féance qu'il faut que je defennule ces nouveaux débarqués.

LE CHEVALIER.

Sachez, ma Reine, que c'eſt auffi par devoir, & bienféance, que j'affecte alors de la jaloufie. Je fai qne mon amour n'a rien à craindre, & que vous feriez bien dupe, fi vous croyiez de retenir dans vos filets un de ces Oifeaux de paffage.

ARTEMISE *à part*

Malheureufement je ne le fai que trop!

LE CHEVALIER.

Ce font les charmes de vôtre efprit & de vôtre beauté, qui vous attirent une foule d'adorateurs. Vous enchainez à vos pieds des efclaves de toutes Nations.

ARTE-

ARTEMISE.

Ah! Chevalier, que vous jouez un beau rôle dans les intervalles de ces Amans passagers!

LE CHEVALIER.

Adorable fille d'honneur, charmante Artemise, suis-je maintenant en semestre?

ARTEMISE.

Ouï, Chevalier, & ce semestre durera longtems.

LE CHEVALIER *se jettant à ses pieds.*

Et moi, je vous jure en revanche l'amour le plus sincére, le plus inviolable, qu'on ait vû à la Cour depuis un Siécle.

Artemise le releve, & le Chevalier continue.

Ne songeons donc qu'à serrer de si beaux nœuds. Puisse un même jour éclairer nôtre mariage, & celui de nos Amans transis.

ARTEMISE.

Vous êtes bien pressant, Chevalier; il faut un peu plus de tems à des gens de Cour pour se connoitre & s'époufer. Songeons au mariage d'Eraste, s'il est vrai que le nôtre en dépende.

LE CHEVALIER.

Je vais mettre tout en œuvre pour cela. Permettez que je vous quitte un instant, & que je vous laisse mon cœur en ôtage.

ARTEMISE.

Je profiterai de vôtre abfence pour m'aquit-
ter de la vifite, que je dois à la Maréchale.
C'eſt aujourd'hui l'idole de la Cour, il faut
l'encenfer; de là j'irai travailler pour Eraſte.

le Chevalier fort.

ARTEMISE *continuant.*

En cas que mon mariage foit traverfé par
quelque obſtacle, toujours ferois-je en forte
que celui d'Eliante réüffiffe. J'aurai la fatisfaction de l'avoir écartée de la Cour; il eſt
bon d'eloigner, quand on peut, une beauté
trop avantageufe.

SCENE IV.

LA BARONNE DE HAUTESOURCE,
ELIANTE, ARTEMISE.

LA BARONNE *à Artemife.*

Eh! bonjour, charmante Artemife. Quel
hazard vous amene de fi bonne heure ici?

ARTEMISE.

Un heureux preſſentiment m'a fait efpérer,
Madame, que j'aurois l'honneur de vous rencontrer. Chargée d'une commiſſion que je
n'ai pas crû vous devoir être défagreable . . .

LA BARONNE.

Ah, ma chére, je l'entendrai avec plaifir;
rien ne peut déplaire venant de vôtre part.

Mais

Mais permettez que je dife un mot à ma fille.
Je ferai charmée que vous affiftiez à nôtre converfation.

ARTEMISE.

Trés volontiers, Madame; je ne puis qu'y
profiter.

LA BARONNE.

Eliante, êtes-vous contente de la réception
qu'on vous a fait à la Cour?

ELIANTE.

Je ne faurois que me loüer de l'accueil que
m'ont fait cenx qui y font véritablement Grands,
mais je fuis fort peu fatisfaite des procédés de
ceux qui affeftent de l'être.

LA BARONNE.

Expliquez-vous, ma fille.

ELIANTE.

J'efprée, Madame, que vous allez m'entendre, fur le récit que je vais vous faire. Lorsque je fus préfentée l'autre jour à la Cour, l'a-
bord d'une Princeffe auffi refpeftable que la
nôtre, & l'honneur d'un premier entretien
avec elle, m'avoient émüe. Je me retirai dans
l'embrafure d'une fenetre pour me remettre du
troublé où j'étois.

ARTEMISE *riant.*

Ha, ha, ha! ne voila-t-il pas ma novice!

ELIANTE.

On ne me laiffa pas le tems de calmer mes
efprits:

efprits : une foule de jeunes Cavaliers s'appro-
cherent de moi en gambadant, & avec un air
de familiarité, qu'une longue connoiffance pourroit feule rendre excufable.　Ils me parurent
tous fort ridicules.　La diffimulation étoit
peinte fur leur front.　Il fembloit qu'ils fe
fuffent donnés le mot pour mettre ma modeftie à l'épreuve par les fades louänges, qu'ils
donnerent à ma beauté, & à mon mérite.

LA BARONNE.

Je ne vois point de mal à cela.　C'eft ce qu'on
appelle la Politeffe, & l'air aifé de la Cour.

ELIANTE.

Mais à peine eurent-ils le dos tourné que
je vis leurs geftes changer, & par les mots que
je compris, je fentis bien que leur langage
changea de même.　Je fus critiquée depuis
les pieds jufqu'à la tête.　Un d'entre eux dit
affez haut ; tenez, Meffieurs, elle a le pied
joli, & moi qui vous parle, j'ai la fureur des
petits pieds.　Je vais me charger de cette petite Créature, & je vous réponds que j'en ferai quelque chofe.

LA BARONNE.

Bagatelles, ma chére fille, bagatelles, c'eft
le train ordinaire de toutes les Cours du Monde.　Lorfque vous y entrez, vous devenez
l'objet de la critique ; pendant quelque tems
vous gardez la neutralité, & à la fin vous en-

trez dans la ligue offenfive de ceux qui font la
Satire du genre humain. Vous vous ferez à
ce jeu. Je vous prefcrirai à l'avenir trois régles par jour, qui ferviront à guider toutes
vos démarches. Voici celles que je me con-
tenterai de vous donner aujourd'hui. Ne dites jamais de mal des Grands, & flattez ceux
qui font en faveur. Ne faites vôtre devoir
que médiocrement bien, pour ne point exciter
de jaloufie. Il n'en eft ni plus ni moins pour
les fuccés. Quittez toutes vos maniéres fimples & naturelles; que deformais vôtre air,
vôtre contenance, & jusqu'au moindre de vos
geftes, foit étudié avec réfléxion.

ARTEMISE.

Que de verités! Cette leçon feule vaut tout
un livre de Morale. On n'a pas plus d'efprit,
& de raifon! Mais, Madame, pour en revenir
à ma commiffion . . .

LA BARONNE.

Ah! il eft vrai, ma chére, voyons dequoi
il s'agit?

ARTEMISE.

Je vous dirai, Madame, qu'un Cavalier fort
aimable eft épris des charmes d'Eliante, qu'il
a deffein de l'époufer, & que je fuis chargée
de fonder vos intentions fur ce fujet.

ELIANTE *à part*.

Ciel, qu'entens-je?

C 5   LA

LA BARONNE.

Et qui eſt-il?

ARTEMISE.

C'eſt Eraſte, le fils du Vicomte.

ELIANTE.

Dieux! je ſuis perdüe!

ARTEMISE.

Le Pére, & le Fils, ſont ſur le point de ſe
rendre chez voûs, pour en faire la demande
dans les formes.

LA BARONNE *rêvant.*

Je les attendrai . . . La choſe n'eſt point
à rejetter , . . C'eſt un fort bon parti . . .
Le fils du Vicomte . . . C'eſt une fortune . . .
Ouï . . . Mais, mes Enfans, je vous laiſſe
enſemble. J'ai affaire chez moi; j'attends
une certaine revendeuſe à la toilette qui vient
me dire tous les jours juſqu'aux moindres bagatelles qui ſe paſſent dans chaque Maiſon; &
c'eſt ce qui me fournit matiére à entretenir
agréablement la Princeſſe, & à me ſoutenir
dans ſa faveur. Un Miniſtre Etranger s'eſt
auſſi fait annoncer chez moi. Je ſçai qu'il
travaille à la réüſſite d'une affaire importante,
& je ſerai charmée d'y mettre la main. Ah!
je veux qu'on ſache que les femmes ont du
cré-

crédit, & je prétends en particulier établir ma réputation dans les Cours étrangéres.

Elle saliie Artemise & sort.

SCENE V.

ARTEMISE, ELIANTE.

ELIANTE

Je suis dans une agitation si violente que je ne sçai quel parti prendre

ARTEMISE.

Pourquoi cela, ma chére Eliante? Le mariage vous feroit-il peur?

ELIANTE.

A peine ai-je paru à la Cour, à peine suis-je entrée dans le sein de ma Famille, qu'on veut m'en faire sortir.

ARTEMISE.

Eh! vous ne quittez pas le monde, en quittant l'état de fille. Tout au contraire, vous y entrez sous les plus heureux auspices. Quant à nous autres filles d'honneur, nous croyons obtenir la plus grande félicité de l'Univers, lorsque nous entrons à la Cour; & dans le fonds du cœur nous regardons comme un beaucoup plus grand bonheur encore, lorsque nous en sortons par le mariage.

ELIANTE.

Ah! je crains tout.

C 4 ARTE-

ARTEMISE.

Je vois bien que vous me cachez la véritable cauſe de vôtre trouble. Je ne vous quitte
point que vous ne m'ayez découvert vôtre cœur.

ELIANTE.

Je ſuis charmée de pouvoir dépoſer dans le
ſein d'une amie telle que vous, le ſecret qui
cauſe mon inquiétude. Ma Mére ignore
qu'Eraſte me ſoit connu. Elle ne ſait pas qu'il
a vécu dans la même Ville de Province où j'ai
été élevée. Liée avec lui dés ma plus tendre
enfance, je n'ai pû m'empêcher de rendre
juſtice à ſon mérite, & je vous avoüe que je
l'aime tendrement.

ARTEMISE.

Je vous paſſe cet aveu, mais gardez-vous de
faire pareille confidence à d'autres. On dit
avec raiſon que le grand art à la Cour n'eſt pas
de bien parler, mais de bien ſavoir ſe taire.

ELIANTE.

Ah! laiſſez-moi ignorer toute ma vie ces
vaines ſubtilités des Courtiſans.

ARTEMISE.

Je n'eſpere pas que vous aurez été aſſez im-
prudente pour faire connoitre à Eraſte tout ce
que vous ſentez pour lui. Gardez-vous bien
de lui donner tant d'avantage ſur vous. Je
vous permets de jetter ſur lui à propos quel-

que

que tendre regard, (*) de lui faire une mine gracieuſe, de le diſtinguer dans la foule; mais dans toutes ces petites faveurs, l'art doit toûjours effacer la nature.

ELIANTE.

Ah! je ne connois pas l'art de feindre. Eraſte s'eſt apperçû du goût que j'ai pour lui. Il m'adore, mais je crains que ſon trop grand empreſſement à nous rendre heureux n'ait précipité les choſes, & ne nous prépare quelque cataſtrophe; au moins le cœur me le dit.

ARTEMISE.

J'apperçois le Vicomte. Ferme, ma Couſine, ſoutenez le choc.

ELIANTE.

Ne m'abandonnez pas dans la ſituation où je me trouve.

ARTEMISE.

Non. Je vais me placer à l'écart pour laiſſer un libre cours à l'éloquence de vôtre beau-Pére.

(*) *Elle minaude en cet endroit.*

SCENE VI.

ELIANTE, LE VICOMTE, ARTEMISE
à l'écart.

LE VICOMTE *faiſant des révérences.*

Quoique je n'aye pas encore l'honneur d'être connu de vous, Mademoiſelle, j'eſpére

pere cependant que ma visite n'aura rien qui
puisse vous déplaire.

ELIANTE.

Monsieur, vous me faites infiniment d'honneur.

LE VICOMTE.

J'étois Ami de feu Monsieur vôtre Pére; c'est
ce qui justifie le désir que j'ai de connoitre son
aimable fille.

ELIANTE.

Cette expression flatteuse ne sauroit être
qu'un effet de vôtre politesse.   Je n'ai pas
l'honneur d'être assez connüe de vous pour la
mériter.

LE VICOMTE.

Nous avons le coup d'oeil infaillible, nous
autres Courtisans de la vieille roche.

ELIANTE.

Que Vôtre Grandeur aye la bonté de s'af-
seoir.

LE VICOMTE *lui donnant la main.*

J'aurai l'honneur de m'asseoir à côté de
vous.

> *Le Vicomte offre la droite à Eliante*
> *qui l'accepte aprés quelques com-*
> *pliments; il y a ici du jeu de*
> *théatre convenable au sujet.*

LE VICOMTE *à part.*

Fille bien apprise! Eelle prend la droite sans
façon.   *à Eliante.*   Ah!

Ah! le digne Pére que vous aviez, Mademoiselle! Il y a cinquante ans que nous fûmes
ensemble à l'Académie des Nobles. C'étoit
un dégourdi. Si vous aviez vû comme nous
faisions enrager ces pédans de Recteurs, comme nous faisions des niches à toutes les filles
du quartier, comme nous étions ingénieux à
plumer nos parens, & à esquiver les leçons,
cela vous auroit fait mourir de rire.

ELIANTE *embarrassée.*

Vous plaisantez, Monsieur le Vicomte.

LE VICOMTE.

Ce que je vous raconte est vrai, Mademoiselle. Monsieur votre Pére étoit un homme
de mérite, & je suis charmé de le voir revivre dans une aussi charmante fille.

ELIANTE.

Les bontés que vous avez pour mon Pére,
vous font sans doute illusion sur mon peu de
mérite.

LE VICOMTE *à part.*

Ma foi, mon fils est de bon goût.

ELIANTE.

Cependant, Monsieur, votre approbation,
soit feinte, soit véritable, me flatte beaucoup,
& toute mon ambition est de la mériter.

LE VICOMTE *à part.*

Qu'elle est bien faite! Quel morceau délicat!

à Eliante.

Belle

Belle Eliante, fur mon honneur, je ne connois point de Dame qui mérite plus que vous
l'approbation d'un galant homme.

ELIANTE.

Que je ferois flattée de ces éloges, fi vous
autres Courtifans ne contraƐtiez pas l'habitude
d'en prodiguer à toutes les femmes!

LE VICOMTE *à part.*

Plus je l'examine, & plus je la trouve ravif-
fante.   *à Eliante.*

Non, Mademoifelle, fur ma foi vous avez
infiniment d'efprit & de beauté.

       à part.

Je fens une émotion toute étrange!

ELIANTE.

Le peu de Converfation que je viens d'avoir
avec vous, ne fauroit vous avoir fait connoitre mon efprit.

LE VICOMTE *à part.*

Il me prend un battement de cœur, chaque
fois que je veux ouvrir la bouche.

      à Eliante.

Ah! belle Eliante, que le fort d'un Cavalier
à qui vous donnerez vôtre main, fera digne
d'envie! Quel heureux mortel vous poffedera!

ELIANTE.

Vous avez, Monfieur, trop d'expérience
pour ne pas fentir, que ce que l'on démêle
dans une premiere entrevüe des agrémens de
          l'efprit

l'efprit & de la figure, ne peut être un gage
affuré de la felicité d'un mariage. Il faut du
tems pour aprofondir les raports de l'humeur
& des caractères.

LE VICOMTE *à part.*

Cette petite Créature raifonne mieux que
toutes nos veilles médailles de la Cour. Ma
foi, je commence à en devenir amoureux.

à Eliante.

S'il eft vrai, Mademoifelle, que la confor-
mité d'humeurs, & de fentimens, produife
d'heureux mariages, vous ferez bien de choifir un Epoux qui foit revenu des égaremens de
la jeuneffe, dont l'efprit mur, & folide . . .

ELIANTE *à part.*

A quoi veut-il en venir avec ce préambule?

au Vicomte.

Je ne comprends pas, Monfieur, pourquoi
vous me donnez ce confeil.

LE VICOMTE *à part.*

Il n'y a honte qui tienne, il faut franchir le
mot. Monfieur, mon fils, vous n'en croquerez
que d'une dent, je vous demande bien pardon.

à Eliante.

Adorable Eliante, je ne faurois vous cacher
plus longtems le fujet de ma vifite. Ce n'eft
pas fans raifon que je vous ai parlé du mariage.
J'ai voulu fonder vôtre cœur, & je ferois charmé de le trouver dans des difpofitions favorables.   ELI-

ELIANTE.

Il eſt vrai que Monſieur votre fils.....
LE VICOMTE *l'interrompant, &*
ſe levant.

Mon Fils! il n'a rien à faire dans tout ceci.
Il n'eſt non plus queſtion de lui que du Grand
Turc.

ELIANTE *ſe levant auſſi.*
Dieux, qu'entends-je?

• LE VICOMTE.

Mais, Mademoiſelle, comment avez-vous
pû penſer à mon fils. Je vous aime trop, pour
vous donner un tel mari. Il eſt jeune, & ne
fréquente que ſa bibliotheque. Vous avez trop
de raiſon pour vous accommoder d'une tête
qui n'eſt meublée que du fatras des livres.
Il vous faut un mary qui connoiſſe le monde.
Mon fils d'ailleurs n'a aucun emploi qui puiſſe
vous donner du relief; & vous ſeriez confon-
düe dans la foule de tant de femmes qui ne
ſont qu'à la ſuite de la Cour. N'aimeriez-
vous pas mieux avoir de grands titres, pouvoir prendre hardiment le pas ſur quantité de
femmes plus âgées que vous, prétendre au ta-
bouret, avoir des Pages qui vous portent la Robe.

ELIANTE.

Tous vos diſcours ſont des énigmes pour
moi. Je n'aſpire point à ces honneurs, à ces
diſtinctions de Cour, frivoles en elles-mêmes,
& qui

& qui deviennent ridicules, lors qu'on les bri-
gue dans un âge où elles font abfolument dé-
placées.

LE VICOMTE.

Vous les obtiendrez cependant malgré vous,
fi vous voulez donner vôtre cœur à um homme,
qui vous aime plus que perfonne au monde.

ELIANTE.

Le don de mon cœur n'eft pas une chofe
arbitraire. Nôtre cœur obéit rarement à nôtre volonté. Mais de grace, nommez-moi celui pour qui vous le demandez, afin que je
puiffe confulter mes inclinations.

LE VICOMTE *fe jettant à fes pieds.*

Vous voyez proflerné devant vous celui qui
vous aime plus que fa vie. Cette flamme fi
pure & fi belle ne s'éteindra que dans le tombeau. *Il fe leve.*

ELIANTE.

Puis-je en croire mes yeux & mes oreilles?

LE VICOMTE.

Ouï, ma Reine, & cet amour doit vous être
flatteur; il n'eft pas l'effet d'une bouïllante jeuneffe, mais le fruit d'une mûre réfléxion. Vous
jouïrez avec moi d'un bonheur parfait. Mon
rang, mon crédit, mes emplois, vous font con-
nus. Je vous les offre avec mon cœur, & ma main.

ARTEMISE *dans le fonds du théatre.*

Ah! je n'y puis plus tenir. Quelle extravagance!   ELI-

ELIANTE

Monfieur, je ne puis regarder vos difcours que comme de fimples plaifanteries. Vous voulez aparemment abufer de mon peu d'expérience.

LE VICOMTE.

Non, c'eſt mon tout de bon. Je ne vous parle pas à l'heure qu'il eſt en homme de Cour. J'en jure fur mon honneur, je veux renoncer à jamais à toute faveur fi . . .

ARTEMISE *fe montrant.*

La chofe commence à devenir férieufe. Monfieur, qu'entens-je? Quel mot vient de fortir de vôtre bouche?

LE VICOMTE *fort furpris.*

Pefte foit de la fâcheufe rencontre! Mesdames, je fuis charmé de vous voir enfemble. Je ne veux point troubler vôtre entretien.

En fortant il dit à Eliante.

Réfléchiffez, ma Princeffe, à ce que j'ai eu l'honneur de vous dire. Je viendrai prendre de vôtre belle bouche une réponfe favorable.

SCENE VII.

ELIANTE, ARTEMISE.

ELIANTE.

Avez-vous tout entendu?

ARTEMISE.

Ouï, il ne m'eſt pas échapé le moindre petit

tit mot. Quelle extravagance! Non, je ne
puis revenir de mon étonnement.

ELIANTE.

Et moi, je fuis dans une agitation plus facile à concevoir qu'à exprimer.

ARTEMISE.

Tâchons, ma chere, de calmer nos efprits.
J'ai une vifite à faïre, & je vous prie de m'y
accompagner. Rien ne pourra mieux vous
diftraire.

ELIANTE.

Oh! laiffez-moi à mes ennuis mortels.

ARTEMISE.

Non, non. Je vous emmene malgré vous.
Il faut vous remettre de vôtre trouble, & réfléchir aux moyens de détourner cet orage.
Auffi bien prend-on rarement de bonnes réfolutions, quand l'efprit eft agité fi violemment.

Elles fortent.

Fin du fecond Acte.

ACTE III.

SCENE PREMIERE.

LE VICOMTE, CHAMPAGNE.

LE VICOMTE.

Mais ne diroit-on pas, Monfieur Champagne, que c'eft pour vous que je veux me
marier? D CHAM-

doute, elle ne fauroit vivre fans vous. Mon
pauvre Erafte, ce mal épidémique a t-il auffi
gagné vôtre efprit?

ERASTE.

Mon Pére, quel trouble vous jettez dans
mon ame? Seroit-il poffible qu'Eliante eut de
l'averfion pour moi?

LE VICOMTE.

Il y a loin de la haine à l'amour. A' l'age
où vous êtes, on tombe toujours dans les extré-
mes. Sachez qu'Eliante eft fort indifférente
à vôtre égard. D'ailleurs, à vous parler naturellement, ce n'eft pas un parti pour vous; &
cela par plufieurs bonnes raifons à moi connûes.
Vous n'avez pas feulement fait vos voyages,
& j'ai deffein de vous envoyer à Paris. Vous y
prendrez ce petit air François, fi impofant avec
les hommes, & fi triomphant auprés des femmes. Un Tailleur de Paris vous fera plus de
bien qu'un Philofophe Grec. Les Françoifes
furtout poffédent un talent merveilleux pour
former la jeuneffe. Quand même il s'en trouveroit une dont les charmes vous féduiroient
affez, pour que vous vouluffiez la mettre dans
fes meubles, je ferai indulgent, je ferai comme cela.

il regarde à travers les doits.

Vous voyez, mon fils, jusqu'où s'etendent
mes bontés, mais je veux être obéï. Je vous
laiffe,

laisse, vous pouvez faire les préparatifs nécessaires pour vôtre voyage. *Il sort.*

SCENE III.

ERASTE, LE CHEVALIER, CHAMPAGNE.

LE CHEVALIER.

Eh bien, Coufin, comment vont les amours ? Mais quoi ! je vous vois l'air bien fombre ! Qu'avez-vous ?

ERASTE.

Ah ! Chevalier, je fuis perdu ; mon Pére vient de me parler ; il ne confent plus à mon mariage, & pour comble de malheur, il m'apprend qu'Eliante eft changée à mon égard, & qu'elle n'a pour moi que de l'indifference.

CHAMPAGNE *à part.*

Que j'aurois de belles chofes à leur apprendre, fi je voulois !

LE CHEVALIER.

C'eft une illufion ; cela ne fe peut pas. Je crois deviner tout le nœud de l'affaire.

CHAMPAGNE *à part.*

Je fçai bien où gift le liévre, moi. Mais, chut . . .

LE CHEVALIER.

Pour Eliante, je parie que c'eft la timidité qui l'aura empêché de convenir des fentimens qu'elle a pour vous ; & quant à Monfieur

D 3   vôtre

CHAMPAGNE,

Monseigneur, je ne dis point cela. Mais il
y a tant d'années que je vous sers, que sous
vôtre bon plaisir, je gouverne vôtre Maison;
& maintenant une jeune femme, qui n'y en-
tendra rien, va empiéter sur mes droits, dé-
ranger mes plans, chicaner mes comptes, ro-
gner mes petits revenans-bon. . . . Ah! je n'y
puis penser sans verser des larmes.

il pleure.

LE VICOMTE.

Je plains ton sort; mais il n'en sera ni plus,
ni moins. Car je suis amoureux à la folie,
& ce mariage m'est avantageux. La Mere
d'Eliante est riche, & rien ne soutient mieux
une belle passion qu'une riche dot. Je suis
curieux de voir ce que dira mon fils; mais je
saurai l'en faire démordre. Je l'enverrai en
exil à Paris. Ce Païs-là fourmille de Coquettes; elles sauront assez leur métier pour lui
faire oublier Eliante. Il n'y a que les raisonnemens de la Cour qui m'inquiétent . . . . Eh
bien, on en parlera, que m'importe! Aussi
bien ce sont toujours les plus ridicules personnages, qui trouvent le plus à redire à la
conduite des autres.

SCENE

SCÈNE II.

LE VICOMTE, ERASTE, CHAMPAGNE.

ERASTE.

L'impatience où je suis de savoir le succès de votre démarche, a précipité mon retour.

CHAMPAGNE *à part.*

Oui, l'amour lui a prêté ses ailes.

ERASTE.

Je n'ai à la vérité aucun sujet de douter d'une réponse favorable; je connois toute la tendresse qu'Eliante a pour moi.

LE VICOMTE.

Eliante, vous aime donc, à ce que vous dites. Et moi, je crois que vous vous trompez très fort, Monsieur mon fils.

ERASTE.

Ciel, qu'entends-je!

LE VICOMTE.

Voilà comme vous êtes, vous autres jeunes gens. Une femme n'a qu'à vous regarder fixement, vous croyez d'abord que son cœur est épris pour vous. Si le hazard veut qu'elle vous jette quelque regard, ah! la voilà prise à coup sûr. Si sa politesse vous donne quelques momens d'entretien, vous croyez être assurés de sa Conquête. Arrive-t-il enfin qu'elle vous prenne pour remplir le vuide d'une partie de quadrille, peste! il n'y a plus de

Toute mon aubaine iroit à vau-l'eau, si je leur difois ce que je fçai... *il fort.*

ERASTE.

Je me fens agité par la crainte & l'efpérance. Quels terribles momens!

LE CHEVALIER.

Je crois, en honneur, que voici la Baronne qui arrive. Courage, mon Coufin, rappellez vos efprits. Vous en avez befoin pour foutenir cet affaut.

SCENE IV.

LA BARONNE, ERASTE, LE
CHEVALIER.

LA BARONNE.

Vous ferez furpris, Meffieurs, que je prévienne la vifite que vous vouliez me rendre.

LE CHEVALIER.

Ceft un excés de faveur de la part d'une Dame de vôtre rang . . .

LA BARONNE.

J'ai fait difficulté de vous recevoir chez moi. Je me fuis toujours fait fcrupule de donner accés chez moi à de jeunes Cavaliers. Mon âge ne me met pas encore à l'abri de la médifance.

LE CHEVALIER.

Réfléxion trés fenfée!

LA

LA BARONNE.

La Cour fourmille de mauvaises langues, &
une veuve doit craindre le qu'en dira-t-on.
Mais cette Antichambre est neutre; je puis
vous y parler sans risque.

LE CHEVALIER.

Oui, une Dame de vôtre âge, & qui réünit
tant de qualités, doit s'attendre à des assauts fort
vifs de la part de ses adorateurs.

LA BARONNE.

Vous badinez toujours avec esprit, Chevalier.

LE CHEVALIER.

Vous avez d'ailleurs une fille fort aimable,
& c'est une marchandise de difficile garde à la
Cour.

LA BARONNE.

Ah! Monsieur, pour aimable, cela vous
plait à dire.

LE CHEVALIER.

Outre cela, Madame, vos soupçons ne sont
pas sans fondement. Voilà un galant homme
que l'amour amene à vos pieds; mais il a plus
de tendresse dans le cœur que de volubilité
dans la langue. Je vois bien qu'il faut que je
lui serve d'interprête. Il a une déclaration à
vous faire.

D 5   LA

LA BARONNE.

Une déclaration! Chevalier, une déclaration! Ah! vous n'y penfez pas.

à part.

Ce jeune homme eft d'une jolie figure.

au Chevalier.

Il auroit été convenable, que Monfieur vôtre Coufin m'eut déclaré lui même fes fentimens.

LE CHEVALIER.

La timidité . . .

LA BARONNE.

La timidité devient fouvent un vice, & fied mal à la jeuneffe. A la Cour on doit favoir babiller. Il n'eft pas néceffaire de dire toujours des fentences. Des riens revêtus des graces de l'expreffion, deviennent des chofes fort fpirituelles dans la bouche d'un Courtifan.

ERASTE.

Le refpeët, Madame, que vôtre préfence m'infpire, augmente ma retenuë naturelle.

LA BARONNE *fouriant.*

Cela eft fort refpeëtueux, Monfieur. Je vous paffe cette façon de parler dans une premiere vifite; mais il faut favoir ajufter fes expreffions à l'âge des gens à qui l'on parle. Que me diriez-vous, fi j'avois foixante & dix ans!

LE CHEVALIER.

Son filence, Madame, n'a rien qui doive vous offenfer.　　　　　　　　　　LA

LA BARONNE.

Ah! je n'ai garde de m'en fâcher. Ce que j'en dis n'est que pour son bien. Un jeune Cavalier d'une figure aussi prévenante, doit avoir des façons, & des manieres qui achevent en lui ce que la Nature a commencé. On appélle cela, sentir son homme de condition.

à part.

Quelle élégance dans les épaules, quelle jambe faite au tour!

LE CHEVALIER.

Mon Cousin est jeune, & docile.

LA BARONNE.

Vivent les femmes, pour former les jeunes gens! Monsieur ne feroit pas mal de me confier le soin de son éducation; il pourroit tomber dans de plus mauvaises mains.

à part.

Si je pouvois l'escamoter à ma fille.

LE CHEVALIER *à part.*

Je croi, parbleu, qu'elle en devient amoureuse. L'avanture est plaisante.

ERASTE.

Trop heureux, Madame, que vous voulussiez vous charger de ce soin; ce seroit une faveur dont je sentirois bien vivement le prix, & ma docilité serviroit à prouver ma reconnoissance.

LA BARONNE.

Voilà qui commence à aller un peu mieux.
Il faut que vous appreniez encore à animer
vos complimens. Le ton & les geftes donnent la vraye vivacité à l'expreffion. *à part.*

Le charmant jeune homme!

ERASTE.

L'objet de ma vifite .. .

LA BARONNE *minaudant.*

Si par bonté d'ame je fais la Gouvernante
avec vous, n'allez pas croire au moins . . .

ERASTE.

Ah! qui pourroit, Madame . . .

LA BARONNE.

Vous n'en tirerez aucune conféquence fâcheufe. Car je prétens que vous m'eftimiez
tout au moins . . .

ERASTE *faifant toujours la révérence.*

Madame, plus que cela.

LA BARONNE *lui frappant doucement fur l'epaule.*

Et afin que mes leçons foient d'autant plus
efficaces, il faudra commencer par bannir la
contrainte de nos entretiens.

ERASTE.

L'excés de vos bontés, Madame, me rend
confus. Mais je les regarde comme des préfages de mon bonheur, & je me flatte que vous
vous ne me refuferez pas la grace que j'ai à vous
demander.   LA

LA BARONNE.

Que pourroit-on refufer à une bouche fi per-
fuafive? Je ferai tout ce qui dépendra de moi.

ERASTE.

Vous n'ignorez pas peut-être que j'adore
Mademoifelle vôtre fille, & que j'afpire au
bonheur d'unir fon fort au mien.

LA BARONNE *vivement*.

Voilà un aveu fort déplacé, Monfieur. On
me fait mal fa Cour par de femblables complimens. Ma fille eft trop jeune pour que je
penfe à la marier.

fe radouciffant.

Il feroit de vôtre prudence de chercher une
femme d'un certain age, qui eut de l'expérience, qui pût vous affifter de fes Confeils, & qui
devint vôtre amie, en devenant vôtre Epoufe.
Dans le mariage il faut chercher l'affiftance
mutuelle plus que tout le refte. Je ne fçai fi
je m'explique.

ERASTE *à part*.

Trop bien pour mon malheur.

LE CHEVALIER *à part*.

Quel animal ridicule qu'une vieille Coquette!

LA BARONNE.

Ecoûtez-moi, Erafte; fi vôtre Etoile heureufe vous donnoit une certaine femme de ma
connoiffance, quel homme accompli elle feroit
de vous!

ERA-

ERASTE

Ah, Madame, Eliante.

LA BARONNE.

Que vous pafferiez des jours agréables avec
celle dont je veux vous parler. Elle a du goût
pour vous, elle poffede des biens confidéra-
bles, & pourroit en difpofer en vôtre faveur.
Mais quoi! Vous reftez immobile. On vous
dit les plus jolies chofes du monde, & vous y
paroiffez infenfible. Vous ignorez tout le
bien que je vous veux.

LE CHEVALIER *à part.*

La Scene eft comique. Sa paffion croit à
chaque inftant.

ERASTE.

Comment puis-je, Madame, ne pas fuccom-
ber à ma douleur! Votre refus me jette dans
le défefpoir. Quelle réponfe pour un cœur
qui aime!

LA BARONNE *minaudant.*

Helas! je ne fçai qui de nous deux eft le
plus à plaindre, Le tems vous apprendra combien je m'intéreffe à vôtre bonheur.

ERASTE.

De grace, Madame, ne me refufez donc pas
la premiere preuve que j'efpere de vos bontés,
Confentez à mon mariage avec Eliante.

LA BARONNE.

Toujours Eliante; Toujours Eliante. Je
ne

ne sçai quel esprit malin vous a mis cette fille
en tête, qui dans le fonds a mille défauts, &
mille ridicules, que je connois mieux que vous.

ERASTE.

Quelle injustice!

LA BARONNE.

Vôtre amour me paroit singulier. Je crois
qu'il est puisé dans l'Amadis de Gaule. La
Lecture des Romans vous aura gâté l'esprit.
Allez, vous en guérirez un jour. La tendresse
& la fidelité n'ont jamais mis un Courtisan au
tombeau. Croyez-m'en sur ma parole.

ERASTE.

Madame, mon amour n'est point formé sur
le modele de la Cour. Je me laisse aller au
simple penchant du cœur, & je suis les mouvemens qu'il m'inspire.

LA BARONNE à part.

Je ne le vois que trop. J'y perds mon
Latin. Essayons une autre façon de le prendre.

à Eraste.

Il me paroit qu'il y a du caprice dans vôtre
amour. Voyons si je puis vous en convaincre par une Comparaison. Figurez-vous que
vous entrez dans un superbe Jardin, & qu'un
fruit, délicieux en apparence, soit le premier
objet qui vous frappe, une Orange, par e-
xemple. Vous la demandez au maître, qui a
des raisons pour vous la refuser, mais qui vous
offre

offre en échange l'arbre qui l'a porté. Seriez-
vous à plaindre, & auriez-vous sujet de vous
désesperer?

LE CHEVALIER. *d'un ton railleur.*

. Ouï, Cousin, c'est tout comme si vous voyez
une belle pièce de vaisselle, dont vous auriez
envie, qu'on ne voulut pas vous la donner,
mais qu'on vous permit de descendre dans la
mine profonde dont on a tiré ce métal, & d'y
creuser tout l'or que vous pourriez.

ERASTE.

Je ne comprends pas un mot à vos compa-
raisons. Qu'est-ce que vos oranges, & vos
mines, ont de commun avec mon amour?

LA BARONNE *piquée.*

Vous affectez de ne pas m'entendre, & la
bienséance me defend de vous en dire davantage.

ERASTE.

. Je vous jure Madame, que tous vos discours
font des énigmes pour moi.

LA BARONNE.

Il faut donc vous envoyer à l'Ecole.

Elle met son Evantail devant les yeux.
Quel novice, qui ne sent pas que l'emblême
d'une Orange vous représente une jeune fille,
& l'arbre une tendre Mére!

ôtant l'eventail.
L'aveu que je viens de faire, me fait rougir.

Elle soupire.   Si

. Si la paſſion extravagante que vous avez pour
ma fille, ne vous a point aveuglé, vous recon-
noitrez tout le prix de mes bontés.

ERASTE. *à part.*

Je pouvois fort bien me paſſer de cet aveu.

LA BARONNE.

Ces jeunes Créatures ſont des boutons de
fleurs encore fermés, au lieu que la roſe eſt toute épanouïe dans une femme comme moi.

LE CHEVALIER.

Vous ſentez bien, mon Couſin, que Madame ne ſe cite que par ſuppoſition.

LA BARONNE *piquée.*

J'ai l'honneur de parler à Monſieur vôtre
Couſin. . . . Voyez donc, par ſuppoſition,
par ſuppoſition . . .

ERASTE.

J'avoûe, Madame, que vos diſcours m'ont
jetté dans une ſurpriſe extréme.

LA BARONNE.

Je vous laiſſe le tems de la réfléxion, ſongez
à vôtre bonheur.

ERASTE.

Permettez que je vous quitte un moment;
j'eſſayerai de faire renaître le calme dans mon
eſprit. Chevalier, daignez ne pas m'abandonner.

LA BARONNE.

Adieu donc. Revenez bientot. Avant

E   que

que de me quitter, recevez ce petit gage de
mon amitié.

Elle lui tend la main, qu'Eraste baise,
& sort avec le Chevalier.

SCENE V.

LA BARONNE *seule.*

Que les lévres d'un Amant sont douces! Je
crois que le fripon commence à m'aimer.
Si je ne me trompe, il a appuyé son baiser.
Mais voyons quelle petite fraude pourrions-
nous employer pour paroître encore plus aimable à ses yeux, lorsqu'il reviendra tantôt.

Elle tire son miroir & minaude,

Ah! mon rouge n'est pas bien mis . . .
Ce blanc est trop plâtré . . . Il faut quatre
petites veines bleues à la temple . . . Et un
assassin avec son postillon là . . . Ouï, un
assassin, oh! sans doute, il faut un assassin . . .
Je suis charmé d'avoir reçu certaine pommade
à la Bergamotte de Montpellier; elle servira . . . . J'ai envie de mettre ma nouvelle
Robe aurore. Ma femme de Chambre me dit
qu'elle me va tout au mieux, & que je suis comme une poupée quand je l'ai. Que ne fait-on
pas pour plaire à ces petits Animaux là? Je sens
que son absence augmente encore mon amour.
Mais voici ma fille qui arrive fort à propos.

SCE-

SCENE VI.

LA BARONNE, ELIANTE.

LA BARONNE.

Artemife n'a pas eu tort de nous annoncer
la vifite d'Erafte. Il ne fait que fortir
d'ici ; il m'a dit un mot en paffant de fes intentions pour vous ; mais je vous avoüe que le
ton froid, & indifférent, fur lequel il m'a parlé
de ce mariage, ne m'a pas perfuadé qu'il eut un
trop grand empreffement à le conclurre.

ELIANTE.

Qu'entends-je ! Erafte témoigne de l'indifference ?

LA BARONNE.

Ouï, de l'indifference, ma fille, & même
beaucoup. C'eft auffi le premier motif qui
me détermine à rejetter le mariage qu'il propofe ; mais j'ai encore d'autres raifons qui me
confirment dans cette réfolution. Erafte n'eft
pas un parti qui vous convienne.

ELIANTE à part.

Quel revers ! quel coup de foudre !

LA BARONNE.

Qu'avez-vous ? quoi ! ma réfolution a-t-elle
quelque chofe de mortifiant pour vous ? Vous
tarde-t-il d'être entre les bras d'un Epoux ?
Une fille bien apprife diffimule toujours ce dé-
fir.

E 2

fir. Allez, vous devriez en rougir; il y a de l'indécence dans ce que vous faites.

ELIANTE.

Ah! Madame, je ne me plains point ...

LA BARONNE *d'un ton doux.*

Pour vous fatisfaire, j'ai jetté les yeux fur un autre Cavalier, qui vous conviendra infiniment mieux. Le Marquis de Citognac vous a demandé en mariage, comme vous le favez. Vos caprices m'ont forcée à lui donner une efpece de refus. Mais je faurai renoüer l'affaire. Ignorez-vous qu'il eft parfaitement bien dans l'efprit du Prince? C'eft un Favori déclaré. Vous n'avez aucune idée à ce que je vois d'un Favori, ni des avantages attachés à un tel hymen; ce font d'heureux mortels que ces gens-là. Que vous allez être flattée; comme on va ramper devant vous; qu'on vous tirera de révérences de loin; comme on briguera vos bonnes graces!

ELIANTE.

Quel pénible métier, quel bonheur fragile que celui des Courtifans! Un mot, & fouvent une contenance, occafionne leur chûte. S'ils voyent à leurs pieds la foule aveugle, ou intéreffée, ils tombent eux-mêmes dans un abaiffement affreux, lorfqu'ils font obligés de facrifier aux Princes leur liberté, leur raifon, leur fentiment, & de s'affervir à de baffes complaifances, qui dégradent l'ame de fa nobleffe.   **LA**

LA BARONNE.

Dans quel impertinent Auteur avez-vous lû
ce mauvais raisonnement? Mais vous avez beau
dire; je n'en démordrai pas. Vous aurez un
Favori.

ELIANTE.

Vous savez, Madame, que l'ambition n'a
jamais été mon foible, & que je ne cherche point
à m'attirer la haine & la jalousie des autres Dames, en m'élevant au dessus d'elles.

LA BARONNE.

Ma chére Enfant, il est plus avantageux
d'exciter l'envie que la compassion. En un
mot, je sens tous les avantages de cette union,
& je ne négligerai rien pour la faire. Soyez
docile à mes volontés. Je vous quitte pour
mettre la main à un ouvrage, dont dépend tout
vôtre bonheur.

SCENE VII.

ELIANTE *seule.*

Eraste est donc inconstant! Est-ce là cet
amour éternel qu'il me juroit hier? Une
flamme si pure a-t-elle pû s'éteindre en un instant? Ouï, il n'est pas seulement venu se présenter chez moi de tout le jour . . . Mais
peut-être suis-je injuste à son égard. Dans le
moment que ma raison le condamne, mon

E 3   cœur

cœur le justifie. Je l'aime trop pour le trouver
coupable . . . Vaine illusion ! Helas! nous
excusons trop facilement, ceux que nous vou-
drions voir innocens . . . Ne nous flattons
point. Eraste est volage. Mais, Ciel le voici !

SCENE VIII.

ELIANTE, ERASTE,

*qui entre d'un air triste & rêveur, & s'eloigne
d'Eliante.*

ELIANTE *à part.*

Ouï, il s'éloigne de moi, il se sent coupable.

ERASTE *à part.*

Hélas! ma disgrace est certaine. Elle ne
jette aucun regard sur moi. Elle parle tout bas.

ELIANTE.

Il ne s'est point attendu à me trouver ici.
Ma présence lui est à charge. Il m'évite. Son
cœur lui fait des reproches.

ERASTE.

J'ai le sort d'un fâcheux. J'arrive mal à propos. Peut-être attend-on mon rival. Ayons
du moins la triste consolation de lui être importun.

ELIANTE.

Qaelle perfidie !

ERA-

ERASTE.

Hier nos yeux se rencontroient déjà de loin.

ELIANTE.

Peut-on changer en un jour?

ERASTE.

Voyons quel prétexte elle pourra prendre pour se justifier. *il tousse.*

ELIANTE.

Monsieur . . .

ERASTE.

Mademoiselle?

ELIANTE *d'un ton ironique.*

Est-ce bien vous, Monsieur? Par quel hazard a-t-on le bonheur de vous voir, après nous avoir privé tout un jour de vôtre présence?

ERASTE.

Ah, Mademoiselle, je ne m'apperçois que trop, que je suis incommode, & que ma visite vous gêne.

ELIANTE.

Vous prenez à merveille les airs de la Cour, & vous aurez sans doute passé la matinée à la toilette de quelque Beauté nouvelle. Une courte visite en passant, suffit pour les anciennes connoissances. Après tout, rien n'est plus ennuïant que de voir toujours les mêmes visages; on a épuisé tout ce qu'on avoit à leur dire.

ERASTE.

Vous attendez sans doute compagnie. Quel

E 4   peut-

peut être l'heureux mortel à qui vous deſtinez
ces précieux momens? Son bonheur me fait
juger de ſon mérite; & je ſerai charmé de faire ſa connoiſſance.

ELIANTE.

Ne ſuffit-il pas, Monſieur, de me donner
les preuves les plus fortes de vôtre legéreté?
Faut-il encore y ajouter l'outrage de vos ſoupçons ?

ERASTE.

L'evidence, Mademoiſelle . . . .

ELIANTE. *vivement.*

Je parois peut être criminelle à vos yeux!

ERASTE *à part.*

Helas! que trop!

à Eliante.

Mes ſoupçons ſe fondent ſur vôtre conduite.
Non contente de m'avoir banni de vôtre cœur,
vous y placez un rival heureux. C'eſt ſans
doute ce nouvel Adorateur que vous attendez,
& qui me rend importun. Mes allarmes, mes
inquiétudes, ſont dignes de blâme, il en faut
convenir.

ELIANTE.

Des conjectures auſſi mal fondées, ne ſau-
roient que m'être injurieuſes. Mais ſuppoſé
qu'elles ſoyent véritables, que vous importe?
Je n'aurois donné aprés tout qu'un cœur dont
vous dédaignez la poſſeſſion.

ERA-

ERASTE.

Moi, Eliante.

ELIANTE.

Oüi, vôtre réfroidiſſement, votre infidélité
même, n'eſt que trop manifeſte. Semblable
au reſte des Courtiſans, vous n'aſpirez qu'à
augmenter le nombre de vos conquêtes, &
vous cherchez une vaine gloire à attacher tous
les jours quelque cœur novice à vôtre Char de
triomphe.

ERASTE.

Que vos crayons ſont noirs, & qu'ils peignent
mal un cœur comme le mien. Ce cœur que
vous dénigrez ſi fort, eſt animé de plus nobles
ſentimens. Helas! peut-être n'a-t-il d'autre
foible, qu'un trop grand excés de conſtance.
Le moindre ſoupçon le bleſſe; plus il aime,
plus il ſent vivement les traits de la jalouſie.

ELIANTE.

Une telle délicateſſe de ſentimens eſt bien
flatteuſe pour celle qui fait l'objet d'un Amour
ſi tendre! Mais, Eraſte, s'il étoit vrai que vôtre
jalouſie n'eût d'autres ſources que celle-là, mon
cœur goûteroit un repos dont il eſt privé.

ERASTE.

Ah! Madame, ſi vous aviez conſervé un
reſte de bonté pour moi, mes inquiétudes, &
mes allarmes, ne vous paroîtroient pas ſi cri-
minelles.

E 5 ELI-

ELIANTE.

Que trouvez-vous donc dans ma conduite qui puisse vous allarmer?

ERASTE.

Mon Pére y a donné lieu, en me faisant confidence des dispositions peu favorables où il vous a trouvé pour moi, & vôtre Mére a achevé de me désespercr.

ELIANTE.

Eraste, cessez de feindre. Ma Mére ne m'a point caché les sentimens que vous lui avez témoignés. C'est d'elle que je sçai toute l'indifference que vous avez fait paroitre pour nôtre mariage.

ERASTE.

Quel mistère fâcheux est caché sous tant de faux rapports? Eliante, est-il possible que vous sentiez encore pour moi ces tendres mouvemens, que j'ai osé apercevoir en vous depuis nôtre premiere jeunesse, & qui ont toujours fait le seul bonheur de ma vie?

ELIANTE.

Si j'etois persuadée que vôtre cœur me fut fidole, je ne ferois aucun scrupule de vous réiterer l'aveu de mes sentimens.

ERASTE *prenant sa main.*

Ah! donnez cette consolation à l'Amant le plus tendre & le plus affligé.

ELIANTE *tendrement.*

Eraste, vous êtes aimé.

ERAS.

ERASTE *se jettant à ses pieds.*

Généreuse Eliante, mes soupçons ont mérité vôtre haine, & me rendent indigne de vôtre tendresse. Mais si jamais un repentir a mérité le pardon d'une offense, j'ai droit de prétendre au retour de vos bontés. La douleur & la confusion me réduisent au silence. Je ne quitterai point vos genoux, que je n'aïe obtenu ma grace, & que vous n'ayez dit; Eraste, tout est pardonné!

ELIANTE *le relevant tendrement.*

Oui, cher Eraste, tout est oublié.

ERASTE.

Quel instant fortuné! Daignez, aimable Eliante, m'assurer encore qu'aucun évenement fâcheux ne fera changer désormais vos sentimens pour moi.

ELIANTE *lui donnant la main.*

Recevez mon cœur avec ma main. Rien au monde ne sera capable de diminuer la tendresse que je sens pour vous.

ERASTE.

Et moi, je vous jure une fidelité éternelle. Tous les obstacles, tous les malheurs ensemble, ne seront pas capables d'empêcher nôtre union.

ELIANTE.

L'opposition de nos parens m'inquiete.

ERASTE.

L'obeïssance que je dois à mon Pére, m'attache

tache à ſes volontés, autant que mon amour à vous. Parens trop cruels, que vous nous pré-parez de pleurs! Eliante, armons-nous de cons-tance, l'amour vaincra tous les obſtacles.

ELIANTE.

Des ſentimens auſſi purs devroient-ils être accompagnés de tant de peines! Mais quelle eſt la cauſe de la réſolution que nos parens ont priſe?

ERASTE.

Je vous dirai . . .

SCENE IX.

ELIANTE, ERASTE, ARTEMISE, LE CHEVALIER, CHAMPAGNE.

LE CHEVALIER *riant à gorge déployée.*

Ma foi, voilà la Scene la plus plaiſante du monde. Il me prend envie d'en faire une Comédie. Le Comte, dites-vous, eſt amoureux fou d'Eliante. Ha, ha, ha!

ARTEMISE.

Ouï, ces vieilles gens radotent.

ERASTE.

Chevalier, j'ai oſé me flater de vôtre ami-tié; mais je ne vois que trop, quel cas on doit faire des Amis de Cour. Dans le tems que la douleur m'accable, vos ris inſultent à mon malheur.

LE

LE CHEVALIER.

Eh, qui Diable ne riroit pas d'une pareille
avanture? Malgré vôtre mélancolie, je gage
que je dériderai ce front, ſi je vous conte cette
hiſtoire.

ARTEMISE.

Vous y êtes intéreſſés, mes Enfans, plus
que perſonne, nous ſommes venus pour vous
déveloper le miſtère, & vous offrir nos ſervices.

ELIANTE.

Ne perdez point de tems en préambules, &
tirez-nous de nôtre inquiétude.

LE CHEVALIER.

Voici la choſe en deux mots. Madame la
Baronne de Hauteſource eſt épriſe d'Eraſte, &
vos charmes, belle Eliante, ont rendu le Vicomte éperdûment amoureux. Vôtre Mére
veut épouſer vôtre amant, & Monſieur le Vicomte, devenu Rival de ſon fils, s'eſt mis en
tête de vous garder, en vous prenant pour
femme.

ARTEMISE.

Madame vôtre Mére vous a fait accroire,
Madame, qu'Eraſte vous mépriſoit, & le Vicomte de ſon côté a inſinué à Monſieur, que
vôtre inclination pour lui s'étoit évanouïe.
Voilà tout le miſtère.

ERASTE.

J'en avois deviné la moitié.

ELI.

ELIANTE.

Et moi l'autre . . .

CHAMPAGNE.

Eh bien, joignez les deux moitiés enſemble, & je vous réponds que vous formerez un tout. Mais il n'eſt pas queſtion ici, ni de rire, ni de pleurer. Il s'agit de trouver un promt remède au mal.

ERASTE.

Je ne ſai à quoi me déterminer.

ARTEMISE.

Je ſuis donc plus habile que vous, car je le ſçai, moi. Apprenez, mes Enfans, à diſſimuler: c'eſt le premier talent du Courtiſan, & la clef des affaires. Il faudra qu'Eraſte affecte d'avoir conçu de l'amour pour la Baronne, & qu'Eliante en témoigne autant au Vicomte.

LE CHEVALIER.

Cela formera un contraſte des plus divertiſſans.

ARTEMISE.

Vous verrez bientôt naître entre vous quatre une diſpute comique ſur le rang, qui ſera ſuivie de pluſieurs démêlés à l'egard de vos biens. Les vieilles gens ſont âpres aux eſpeces, & la Baronne voudra retrancher à ſa fille l'argent q'elle deſtine, pour acheter l'amour & les faveurs de ſon jeune mari.

LE

LE CHEVALIER.

Admirable! Oh! je prévois mille difputes, qui pourront contribuer à rompre cet affemblage extravagant.

ERASTE.

Je fens une répugnance infurmontablé à employer la feinte & la rufe.

ELIANTE.

Et moi, je prévois auffi que je ne pourrai jamais diffimuler mes véritables fentimens.

LE CHEVALIER.

Ne voila-t il pas de ces fcrupules déplacés? Vos grands fentimens vous rendront malheureux à coup fûr, & un petit ftratagême ingénieux peut faire réüffir tous vos deffeins. Un homme raifonnable doit-il balancer entre de pareilles alternatives?

CHAMPAGNE.

Sil m'eft permis de le dire, le projet de Madame Artemife eft trés bon, poürvu que les rôles foient bien joués, & l'intrigue foutenüe jufqu'au bout. Mais il me vient encore une idée.

ERASTE.

Voyons.

CHAMPAGNE.

Vous connoiffez l'Abbé Pompon, notre Aumonier.

ERAS-

ERASTE.

Ouï, eh bien!

Champagne rit.

ERASTE.

Et dequoi riez-vous?

CHAMPAGNE *riant toujours.*

Quand il a un œil tourné vers le Ciel, &
l'autre vers la terre, la tête panchée sur l'epau-
le, & les mains croisées sur l'estomac, ne diriez-vous pas que c'est un Saint?

ERASTE.

Il a l'air d'un homme de bien.

CHAMPAGNE *riant encore.*

Sous cet air imposant, c'est pourtant ce
qu'on nomme un Maitre vaurien, intriguant
comme un Diable, adroit à se glisser dans les
Maisons, grand Négociateur dans les petites
affaires de famille, glorieux, intéressé, & hy-
pocrite.

LE CHEVALIER.

Qui diantre vous a appris, Monsieur Champagne, à faire des Portraits!

CHAMPAGNE.

Toutes les fois que je viens chez lui, il me
fait mille questions sur tout ce qui se passe à la
Cour, & chez mon Maitre. Mais moi qui
ne suis pas dupe, je lui fais des contes bleus,
& je bois son vin.

LE CHEVALIER.

Comment, son vin?   CHAM-

CHAMPAGNE.

Oh, ouï-dà. Il a dans son Cabinet, derriére ses grands livres, une bibliotheque de petites bouteilles de differentes sortes de vin doux excellent, qu'il dit venir de la Montagne de Chypre, & de l'Isle du Cap; mais qui, entre nous, ne font que les tributs que lui paye la confcience de fes bigotes. Sa Ménagére, qui eft jolie comme un cœur, nous en verfe des lampées, il faut voir.

ERASTE.

Mais au fait.

CHAMPAGNE.

Or donc, je vais mettre ce galant homme dans vos intérêts; je l'engagerai à parler à vos parens; il a la langue bien affilée, & je parie qu'il leur perfuadera qu'ils grilleront au feu d'enfer comme une Cuiffe de Dindon, s'ils font le mariage bifcornu qu'ils on en tête.

LE CHEVALIER.

Fort bien, la penfée eft bonne; & moi je tâcherai de parler en vôtre faveur au Prince. Equitable & gracieux, comme il l'eft, un mot de fa part vous rendra heureux.

ERASTE.

Je reconnois votre zéle comme je le dois, & je fuivrai exactement vos confeils. Charmante Eliante, je vois que la diffimulation eft inévitable. Témoignez à mon Pére autant d'amour

F   que

que vous le pourrez, mais ne me perdez jamais de vûe.

ELIANTE.

Puisque nôtre bonheur l'exige, j'y confens, quoiqu'à regret.   Cher Erafte, je compte fur vôtre fidelité.   *Elle fort avec Artemife.*

ERASTE.

J'ai envie de prendre confeil dans cette affaire importante, de mon ancien Gouverneur: voulez-vous m'accompagner chez lui?

LE CHEVALIER.

Je n'aime pas trop les vieux Mentors. Ces Moralifeurs ne connoiffent guères ce qui fe paffe dans le cœur d'un homme du monde, & leurs confeils fe reffentent toujours de leur façon de penfer . ... Mais, quoiqu'il en foit, il faut avoir de la complaifance pour fes amis.

Ils fortent.

CHAMPAGNE.

Par ma foi, il faut que cette affaire aille, ou que le Diable s'en mêle.   Tous les fers font au feu. Nous employerons la rufe, & le déguifement, le fecours d'un Prêtre, le Confeil d'un Gouverneur, l'adreffe de Monfieur le Chevalier, & de Madame Artemife, l'autorité du Prince, & par deffus tout, le favoir-faire de vôtre trés-humble ferviteur Champagne.

Fin du troifième Aĉte.

ACTE

ACTE IV.

SCENE PREMIERE.

ELIANTE, CHAMPAGNE,
*qui eſt ſuivi de quatre Laquais portant une
grande Corbeille.*

ELIANTE.

Laiſſez, laiſſez. Il ne me convient point
d'accepter des préſens de ſa part.

CHAMPAGNE *bas à Eliante.*

Au nom de Dieu, Madame, joüez mieux
vôtre rôle, & laiſſez-moi faire le mien devant
ces valets.

*Il fait quelques révérences, aprés quoi
il met ſon chapeau à la manière des
Ambaſſadeurs, & dit tout baut.*

Madame. Le Vicomte mon Maitre, qui
eſt épris de vos charmes tout-puiſſants, m'a
député vers vous en qualité de ſon Plénipoten-
tiaire, pour vous aſſurer de ſa haute eſtime,
pour vous demander une prompte entrevüe,
& pour être le porteur de ces préſens, qu'il
vous offre, comme des arrhes de ſa tendreſſe.
La Lettre de créance dont je ſuis muni,

il lui remet une grande Pancarte.

vous expliquera plus parfaitement les ſentimens de Monſeigneur & Maitre. Quant à
moi, Madame, il ne me reſte qu'à deſirer que,

ni ma Perſonne, ni l'objet de ma miſſion ne vous ſoient

      ôtant le chapeau qu'il tend

deſagréables, & que vôtre généroſité . . . .

ELIANTE.

Je vous prie, Monſieur Champagne, finiſſez vôtre harangue. Cette éloquence m'ennuïe,

             à part.

autant que le ſujet de ſon Ambaſſade.

CHAMPAGNE.

Mais, Madame, daignez au moins, jetter un regard favorable ſur ce poulet.

ELIANTE *lit.*

Pour aſſiéger de vôtre Cœur
L'inexpugnable Citadelle,
Champagne, mon bras droit fidéle,
Plus vaillant que Richard ſans peur,
Va vous jetter, Beauté cruelle,
Des Bombes dont la force eſt telle
Qu'en embraſant vôtre froideur
J'eſpere à la Place rebelle
D'aller attacher le Mineur.

CHAMPAGNE.

Eh bien, ne voila-t-il pas du galant?

ELIANTE.

Ouï, de la plus fine Galanterie de la vieille Cour.

CHAMPAGNE.

Mais, ce n'eſt pas le tout. Permettez de grace,

grace, que nous paffions en revüe les préfens
que Monfieur le Vicomte vous deftine.

ELIANTE *à part.*

‹ Autre.ennui auquel il faut fe prêter.

CHAMPAGNE *aux Laquais.*

Approchez mes Enfans, & aidez moi à étaler nôtre Marchadife . . . Mais il n'en eft
pas befoin, puisqu'en voici l'Inventaire.

ELIANTE.

Tant mieux.

CHAMPAGNE *lit.*

„Mémoire des effets dont Monfieur le Vi-
„comte fait donation à la Reine de fon Cœur,
„comme un hommage qu'il rend à fes charmes.

„*Primo.* Une Pièce d'Etoffe, couleur de
„feuïlle-morte, à fleurs pourpre & or, pour
„en faire une Robe. Cette Etoffe eft fort pré-
„cieufe à caufe de fon antiquité, ayant fubfifté
„depuis plus d'un fiécle dans fa famille, & étant
„parvenüe jusqu'à lui par *fidei-commis.*

2. „Une Caffette artiftement travaillée, &
„qui renferme plus de cinquante préfervatifs
„& autres Remèdes, defquels on s'eft fervi
„avec fuccés contre la pefte qui ravagea le païs
„l'an de grace 1597.

3. „Un Ecrein, contenant plufieurs pierres
„précieufes de differentes groffeurs, prêtes à
„être taillées.

F 3   4. „Une

4. „Une Montre de vermeil quarrée, fort
„grande, & travaillée en bas relief.

5. „Un bois de Cerf à foixante Cors, dont
„la bête a éte tuée par Monfieur le Vicomte,
„dans fon Parc où il a la haute Chaffe.

6. „Une Courte - pointe de Satin, fur la-
„quelle eft brodée fon Arbre Genéalogique,.
„felon les plus exaĉtes régles du Blazon : Meu-
„ble fort utile en ménage , & fous laquelle
„Monfieur le Vicomte fe flatte de procréer
„une nombreufe famille, tous vrais enfans de
„qualité.

7 · · ·

ELIANTE.

Arrêtez, Champagne, nous examinerons le
refte à loifir. Je vous prie de faire tranfpor-
ter tous ces Meubles dans mon Cabinet; car je
n'oferois défobliger Monfieur le Vicomte par
un refus.

CHAMPAGNE *faifant figne aux*
Laquais.

Vous pouvez maintenant partir en liberté,
& remettre ce panier aux Domeftiques de
Madame.

Les Laquais emportent la Corbeille.

Dieu merci, nous voila feuls.

ELIANTE.

Votre Maitre me tüe avec fa galanterie ro-
manefque, fes vers & fes préfens.

CHAM-

CHAMPAGNE.

Ah, Mademoiſelle, la galanterie & les préſens ſont de lui; mais pour les vers, Diantre,
c'eſt bien un autre qui les a faits.

En cet endroit il répéte les vers, &
les chante.

Pour aſſiéger de vôtre cœur.
L'inexpugnable Citadelle
&c. &c.

Convenez pourtant que cette penſée eſt in-
génieuſe, & le tour délicat.

ELIANTE.

Mais, qui en eſt donç l'Auteur?

CHAMPAGNE.

Je ſuis dans vos intérêts, ainſi je ne vous
cache rien, Mademoiſelle, mais j'eſpére que
vous ne me trahirez point. Or donc il faut
vous dire, que c'eſt le Seigneur Panurge qui
a fait les Vers en queſtion.

ELIANTE.

Comment Panurge, le Bouffon de la Cour?

CHAMPAGNE.

Ouï, le premier Bouffon de la Cour. Et
c'eſt ſon Chef d'oeuvre, vraiment. Auſſi
l'a-t-on bien payé. Oh! Mademoiſelle, ſi vous
le connoiſſiez à fond, c'eſt un joli garçon; il
n'y a pas longtems que pour gagner une gageure, il mangea la cuiſſe d'un Juif nouvellement pendu. Quelquefois il eſt obligé de ſe

F 4 battre

battre contre l'Ours blanc de Monſeigneur. Il
eſt excellent Magicien, jusqu'à prédire l'avenir. Il peut boire un ſeau de vin, dans un re-
pas. Rien n'eſt plus plaiſant que de lui voir
faire le Loup-garou, & joüer de la Gibeciére.
Pour de l'eſprit, il en a en Diable ; déjà il eſt
fort bon Poëte, comme vous voyez, & il capo-
tiſe les Courtiſans les plus fins & les plus ruſés ;
en un mot, c'eſt une reſſource, & il amuſe
Monſeigneur, on ne peut pas mieux.

ELIANTE.

Voilà des talens admirables en effet ; mais
je ne ſaurois croire que les fades plaiſanteries
d'un bouffon de profeſſion, ſoient des amuſemens dignes d'un grand homme.

CHAMPAGNE.

A propos de grands hommes ; j'ai donné
rendés-vous à notre Aumonier, & je vais lui
expliquer vôtre affaire, pendant que mon Maitre ſera ici.

ELIANTE.

Comment, le Vicomte veut me faire viſite ?

CHAMPAGNE.

Ouï, j'ai ordre de vous l'annoncer.

ELIANTE.

Que je crains cet entretien, & que j'aurai
de peine à diſſimuler mes ſentimens !

CHAMPAGNE.

Je le vois venir. Il a mis ſon rouge & ſes
mou-

mouches. Je vous quitte, Mademoiselle, pour travailler à vos intérêts. *Il sort.*

SCENE II.

ELIANTE, LE VICOMTE,
fort ajusté.

LE VICOMTE *riant.*

Ha, ha, ha! ma petite Reine. Vous m'aimez; plus que vous ne croyez. Je suis bon Prophéte, & j'aurois parié ma Noblesse que, toutes réfléxions faites, vôtre indifference ne tiendroit pas contre mon artillerie.

ELIANTE.

Personne ne connoit mieux que moi les mouvemens de mon cœur, & je suis forcée malgré moi de vous assurer, Monseigneur, que je ne vous hais point.

LE VICOMTE.

Ah, de grace, ma belle enfant, épargnez le mot de Monseigneur.

ELIANTE.

Ce mot est si beau à prononcer.

LE VICOMTE. *se bouffissant.*

Vous avez raison, & grace à Dieu, personne ne peut me le contester. Il est des occasions où nous sentons bien, que le Vous est bien plat, & que les Epithétes de Grandeur, & d'Excellence, sont des prérogatives qu'il ne faut pas

négli-

négliger.　Auffi accoutumons-nous nos infe-
rieurs à nous les donner de bonne heure ; mais
je dois m'attendre à des noms plus doux de
vôtre part.

ELIANTE.

Il m'en coûte, pour oublier les égards qui
vous font dûs.

LE VICOMTE *à part.*

Timidité charmante, que celle que donne la
jeuneffe !

à Eliante.

Vous avez de la peine à avouër ce que vôtre
cœur fent pour moi.　Mais une action fenfée
ne doit jamais faire rougir.　Permettez-moi
que je vous faffe connoitre toute la fageffe de
celle que vous ferez en m'époufant.

ELIANTE.

Lorsqu'une fois on a le don de perfuader,
on fait croire les plus grands paradoxes.

LE VICOMTE.

Quel bonheur frivole que celui que vous
goûterez avec un mari tel qui Erafte ! Avant
les nôces un jeune Cavalier aime éperdûment,
& tous fes entretiens ne font qu'une quintes-
fence de la plus fine galanterie.　Les premiers
jours du mariage il continüe fes careffes parce
que la nouveauté du titre d'Epoux le flatte,
mais bientôt il penfe que l'amour conjugal eft
fifflé par la bonne compagnie, pour en éviter

le

le ridicule, il fait la cour à quelque autre Dame, ce nouvel engagement l'eloigne de sa femme, le réfroidiſſement dégénére en mépris, & par raiſon de bien-ſéance le mariage devient infortuné.

ELIANTE.

Voilà juſtement le portrait de la plus-part des mariages de la Cour, & ce ſont auſſi ces raiſons qui m'ont déterminée à ne point donner ma main à un Courtiſan.

LE VICOMTE.

Ah! mon adorable Eliante, vous ne riſquez rien à me prendre pour Epoux. Je ſuis une exception vivante de la régle. Vous ſerez heureuſe avec moi, car je ſens tout le ridicule de cette manie naturelle aux jeunes gens.

ELIANTE. *à part.*

Mais il eſt aveuglé ſur les ſiennes.

au Vicomte.

Je ne doute point, Monſieur, que vous ne faſſiez tout mon bonheur.

LE VICOMTE. *vivement.*

Oh! que cela eſt bien dit, divine Eliante, & que nôtre mariage ſera doux! Je me flatte qu'avant un an vous me donnerez un petit Vicomte, qui me reſſemblera comme deux goutes d'eau. Mon fils en fera la grimace, mais c'eſt le moindre de mes ſoucis.

ELI-

ELIANTE.

Eh! Monſieur, je ne vois point encore que
nôtre mariage ſoit une choſe entierement réglée.

LE VICOMTE *à part.*

Ma foi, je crois qu'elle commence à lan-
guir elle-même aprés la concluſion.

à Eliante.

Mon petit Ange, il n'y manque que vôtre
conſentement.　J'ai oſé vous envoyer quelques petites bagatelles, qui ne ſont que les avant-
coureurs des préſens que je vous deſtine.

ELIANTE.

Ah! Monſieur, ſouffrez que je vous en témoigne ma reconnoiſſance.　　●

LE VICOMTE.

Cela n'en vaut pas la peine.　Permettez-moi
d'y ajouter cette bague pour gage de ma foi.
Vous admirerez ſans doute la beauté du brillant; il eſt de la premiere eau.

ELIANTE.

En effet il me paroit trés beau.

LE VICOMTE.

De ma vie je ne me ſuis ſenti une ſi forte
envie d'épouſer, qu'aujourd'hui.　Il me ſemble que je n'aye que trente ans.　Vos yeux,
ma Reine, rallument en moi tout le feu de
la jeuneſſe. De grace, ne laiſſez pas brûler en
vain cette belle flame. Donnez-moi vôtre main,
& acceptez cette bague. Qu'elle ſoit le ſçeau de
nôtre union!　　　　　　　　　　ELI-

ELIANTE.

Avez-vous, Monsieur, informé ma Mére, de vos intentions? Vous a-t-elle donné son agrément?

LE VICOMTE.

Oh! les Méres sont toujours les derniéres que l'on consulte en pareil cas; mais comme c'est un usage qu'il faut suivre, je veux bien en faire la Cérémonie. Commençons par conclurre la chose entre nous. Voici, belle Elian-te, la bague & la main.

ELIANTE. *à part*

Je crains que cette Comédie n'ait des suites fâcheuses. Mais il faut finir ce que j'ai commencé. *au Vicomte.*

J'accepte l'un & l'autre, sous la condition que ma Mére & mes Parens y donnent leur consentement, & que vous ne pressiez point la conclusion de nôtre mariage.

LE VICOMTE.

Je me soumets, quoiqu'à regret, à vos volontés. *Il lui donne la bague.*

Que mon bonheur est grand! Ah! divine Eliante, un petit baiser à compte des mille, que je vous donnerai par jour.

ELIANTE. *l'eloignant.*

Arrêtez, Monsieur le Vicomte, vous êtes trop pressant.

LE

LE VICOMTE.

Belle Enfant, rendez-vous dans vôtre apar-
tement. Vous y trouverez des Marchands
que j'y ai envoyé. Nous ferons les emplettes
que l'ufage demande en pareille occafion.

ELIANTE.

Je fuis vôtre trés-humble fervante.

à part.

Que la diffimulation m'eft infupportable. Je
bénis le Ciel de pouvoir me débaraffer de fa
préfence. *Elle fort.*

LE VICOMTE.

Quel mortel eft plus heureux que moi! J'aime, je fuis aimé, je fuis promis. Par ma foi,
cette fille eft un Chef d'œuvre de la Nature.
Comme je la houfpillerai, quand je l'aurai entre mes bras! Mais voici le Chevalier.

SCENE III.

LE VICOMTE, LE CHEVALIER.

LE VICOMTE.

Eh! d'où venez-vous, Chevalier?

LE CHEVALIER.

Quelle queftion pour un ancien Courtifan!
Je fors de l'Autichambre. . . .

LE VICOMTE

A cette noble affiduité je reconnois mon
fang.

sang. Embraffez-moi, cher Coufin. Rapportez vous de la Cour quelque nouvelle importante?

LE CHEVALIÉR.

Ma foi, en manque-t-on là?

LE VICOMTE.

C'eft une belle chofe que l'Antichambre! Indépendamment des nouveautés qu'on y entend, c'eft un Tribunal févére, où toutes les foibleffes, & tous les ridicules des hommes, font expofés au jugement du Courtifan. Il faut qu'un accufé foit un homme bien redoutable, s'il eft mis hors de cour & de procès.

LE CHEVALIER.

Eft-il quelqu'un, Monfieur, qui connoiffe mieux la Cour que vous, & qui fache mieux combien elle eft équitable & éclairée? Auffi n'y a-t-il eu qu'une voix fur la nouvelle qui court fur vôtre fujet.

LE VICOMTE.

Eh! qu'y dit-on de moi?

LE CHEVALIER.

Je ne l'ai pû croire, & je craindrois de vous déplaire, fi je . . .

LE VICOMTE.

Dites, dites.

LE CHEVALIER.

Eh bien! fi j'ofe vous en faire l'aveu, on on dit que vous vous mariez.

LE

LE VICOMTE.

Je me marie. Eh! qu'y a-t-il là de si extraordinaire?

LE CHEVALIER.

Quoi! à votre âge se marier!

LE VICOMTE.

Comment, à mon âge! Y pensez-vous, Chevalier? C'eſt l'âge où tout homme raiſonnable
devroit prendre ce parti, où l'eſprit eſt par-
venu à ſa maturité, où l'on eſt capable de
faire un choix ſenſé. D'ailleurs, je me porte
auſſi bien que je me portois à trente ans, & je
n'ai point ruïné ma ſanté par les débauches ſi
ordinaires aux jeunes gens d'aujourd'hui.

LE CHEVALIER.

Mais, quelle eſt donc la Belle, ſur qui vous
avez jetté les yeux? C'eſt apparemment une perſonne d'un certain âge.

LE VICOMTE.

Il eſt vrai. C'eſt un jeune tendron, que je
veux dreſſer de ma main.

LE CHEVALIER.

Encore mieux. Ai-je l'honneur de la connoitre?

LE VICOMTE.

Ouï, c'eſt Eliante que mon fils avoit cou-
ché en joüe. Il a levé le liévre, & je l'ai pris,
moi.

LE

LE CHEVALER.

Mais, mon cher Oncle, que penfera le monde, & que dira la Cour ? Vous allez devenir l'objet de la médifance publique, on fe moquera . . .

LE VICOMTE.

Tout le monde fe'moquera de moi, dites-vous; & moi, je me moquerai de tout le monde. Eiiante me tient lieu de tout.

LE CHEVALIER.

C'eft donc ainfi que vous méprifez le qu'en dira-t-on de la Cour ? Voilà un blafphéme que j'entends fortir pour la premiere fois de votre bouche. Ignorez-vous que ce mariage peut occafionner vôtre ruïne ? Avez-vous oublié cette Maxime d'un illuftre Courtifan : Qu'un grand vice eft plus fupportable à la Cour que le plus petit ridicule.

LE VICOMTE.

Agiffez bien, mal; la Cour y trouve toujours à redire.

LE CHEVALIE.

En qualité d'ami & de ferviteur, fouffrez que je vous prédife le fort qui vous attend. Le proverbe dit :

Un vieux Epoux, de femme de vingt ans,
Ne manque point de panache & d'enfans.

Je ne fçai fi vous me comprenez ?

G   LE

LE VICOMTE.

Que trop bien, Monsieur le Chevalier!

LE CHEVALIER.

Quel beau sujet de satyre, qu'un assemblage aussi mal-assorti! Gare, s'il se trouve quelque bel-esprit à la Cour. Les brocards, les Chansons, vont pleuvoir comme grêle. D'ailleurs vous réduirez votre fils au désespoir. Et enfin, que voulez-vous, que le Prince pense d'une démarche, qui vous fera tant de tort dans l'esprit du Public? Si donc un véritable ami ose ...

LE VICOMTE.

Arrêtez, Chevalier. Vôtre Rhétorique m'inquiète, mais ne me persuade point. Un regard de ma belle est plus fort que tous les argumens du monde. Je vous laisse pour voler vers elle. Mais tous ces propos ont manqué de me faire négliger la Cour.

il sort.

SCENE IV.

LE CHEVALIER *seul.*

Ce bon-homme veut à toute force se donner en spectacle. Les mariages les mieux assortis fournissent matiére à la Cour de gloser; & que ne font pas les ridicules! Mais réfléchissons un peu à ce qui nous touche de plus près. Il est arrivé un Etranger dont
tout

tout le Monde vante l'efprit & le mérite. On
dit même qu'il amufe le Prince par fes faillies.
Cet homme peut le trouver tôt ou tard dans
mon chemin, & me nuire. Un Courtifan doit
prévoir les malheurs de bien loin, & favoir
les parer. Comme il n'eft guères d'homme,
dont la naiffance, la figure, l'efprit, ou la conduite, foient à l'abri de toute critique, il faudra étudier fon côté foible, & l'expofer dans
tout fon jour. Le défaut le plus leger fuffit
pour donner un ridicule, lors qu'il eft adroitement relevé. Veuille le Ciel, que celui-ci
ait quelque travers! Voilà plus qu'il ne m'en
faut pour empêcher fon élévation, réünit-il
même tous les talens.

SCENE V.

LE CHEVALIER, ERASTE, CHAMPAGNE.
LE CHEVALIER.

Ah! c'eft vous, cher Erafte. Eh bien! tout
eft préparé pour faire joüer la mine qui
doit bouleverfer le deffein bizarre de votre Pére.
La Cour en eft inftruite, & toute ma Cabale
travaille à le faire échoüer.

ERASTE.

Je vous en ai mille obligations, pourvû que
vos mefures foient prifes, de manière qu'il n'en
arrive à mon Pére, ni affront, ni disgrace.

G 2 LE

LE CHEVALIER.

Ne craignez rien, dès que je me mêle de la chose.

CHAMPAGNE *à part.*

Ah! l'excellente tête!

ERASTE.

L'affaire est délicate, & demande bien de la précaution.

LE CHEVALIER.

C'est pour cela que je l'ai remise entre les mains d'un de mes meilleurs amis qui est un bel-esprit. Ainsi tranquillisez-vous, car vous savez que ces Messieurs voyent au delà de la portée des autres hommes, & que c'est par là qu'ils réussissent.

ERASTE.

Mais en revanche les beaux-esprits vont pour l'ordinaire au delà du but, & c'est par là qu'ils échouent. Il faut du bon-sens pour le succès des affaires.

LE CHEVALIER.

Diable, vous raisonnez comme un Anglois. Pour moi, je trouve le bon-sens fort plat, je me déclare pour le brillant de l'esprit, & je bénis le Ciel de m'avoir fait naitre dans un Climat, où il s'en trouve beaucoup. Car, ceci soit dit entre nous, il est sûr qu'il n'y en a point au delà du 50me degré vers le Nord. Il n'est pas croyable que l'esprit y puisse aquérir la

matu-

maturité que le Soleil y a refusée aux fruits de la Nature.

ERASTE.

Ah, cher Chevalier, le bel-esprit n'est que trop commun. Il se glisse par tout, comme la fausse monoye, aussi est-il leger comme elle. Mais dites-moi, avez-vous pris des précautions pour empecher que cette affaire ne se divulguât?

LE CHEVALIER.

Ouï, tout se traite dans le plus profond secret, & par des gens dont la discrétion est à toute épreuve.

CHAMPAGNE à part.

Sans doute, par trois jeunes Courtisans de ses Amis, une couple de vieilles Matrones, quelques jeunes filles, & une ou deux Chambrieres.

ERASTE.

Avez-vous eu la bonté de parler à mon Pére, & que dit-il?

LE CHEVALIER.

Je l'ai mis dans des transes mortelles. Vous auriez été edifié de Sermon pathétique que je lui ai fait. Je crois l'avoir ebranlé; au moins m'a-t-il quitté d'un air si consterné, que vous l'eussiez pris pour un Courtisan, à qui le Prince vient de donner une mercuriale.

G 5 ERAS-

ERASTE.

Si mon Père vouloit ouvrir les yeux sur sa foiblesse, qu'ils s'épargneroit de chagrins!

LE CHEVALIER.

Ce n'est pas vôtre Père qui m'inquiète. La vieille Baronne m'allarmé bien d'avantage. Car quand l'amour se niche une fois dans le cœur de ces femmes surannées, le Diable ne l'en feroit pas déguerpir. Il y fait le même effet que la rouille dans une vieille Carabine. Je vous le repéte encore, Eraste, feignez de l'aimer; c'est le meilleur conseil que je puisse vous donner. Mais joücz finement vôtre rôle. La voici qui paroit. Je reste pour être témoin de vôtre conduite.

SCENE VI.

LA BARONNE, ERASTE, LE CHE-
VALIER, CHAMPAGNE.

LA BARONNE *fort parée.*

Eh bien! Monsieur, comment vous portez-vous depuis tantôt?

ERASTE.

Fort bien, Madame, & tout prêt à vous rendre mes hommages.

LA BARONNE *à part.*

Je crois que le petit fripon a quelque chose à me dire. *à Eraste.*

Tout

Tout cela n'eſt qu'un compliment de ſtile, &
ces hommages que vous voulez me rendre, ſont
de ces hommages communs, que vous autres,
méchans petits hommes, rendez à tout le beau
Sexe.

ERASTE.

Je ſai, Madame, ce que je vous dois en particulier, & ſi vous le permettez, j'y joindrai l'offre de mes trés-humbles ſervices.

LA BARONNE.

Cette offre s'etend-elle ſur tous mes beſoins,
& puis-je diſpoſer de vous en toute occaſion?

ERASTE.

En tout ce que je pourrai.

LA BARONNE.

Comment! A vôtre age on peut tout ce
qu'on veut. Vous êtes jeune, & paroiſſez . . .

à part.

Sa timidité l'empêche de parler.

ERASTE.

Je ferai tous mes efforts pour vous plaire.

LA BARONNE.

Je crois qu'il commence à y avoir quelque
petite ſympatie entre nous. Par exemple, tout
à l'heure il m'a pris des inquiétudes, qui ne
m'ont laiſſé de repos nulle part. J'ai dit en
moi-même; je gage qu'Eraſte m'attend dans
l'Antichambre. Cette idée m'a conduite ici,
& effectivement vous voilà

G 4 ERAS-

ERASTE.

Je ſuis trés charmé de cette heureuſe rencontre, & j'aurois dû prévenir vos bontés .

LA BARONNE *à part.*

Il faut enhardir des jeunes gens. C'eſt le
ſort ordinaire d'une femme qui a vecû.

à Eraſte.

Et comment va l'amour?

ERASTE.

Un bonheur inopiné nous éblouît ſouvent,
au point que nous manquons l'occaſion de
nous en ſaiſir.

LA BARONNE.

Ainſi vous croyez avoir eu tort de témoigner tantôt toute la froideur, l'indifference, que
vous avez fait paroître pour moi?

ERASTE.

J'avoüe, Madame, que je n'ai pas été d'abord aſſez ſenſible à vos bontés:

LA BARONNE.

De la façon que vous vous exprimez, on diroit
que vous abandonnez l'orange pour l'oranger.

ERASTE *à part.*

Mon cœur me dit, que je ne dois pas la trômper. *à la Baronne.*

A' peu prés, Madame.

LA BARONNE.

Cet à peu prés ne vaut rien.

ERAS-

ERASTE *à part.*

La présence de mon Cousin m'empêche de reculer . . . . *à la Baronne.*

Pardonnez à ma timidité.

LA BARONNE.

La timidité, & la dissimulation, sont également hors de saison dans l'affaire dont il s'agit.

ERASTE *à part.*

On me fait violence!

LA BARONNE.

Il faut parler à bouche ouverte, & savoir dire ce que l'on sent pour les gens.

ERASTE.

Eh! Madame, je sens que je vous aime.

LA BARONNE *allant à lui, & battant des mains.*

Bon, bon. Voila comme j'aime à vous entendre parler . . . Cet aveu ingenu a fait rougir le petit bon-homme, mais la rougeur lui sied bien. Il a un tein de lis & de roses . . .

elle lui passe la main sur la joüe.

C'est un vrai satin que sa peau.

ERASTE *à part.*

Je joüe ici un personnage aussi sot qu'ennuyeux.

LA BARONNE.

Vous m'aimerez passionnément, quand vous saurez par expérience ce que je vaux. Une femme de mon âge est si reconnoissante du bien

qu'on

qu'on lui fait, & rien n'eſt plus animé que ſes
careſſes.

ERASTE.

Oh! je n'en doute pas.

LA BARONNE.

Mon cher cœur, banniſſez déſormais les
cérémonies de nôtre commerce, & mettez plus
de vivacité dans vos façons d'agir.

ERASTE.

Je tâcherai, Madame, de vous ſatisfaire
par ma conduite.

LA BARONNE *lui donnant ſon Portrait.*

Acceptez ce Portrait, je me flatte qu'il vous
fera plaiſir. Voilà poſitivement, comme j'étois
faite autrefois. Je n'ai pas beaucoup changé;
tout l'eſſentiel y eſt encore.

ERASTE.

Je vous rends mille graces de ce préſent
magnifique.

LE CHEVALIER *àpart.*

Il eſt tems que je commence à joüer mon
rôle, & que j'arrête les progrés de ces foles
amours. *à la Baronne.*

Vous croyez donc, Madame, que vôtre
Mariage eſt entiérement réglé?

LA BARONNE.

Mais vraiment! Et quel obſtacle y pourroit-on mettre, Chevalier?

LE

LE CHEVALIER.

Cette affaire me paroit encore fort douteuse.
Ignorez-vous donc, que Mademoiselle vôtre
fille s'eſt promiſe en ſecret avec le vieux Vicomte?

LA BARONNE.

Qu'entends-je! Ma fille s'eſt promiſe? Quelle audace! quelle témérité! C'eſt un Monſtre.

LE CHEVALIER.

Conſidérez, Madame, je vous en conjure,
les ſuites funeſtes qui réſulteront de ce double
mariage. Quel ſujet de triomphe pour vos
ennemis! Que dira la Princeſſe? D'ailleurs,
vous voudriez peut-être diſpoſer de tous vos
biens en faveur de vôtre amant, mais vous ſavez que nos Loix s'y oppoſent. Enfin, (con-
ſidération la plus importante,) ſongez que vôtre fille, en épouſant le Vicomte, aura à la Cour
le rang ſur ſa Mére. Il y a dequoi fremir!

LA BARONNE.

Je ne ſais où la colére m'emporte! Ma fille
me joüe un tour pendable. Mon Dieu! quels
chagrins n'a-t-on pas de ſes enfans, quand ils
ſont parvenus à l'âge de ſe marier? Mais elle
me payera cher tous les maux qu'elle me fait.
Un Couvent m'en vangera.

LE CHEVALIER.

Je crains bien, Madame, que le Couvent
ne ſoit un reméde aprés coup.

LA

LA BARONNE.

Ma douleur eſt inexprimable, & j'en mourrai. Meſſieurs, pardonnez, ſi je vous prie de me laiſſer ſeule un inſtant, pour me remettre de mon trouble, & pour penſer aux moyens de me venger de ma fille. Eraſte, revenez bientôt, & ſeul.

ERASTE.

Adieu, Madame.

à part, en ſortant avec le Chevalier.

Quel ſupplice que la diſſimulation, pour un homme né ſincére !

CHAMPAGNE *ſortant auſſi.*

Nous allons voir encore des ſcenes . . .

LA BARONNE.

Si je pouvois donc trouver Artemiſe, pour lui demander ſes conſeils. Mais la voici.

SCENE VII.

LA BARONNE, ARTEMISE.

LA BARONNE.

Ah, ma chére amie, vous ne ſauriez arriver plus à propos. Vous êtes inſtruite des intentions qu'Eraſte a eu d'abord pour ma fille; mais la raiſon lui eſt venuë; ſon amour a changé d'objet, & c'eſt pour moi qu'il ſoupire maintenant. Mais il nous ſurvient une étrange cataſtrophe. La Cour eſt le théâtre des avantures;

rares; cependant je défie qu'on y ait jamais entendu parler d'un tour plus piquant que celui-là, Savez-vous bien que. . .

ARTEMISE.

Oui, je sai tout. Le Vicomte s'est promis avec Eliante.

LA BARONNE.

Màis d'où avez-vous pû savoir cette avanture ?

ARTEMISE.

Elle est dans la bouche de plus de cent personnes. Pour l'amour de vôtre propre réputation empêchez que la chose n'aille plus loin.

LA BARONNE.

Mais que faire pour le prévenir ?

ARTEMISE.

Rompre les deux mariages. Si l'affaire n'a pas lieu, tous les mauvais raisonnemens tomberont d'eux-mêmes.

LA BARONNE.

Ma chére Artemise, je n'ai pas besoin de Gouvernante. Vôtre proposition n'est pas acceptable.

ARTEMISE.

Vous aimez donc mieux sacrifier vôtre antienne gloire, que votre nouvelle passion. Comme on va rire à vos dépens ! La Cour se plait à de semblables Comédies, mais je suis fâchée que vous soyez les Acteurs. Quand je

pense

penfe à tous les malheurs qui naîtront de vos
mariages, je tremble. Vous allez vous en-
foncer dans les procès, & vous ruiner mutuellement. Dés qu'une fois la juftice fe mêlera
de vos affaires, adieu vôtre repos, & vos biens.

LA BARONNE.

Vous me caufez des tourmens affreux.

ARTEMISE.

Je vois arriver l'Abbé Pompon, nôtre Aumonier.

LA BARONNE.

Peut-être pourra-t-il calmer mon efprit par
fes faintes confolations.

SCENE VIII.

LA BARONNE, ARTEMISE,
L'ABBE POMPON.

L'ABBE'.

Que la paix de l'Ame & la fanté du Corps
foient, & demeurent éternellement avec
vous!

LA BARONNE.

Par quel hazard a-t-on le bonheur de vous
voir, Monfieur l'Abbé?

L'ABBF'.

La charge des Ames qui m'eft confiée, &
furtout de celles des gens de la Cour, eft une
charge bien pénible. Comme bon Pafteur, je
                                    renois

revois souvent mon troupeau, j'en fais le tour, je visite toutes mes ouäilles, & je leur donne de tems en tems un coup de houlette.

LA BARONNE.

Vous avez perdu un peu de cet embompoint, de cet air de prospérité, qui vous alloit si bien, Monsieur l'Abbé.

L'ABBE'.

Ce font les jeûnes, & les priéres que je fais pour mon troupeau, qui fatiguent mon Corps.

ARTEMISE.

Vous avez, dit-on, vos heures de priére réglées.

L'ABBE'.

Oui, Madame, & j'ai la satisfaction de voir par plusieurs effets miraculeux, que mes oraisons font des offrandes de bonne odeur.

LA BARONNE.

Comment?. des effets miraculeux?

L'ABBE'.

Oui, Madame, j'ai eu plus d'une révélation en ma vie, & j'en ai su faire un usage salutaire, pour remettre dans le bon chemin des brébis qui s'en étoient égarées.

ARTEMISE *à part.*

Je vois où il en veut venir.

L'ABBE'.

Il m'arriva même quelque chose de singulier hier au soir, & c'est en partie la cause qui m'améne auprés de vous.

LA

LA BARONNE.

Vous m'effrayez, Monsieur l'Abbé. De grace, racontez-moi cette singularité.

L'ABBE.

Je m'étois levé cette nuit, selon ma coûtume, entre minuit & une heure, pour vaquer à des devoirs pieux.

LA BARONNE.

Le saint homme!

ARTEMISE.

Le bon Israëlite!

L'ABBE.

Au milieu de mes Oraisons, & lorsque j'étois dans la plus grande extase de ferveur, j'entendis une voix qui me cria par trois fois, *Abbé Pompon, Apôtre de la Cour!*

LA BARONNE.

Vous eutes bien peur, je crois.

ARTEMISE.

Je gage que vous crûtes, que c'étoit le Diable qui venoit vous emporter.

L'ABBE.

Point du tout; une conscience aussi pure, aussi nette que la mienne, ne craint rien. Je répondis avec fermeté; *Me voici. Ombre fugitive, bienheureuse ou infortunée, quelle que tu sois, j'écoute.* En même tems je levai les yeux, & je vis devant moi le fantôme de Monsieur vôtre défunt mary.

AR-

ARTÉMISE *à part.*

Ah! le fourbe insigne!

LA BARONNE *criant.*

Miséricorde! Feu Monsieur le Baron de Hautesource vous est apparu, dites-vous! Ah! Monsieur l'Abbé, vous me faites trembler. Je n'oserai plus coucher seule, de crainte qu'il ne vienne aussi me faire visite. J'en aurois la mort; voilà une grande raison de plus pour accélérer le mariage que j'ai projetté avec Eraste, & je ne ferai point lit à part, car je suis fort peureuse.

L'ABBÉ.

Monsieur le Baron de Hautesource m'est donc apparu, & m'a dit ces propres paroles. *La femme que j'ai laissée sur la terre, est sur le point de conclurre un Mariage, qui l'exposeroit à violer les sermens que j'ai emportés au tombeau. Allez au plutôt vers elle, & dites-lui, qu'il n'y a pour elle de repos, ni jour, ni nuit, si elle persiste dans un engagement si contraire à la foi solemnelle qu'elle m'a jurée.*

LA BARONNE.

Eh! de quoi s'avise Monsieur de Hautesource, de vouloir troubler mon sommeil après la mort; lui qui me laissoit dormir si tranquillement de son vivant!

L'ABBÉ.

Ah! n'allez pas, Madame, vous mettre un

H   mort

mort fur les bras. Renoncez-y, je vous en conjure, à ce nœud fatal que vous prétendez que ma fille bizarre...

LA BARONNE *piquée.*

Cela ne fe peut, Monfieur l'Abbé; s'il vous vient une feconde vifion dans le même goût, faluez mon defunct mary de ma part, dites-lui que je fuis fa très-humble fervante, & priez-le qu'il ne fe mêle point de mes affaires.

L'ABBE' *d'un ton d'emphafe.*

À Dieu ne plaife que ma bouche foit l'Organe d'un pareil compliment! Quoi! Madame, ne frémiffez-vous point de vouloir faire une réponfe auffi pleine de fiel à un Epoux au tombeau, & ne craignez-vous pas, que fon ame fans ceffe errante & défolée, ne faffe pleuvoir fur vous des malédictions fans nombre, comme le fable de la Mer, & les Etoiles du Firmament?

LA BARONNE *vivement.*

Eh! morte la bête, mort le venin; le défunt m'a fait donner au Diable pendant fa vie; mais je ne le crains guères après fa mort.

L'ABBE'.

Un difcours auffi prophane ne fauroit que bleffer les oreilles du jufte. Mais quoiqu'il en foit, Madame, je vais remplir les devoirs de ma vocation, & en qualité de Directeur de confcience fidéle & zelé, vous prédire, que vous irriterez le Ciel, que vous révolterez la

terre,

tarce, & que vous vous préparez d'Enfer, par le
mariage bizarre que vous allez conclurre.

LE CHEVALIER.
Eh! la raison, Monsieur l'Abbé?

L'ABBÉ.
Point de raison, Madame, point de raison.
Rien n'est plus pernicieux que la raison; aussi
n'en donné-je jamais. Quand l'Oracle parle,
c'est aux mortels de suivre ses décisions, sans
raisonner. Ecoutez donc encore aujourd'hui
les exhortations qui découlent de ma bouche,
comme le miel; gravez mes paroles dans vôtre
cœur, suivez mes salutaires Conseils; ou bien,
vous courez risque de vous précipiter à jamais
dans ce gouffre profond, séjour de Beelzebut,
où les ames brulent dans des fleuves de souffre
& de bitume.

En sortant il dit bas à Artemise.
Etes-vous contente de moi?

Il sort.

ARTEMISE.
Monsieur l'Abbé Pompon met de l'onction
dans tout ce qu'il dit.

LA BARONNE.
J'aurois voulu qu'il eut gardé son onction
pour une meilleure occasion. Je suis dans la
plus grande consternation. Il semble que les
Morts, & les Vivans m'envient le bonheur
d'épouser le plus charmant petit homme du

H 2   Monde,

Mondé, & qu'il se soyent donnés le mot pour
venir me tourmenter.

UN LAQUAIS entre.

Madame, on a servi la Collation.

LA BARONNE.

Allons, chére Amie, prendre quelque nour-
riture, & réfléchissons mûrement au parti que
nous avons à prendre.

Fin du quatriéme Acte.

ACTE V.

SCENE PREMIERE.

LA BARONNE, ARTEMISE, ERASTE.

LA BARONNE.

M on cher Eraste, je suis encore de la vieille
Cour, & j'aime à en suivre les usages
polis.　Il faudra tantôt que vous vous pariez
de vos plus beaux ajustemens, que vous pre-
niez vôtre meilleur équipage, & que vous alliez par toute la Ville notifier nôtre mariage.

ERASTE.

Je n'ai pas eu le tems de dresser la Liste de
ces visites.

LA BARONNE.

Vous me paroissez un peu indolent sur l'article de nôtre mariage.　J'ai quelque sujet de
plainte

plainte contre vous. De mon tems, un Promis
faifoit paroitre plus d'aſſiduïté auprés de ſa
Belle ; il venoit ſe préſenter à ſes pieds, trois
ou quatre fois par jour.   Les gens de Cour
renchériſſoient encore ſur cet uſage commun ;
on les voyoit toute la journée voltiger autour
de leurs Maitreſſes, & la nuit, ils ſoupiroient
ſous leurs fenêtres au bruit des Serénades. Ah !
cela étoit édifiant.

ERASTE.

Madame, autant que j'ai pû voir, la vieille
Cour ſe livroit trop à ces politeſſes froides &
gênantes, qui ne ſont que des effets de l'habitude, & qui perſuadent ſi peu des véritables
ſentimens du Cœur.   L'uſage moderne prof-
crit ces demonſtrations extérieures, bannit la
contrainte , & choiſit des moyens plus na-
turels pour témoigner aux perſonnes le reſpect,
ou l'eſtime, que l'on ſent pour elles.

LA BARONNE.

Comment, vous oſez blâmer les maximes
de la vieille Cour ?

ERASTE.

Je n'aurois jamais oſé vous en dire ſi libre-
ment mon ſentiment, ſi j'avois crû que vous
y priſſiez quelque intérêt.   Vôtre eſprit, & vôtre mérite, vous font tenir un rang diſtingué
à toutes les Cours anciennes & modernes.

LA BARONNE.

Le petit fripon fait donner un joli tour à tout ce qu'il dit ! ●

ARTÉMISE.

Mais, vous parlez toujours de vôtre mariage comme d'une chose assurée, & vous oubliez que l'engagement de Mademoiselle vôtre fille peut rompre tous vos desseins.

LA BARONNE.

Je cherche à m'étourdir sur des réfléxions si affligeantes. D'ailleurs, j'ai mis en campagne tous les Espions que je tiens à mes gages, dans tous les recoins du Palais. Ils redoubleront d'attention, ils me rendront compte de tout ce qui se passe, & des moindres minuties qui se sont dites. Je vais entendre leur rapport, & je verrai quelles sont les idées des Grands, & du Public, sur mon compte. Je réglerai ma conduite sur ce qu'ils diront. Que peut-on faire de plus ?

ARTEMISE.

Ne point s'exposer à la Critique ; conserver son rang & son ancienne réputation à la Cour ; rompre le mariage du Vicomte & d'Eliante ; enfin, céder Eraste à vôtre fille.

LA BARONNE.

C'est là la chose impossible. Je vous prie de ne m'en parler plus. Au reste, j'ai fait ordonner à ma fille de se rendre en ces lieux, & je vais

vais lui changer sa game, comme il faut. Mais il sera nécessaire que vous me laissiez seule avec elle.

ÉRASTE.

De grace, Madame, ne la maltraittez point pour l'amour de moi. Je voudrois pouvoir lui éviter ce chagrin.

LA BARONNE.

Elle m'en donne de bien plus cuisants. Vous êtes, cher Éraste, l'unique consolation qui me reste. Venez, beau garçon, avant de partir, baisez ma main, & que ce baiser parte du cœur.

Elle lui tend amoureusement la main, qu'Éraste baise, quoique froidement. Pendant que ce jeu de Théatre dure, le Vicomte paroit avec Eliante.

SCENE II.

LA BARONNE, ÉRASTE, ARTEMISE, LE VICOMTE, ELIANTE.

LE VICOMTE. *au fond du théâtre, tenant la main d'Eliante.*

Que vois-je? Mon fils lui baise la main, sans qu'elle s'en défende. Elle paroit même y prendre plaisir?

à la Baronne.

H 4   Ma-

Madame, que veut dire ceci? En vérité, vous avez trop de bonté pour mon fils. Je vous demande mille pardons pour lui. Il s'oublie.

LA BARONNE.

Nullement, Monfieur le Vicomte. Si vous appellez cela, s'oublier, je lui permets de s'oublier encore beaucoup plus.

LE VICOMTE.

Quel énigme eft ceci?

LA BARONNE.

Point d'énigme, Monfieur. Je vais vous en donner l'explication en deux mots. J'aime vôtre fils, & il m'adore. Il m'a propofé le Sacrement, & je l'époufe.

LE VICOMTE.

Madame, avec le profond refpeft que je vous dois, cela eft impoffible, de toute impoffibilité. Jamais je ne pourrai donner mon confentement à un pareil mâriage.

LA BARONNE. *ironiquement,*

Il eft des gens qui croyent avoir un privilége exclufif de féduire les Enfans d'autrui.

LE VICOMTE.

J'ignore, Madame, ce que vous prétendez dire par le mot de féduire, ni fur qui votre réfléxion peut porter.

LA BARONNE *vivément.*

Ah! Monfieur le Vicomte, je fai de vos nouvel-

nouvelle, & je viens d'apprendre vos prouesses. Vous vous êtes promis en secret avec ma fille, sans demander mon consentement; mais j'ai l'honneur de vous dire que c'est une promesse en l'air, dont je saurai empecher l'effet.

LE VICOMTE.

De grace, Madame, modérez vôtre colere. Souvenons-nous toujours, que nous sommes gens de condition, & de plus, gens de Cour, & que nôtre langage doit répondre à nôtre état.

LA BARONNE.

Il est vrai, Monsieur, mais les mots ne sont pas de trop, pour dire les choses. Comment pourrez-vous justifier l'action d'avoir ainsi suborné ma fille?

LE VICOMTE.

Encore une expression choquante! Nous étions venus en ces lieux, vôtre fille & moi, pour solliciter vôtre agrément & vôtre bénédiction,

LA BARONNE.

Ma bénédiction! Quoi, ma bénédiction! Ah! Monsieur le Vicomte, avec la bénédiction que je vous donnerai, vous ne manquerez jamais de malheurs.

LE VICOMTE.

Mais, Madame, puisque rien ne peut flé-

H 5.   chir

chir votre colère; souffrez que je vous déclare
à mon tour, que je désapprouve souveraine-
ment les liaisons que mon fils vient de contracter avec vous ; que vos promesses de mariage sont nulles, & que je défends à mon fils
de certaines familiarités indécentes, dont je
viens d'être témoin,

LA BARONNE.

Vous oubliez, Monsieur, les égards qui
sont dûs au sexe & que demande mon rang.
Au reste, si votre fils m'idolâtre, est-ce ma
faute? On a de certains attraits . . . Et après,
tout, s'il me fait quelques caresses, c'est à
bonnes enseignes devant Dieu & devant les
hommes. N'est-il pas vrai, mon cher?

ERASTE.

Il n'est pas tems encore que je découvre la
vérité de mes sentimens.

LA BARONNE.

Vous abasourdissez le petit bon-homme.
Cela n'est pas bien.

à Eliante.

Quant à vous ma fille, je saurois vous faire
ressentir toute mon indignation. Vous êtes
donc bien pressée. N'y avoit-il plus de jeunes
Cavaliers dans le monde? Les rides d'un Amant
ne justifient gueres le choix qu'on en fait.
Ouf . . .

LE

LE VICOMTE.

De grace, Madame, quittez ce ton choquant, qui ne sert qu'à aigrir les esprits. Eh!
que dois-je dire à mon fils? Quels reproches
n'ai-je pas à lui faire, pour s'être engagé avec
une Dame, dont l'âge lui ôte tout espoir de
postérité, lui qui est mon unique enfant, qui
devroit perpétuer ma race, & qui va laisser
éteindre mon ancienne Maison.

LA BARONNE. *ironiquement.*

Il est vrai, la Société y perdra beaucoup.
Car on n'a jamais vû dans le Monde de grands
hommes, avant qu'il y eut de vieilles maisons.

LE VICOMTE.

Or ça, Eraste, raisonnons. Je vais tâcher
de vous tirer de vôtre égarement par de solides argumens. Ecoutez-moi avec attention,
aussi bien vôtre amour ne sauroit être assez
violent pour vous distraire.

ERASTE *l'interrompant.*

Mon Pére, avant de parler, daignez m'accorder un moment d'audience. Permettez
que je justifie ma conduite.

LE VICOMTE.

Mon fils, votre devoir vous réduit au silence, quand un Pére vous parle.

ERASTE.

Cette raison m'engage à vous faire remarquer, que vous allez être demain mon gendre,
&que

& que je puis, sans blesser le respect qui vous
est dû, anticiper de vingt-quatre heures les
droits de Beau-Pére.

LE VICOMTE.

Il a morbleu raison. Voilà une maudite
circonstance à laquelle je n'avois pas réfléchi.
Oui, il est mon fils aujourd'hui, & demain
je l'appellerai Monsieur mon Pére. Cela ne
se peut pas, oh! cela seroit ridicule.

ARTEMISE.

Et vous, Madame, par la même raison, si
vous épousez Eraste, souvenez-vous que non
seulement vôtre fille aura sur vous l'autorité
d'une Mére, mais même que l'Etiquette vous
obligera de lui céder le pas.

LA BARONNE.

J'aimerois mieux mourir. Oh! nous parlerons au Grand-Maitre des Cérémonies, qui
décidera ce point important. C'est le plus
habile homme de l'Europe. Aprés tout il est
bon aussi de vous avertir, Monsieur, que je
suis dans l'impossibilité de doter ma fille, &
qu'elle n'aura pas le sol.

LE VICOMTE

Et moi, Madame la Baronne, je vous jure
que je désheriterai mon fils.

ARTEMISE.

En vérité, vos mariages commencent sous
de favorables auspices. Vous allez former
une

une famille bien unie, dont l'harmonie & l'amitié réciproque feront la douceur. Mais, Monsieur & Madame, cessez donc de vous aveugler sur vos desseins extraordinaires. Le plan de vos mariages est peut-être sans exemple, & qui plus est, vous vous faites illusion l'un & l'autre sur le point le plus essentiel. Vous vous croyez aimé de vos jeunes Amans, & je gage que rien n'est plus faux.

LE VICOMTE.

Ce seroit là le contretems le plus fâcheux.

LA BARONNE.

Cela n'est pas possible. Si Eraste étoit perfide, je l'abandonnerois à sa triste destinée; car je ne suis pas dupe, & je prétens moi . . .

SCENE III.

LES ACTEURS PRECEDENS,

LE CHEVALIER.

LE CHEVALER.

Eh bien! ma Prophétie n'est que trop accomplie. Votre Mariage a éclaté, la Cour en rétentit, & vous connoissez sa marotte. Cette avanture est peinte avec les plus noires couleurs, & on l'assaisonne de toutes les pointes, qui peuvent en rendre le récit comique. Ces sortes de traits laissent toujours de fâcheuses impressions.

LE

LE VICOMTE.

Maudite foit la Cour, & fa Critique.

ERASTE.

Voilà, Monfieur, le fruit de ces Antichambres, que vous me recommandiez de fréquenter fi affidument, où le Courtifan eft occupé à ne rien faire, où il ne s'informe que des modes, où il médit des femmes, où fa Satyre attaque les gens de mérite, & où il eft rempli de ces attentions, qui ne font, ni agréables à un Prince éclairé, ni utiles à un Etat.

LE CHEVALIE.

Tout cela eft plus utile que vous ne le croyez. Ce n'eft que par la Critique, qu'on corrige le genre humain de fes vices, & de fes ridicules. Vous ne tarderez point à en reffentir les effets. Mais, pour revenir à vôtre affaire, je crains que vôtre avanture ne foit parvenüe aux oreilles du Prince, & que vous ne vous attiriez une difgrace complette.

LE VICOMTE.

Il ne faudroit que cela pour achever mon Infortune. J'ai déjà remarqué que je ne fuis pas bien en Cour, & j'ai l'œil trop fait à fon manége, pour m'y tromper. Cependant, je ne faurois deviner la caufe de mon malheur. Je fuis conftamment affidû . . . . .

au Chevalier à demi-bas, & d'un air
de confidence.

Je prête la main à mille choses dont bien d'autres se feroient un scrupule; je ne me souviens point d'avoir fait connoître mon véritable sentiment sur quoi que ce fut; je m'attache toujours au parti qui domine; dès qu'un homme a eu le malheur de déplaire au Prince, je l'accable davantage. Voilà pourtant les fondemens solides de la fortune d'un Courtisan. Mais je me rappelle une circonstance. Mon ancien Ami, le Marquis de Belleville, est en disgrace. J'ai eu l'imprudence de lui adresser la parole en présence de tout le monde, & malheureusement je lui serrai la main.

LE CHEVALIER.

Ah! voilà plus qu'il n'en faut pour deviner la source de vôtre disgrace.

LE VICOMTE.

Mais quel remède apporter à ce nouveau revers qui me menace? Assistez-moi de vos sages conseils, cher Chevalier, je vous en conjure au nom de vôtre constante amitié. Mes inquiétudes m'ôtent le pouvoir de la réfléxion.

LE CHEVALIER.

Le remède que j'ai à vous proposer, est infaillible. Renoncez tous deux à vos amours, & mariez Exafte avec Eliante. Les mauvais bruits tomberont alors d'eux-mêmes, & il vous sera facile de desabuser le Public, qui confondra leur mariage avec le vôtre.

LE

LE VICOMTE.

Confeil excellent, fi la petite & charmante Eliante n'y étoit attachée!

LA BARONNE.

Et moi, je ferois obligée de renoncer à mon aimable petit Erafte.

LE VICOMTE

Adorable Eliante, je crois que vous feriez inconfolable, fi pour la confervation de ma fortune, je me voyois réduit à prendre la dure réfolution de continuer à vivre dans le veuvage?

ELIANTE.

Je ferois tous mes efforts, pour me confoler de ce malheur. Les fecours de l'aimable Erafte pourroient à la verité y contribuer beaucoup.

LA BARONNE *riant*.

Ha, ha, ha! le bon Seigneur est pris pour dupe. Il n'est point aimé. Je crois qu'il enrage dans le fonds du cœur.

à Erafte.

Mais vous, petit homme, fi quelque fâcheux accident vous arrachoit d'entre les bras de vôtre fidéle Baronne, fans doute que le chagrin vous mettroit au tombeau?

ERASTE.

Rien au monde ne feroit capable de m'en con-

confoler que la poffeffion de la belle Eliante.
Je aboureroit la Mère dans la Fille.

LA BARONNE.

Ame perfide! Dieu te punira.

LE VICOMTE *riant*.

Ha, ha, ha! Me voilà admirablement vengé.

SCENE IV.

LES ACTEURS PRECEDENS,
L'ABBÉ POMPON.

L'ABBÉ.

Salut à toute la vénérable Compagnie.

LA BARONNE.

Voici encore nôtre Aumonier. Il ne nous
manquoit que lui.

LE VICOMTE.

Ah! bon-foir; Monfieur l'Abbé. Par quel
hazard a-t-on le bonheur de vous voir?

L'ABBÉ.

C'eft pour remplir un des principaux devoirs de ma vocation.

LE VICOMTE.

Comment, chez moi! Je n'efpére pas que
vous veniez me préparer à la mort. Je n'ai
commis, ni crime de Leze-Majefté, ni autre . . .

I   L'AB-

L'ABBE.
Je commencerai par vous donner ma bénédiction.

ARTEMISE.

Avec cette bénédiction là, je crains bien
qu'il ne nous arrive quelque mesavanture aujourd'hui.

L'ABBE' *déclamant.*

Parmi les Cohortes infernales, chaque sujet
a sa destination, & sa charge particuliere. Il
n'y a point d'état dans la vie, point de vice, qui
n'ait son propre Diable, & je suis le dépositaire
d'une Liste, où l'on peut voir tous leurs noms,
avec les emplois qui leur sont commis.

LE CHEVALIER.

Celui qui possède les gens d'Eglise, doit
être bien noir.

L'ABBE'.

Point du tout; c'est un assez bon Diable.
Mais il n'y en a point qui soit plus rusé, plus
intriguant, plus tenace, & plus difficile à exor-
ciser, que le Diable de la Cour. Je lutte contre lui jour & nuit, je cherche les occasions de
le chasser des lieux, où il veut exercer sa tyran-
nie; & comme je sçai qu'il s'est introduit dans
cette famille, pour y semer le trouble & la dé-
sunion, mon zéle m'a engagé à m'acheminer
vers vous, pour vous apporter ce baume de
paix,

paix, ce julep de concorde, cette panacée divine
de réflexion, cette poudre si rare de bon sens,
& ce sudorifique de grace, dont la mixtion
forme le spécifique souverain pour l'expulsion
de l'esprit immonde & perturbateur.

LA BARONNE.

Quelle éloquence triomphante !

LE VICOMTE.

Mais, au fait, Monsieur l'Abbé.

L'ABBÉ.

Au fait. Or ça, Monseigneur, il m'est donc
revenu que les desirs terrestres, qui sont si communs aux enfans du Siecle, ont aussi répandu
leur poison venimeux dans le cœur de Vôtre
Grandeur, ainsi que dans celui de Madame la
Baronne, de maniere que l'un & l'autre, vous
sentez une tentation à vous unir avec les jeunes personnes ici présentes. Mais le Ciel irrité
par le projet de cet assemblage, m'a inspiré de
porter mes pas vers vous, pour vous annoncer
tous les fléaux, dont il ne manquera point de
vous châtier, si vous ne renoncez à ce dessein
fatal. Je suis venu tantôt porter la trompette
de mon Ministére, dans le cœur de Madame.
Je lui ai rendu compte de l'apparition que j'ai
eu à ce sujet, je l'ai exhortée, mais en vain ;
elle a regimbé contre l'aiguillon.

LA

LA BARONNE

Cela vous plait à dire, Mr. l'Abbé. Ce n'eſt pas là mon foible.

LE VICOMTE.

Comment! le Ciel ſe déclare auſſi contre nous? Je commence à chanceler ſur le deſſein que j'avois pris. L'aveu équivoque qu'Eliante vient de faire, m'engage preſque à y renoncer, mais ſes beaux yeux ont trop de pouvoir ſur mon cœur.

L'ABBE'.

Ah! Monſeigneur, c'eſt à de ſemblables tentations, qu'une ame telle que la vôtre doit apprendre à reſiſter. Que je ſois, moi, le type, le prototype de vôtre fermeté. Lorſque Satan & ſes Pompes, la Chair, & ſes Convoitiſes, viennent m'aſſaillir, c'eſt alors que je me roidis le plus, j'arme ma main contre eux, je leur livre bataille, & je remporte la victoire. Après les mouvemens les plus vifs, après la plus forte contrition, ſuit l'état de la plus ſuave beatitude.

ERASTE à part.

Quel ſcelerat!

LE VICOMTE.

Que mon ame eſt agitée! Mais quel nouveau Meſſager de malheur!

SCENE

SCENE V. ET DERNIERE.

LA BARONNE, ERASTE, LE VICOMTE,
ELIANTE, ARTEMISE, LE CHEVA-
LIER, L'ABBÉ POMPON,
CHAMPAGNE.

CHAMPAGNE *portant une lettre.*

Un Domestique vient de me remettre la
lettre que voici, & m'a chargé de la rendre en diligence à Votre Grandeur. Si c'est
quelque bonne nouvelle, j'espére qu'il y aura
dequoi boire un coup, à l'honneur de vôtre
santé.

LE VICOMTE.

Elle vient de la part du Chancelier; j'en
connois les armes.

LE CHEVALIER.

Du Chancelier. Je parierois bien, qu'il
s'agit de vôtre mariage.

LE VICOMTE.

Voyons.

il lit.

„Notre très gracieux Seigneur & Maitre,
„voulant se montrer plus le Pére de ses bons
„& loïaux sujets, que leur Souverain absolu,
„Son Altesse ne sauroit voir d'un oeil indiffe-
„rent qu'aucun d'iceux s'engage dans une dé-
„marche contraire aux régles de la prudence,

I 3   „&

„& à son propre bonheur. Or comme Son
„Alteſſe vient d'être informée que vous ayez
„deſſein, Monſieur le Vicomte, de contracter
„un mariage avec la fille unique de la Baronne de
„Hauteſource, & qu'en revanche cette Dame
„prétend épouſer vôtre fils ; c'eſt par un effet
„de cette même ſollicitude paternelle, qu'Elle
„m'a commandé de vous faire ſavoir, qu'Elle
„ne verra pas avec plaiſir la conſommation de
„ce double mariage, mais qu'au contraire il
„lui ſera trés agréable, ſi par une Alliance
„plus naturelle, & plus convenable, vous vou-
„lez unir les deux jeunes perſonnes. La pré-
„ſente n'etant à autre fin, que pour éxecuter
„les ordres de Son Alteſſe, je ne la ferai plus
„longue que pour vous aſſurer de l'eſtime,
„avec laquelle je ſuis, Monſieur, votre trés
„humble & trés affectionné ſerviteur, *Zoro-*
„*ſiaſtre, Chancelier.*

Que la volonté de Monſeigneur ſoit faite!
Dieu nous garde d'être rebelle! Je ne perdrai
pas ma fortune pour ſi peu de choſe, j'accou
de tout ce qu'on veut . . . . Mais! je perds
Eliânte!

Il pouſſe un grand ſoupir.

LA BARONNE.

Pour moi, connoiſſant l'infidelité d'Eraſte,
il m'en coutera beaucoup moins de le ceder à
ma fille.

LE

LE VICOMTE, *aprés avoir rêvé quelque tems.*

Madame, je me vois contraint de changer de résolution. Le Prince le veut, & mon repos le demande. L'inégalité de nos mariages, leurs suites apparentes, les dissensions qui régneroient dans nos Familles, la médisance du Public, les exhortations apostoliques de Monsieur l'Abbé, les conseils de nos Amis, tout cela me force à renoncer aux droits que j'avois sur Eliante. Mais le plus puissant motif qui me détermine à cette douloureuse démarche, c'est l'aveu que je viens d'entendre, que nous ne sommes aimés, ni l'un, ni l'autre.

LA BARONNE.

C'est là le malheur. Le reste ne formeroit que de médiocres difficultés. Le tems, & la constance, auroient pû les vaincre. A la Cour on trouve reméde à tout.

à Eraste.

Allez, Amant volage, je vous rends la parole donnée. Il paroitra bientôt quelque jeune Cavalier, qui aura du goût, qui me dédommagera de vôtre perte, & me vengera de vôtre infidélité.

LE VICOMTE.

Et vous, Eliante, vous pouvez dès à présent disposer de vôtre main, & de vôtre cœur. Je

me

me défiste de tous les droits que vôtre promesse m'avoit donnés sur vous. Je tâcherai
de noyer mes chagrins dans les plaisirs de la
Cour.

ARTEMISE.

Ce n'est pas tout encore. Il s'agit maintenant de conclure le mariage de vos Enfans.
Le Prince le demande, ils s'aiment mutuellement, & vous devez les rendre heureux.

LE VICOMTE.

Est-il vrai, belle Eliante, que vous avez
de l'inclination pour mon fils ?

ELIANTE.

Je voudrois en vain dissimuler le penchant
que je sens pour lui ; mes yeux ont déjà trahi mon cœur. Oui : j'aimais Eraste dès ma plus
tendre jeunesse, & cet amour ne finira qu'a-
vec ma vie.

LA BARONNE.

Et vous, Eraste ; se peut-il que vous aimiez
ma fille ?

ERASTE.

Je ne vis que pour elle, & sa possession est
le seul bonheur où j'aspire.

LE VICOMTE.

Hâtons-nous, Madame, de conclure leur
hymen, & cela pour cause.

LE CHEVALIER.

En effet, un union si belle mérite un bonheur parfait.

LA BARONNE.

Puisque la chose n'est plus à changer, je
consens à tout. Vivez heureux, vivez contens, & tâchez de vous aimer aussi sincérement
que des Epoux peuvent le faire à la Cour.

LE VICOMTE.

Mes Enfans, recevez ma bénédiction; &
vous, mon fils, promettez-moi de renoncer
aux Etudes, & de devenir meilleur Courtisan.

ERASTE.

Je tâcherai d'éviter tous les excès.

Il embrasse les genoux de son Pére.

Mon Pére, que ne vous dois-je point? La
vivacité de ma reconnoissance ne sauroit s'exprimer. J'en ai le cœur si pénétré, que ma
bouche s'efforce en vain de vous la peindre.
Mon silence doit vous paroître plus éloquent
que toutes les protestations.

ELIANTE.

Que de bonheur dans un jour! Non, jamais
je n'oublierai tous les bienfaits, dont vos cœurs
généreux nous comblent, & qui font la plus
vive impression sur mon ame.

Ils s'embrassent tous quatre, & Eraste
donne la main à Eliante.

LE CHEVALIER.

Chers Amis, agréez mes félicitations.

ARTEMISE.

Soyez assurés de la joïe sincere, que me cause cet heureux événement.

*L'ABBÉ s'approche aussi pour embrasser
Eliante & Artemise, après quoi il dit en
déclamant.*

Que cet heureux Hymen devienne pour vous
une source intarissable de prospérités; que
vôtre bonheur soit ferme & durable, comme
le roc au milieu des flots de la Mer, & que
vôtre lignée pousse des rejettons jusqu'en mille
& mille générations! Mais, au milieu de vôtre
fortune, souvenez-vous toujours des besoins de
l'Eglise, & de ceux qui, en la desservant, auront soin de vous dans leurs priéres!

LE CHEVALIER à Artemise.

Mais, Madame, comment vont nos Amours?

ARTEMISE.

Ah! ce sont des amours de Cour. Vous
en connoissez l'allure.

LE CHEVALIER.

Oui, mais les amours de Cour aboutissent
pourtant à la fin à quelque chose. Voici un
bel exemple à suivre.

ARTE-

LE CRIMINEL

ARTEMISE

Vous avez sçû gagner mon cœur, disposez aussi de ma main.

LE CHEVALIER *au Vicomte & à la Baronne.*

Vous venez de faire une action, qui sera peut-être la plus belle de vôtre vie; mais ne restez pas en si beau chemin. J'aime Artemise, & elle ne me hait point. Daignez signer nôtre mariage à la suite de celui de vos enfans. Nous épargnerons les frais d'une double nôce.

LE VICOMTE.

J'y consens, en qualité d'Oncle, & vous en félicite comme vôtre Ami.

LA BARONNE.

Et moi, je m'engage à établir Artemise dans son nouveau ménage.

CHAMPAGNE *sur le devant.*

Graces au Ciel! nous voilà parvenus à nôtre but; tous nos desseins réüssissent. Deux mariages extravagans en ont produit deux raisonnables, & je garde l'Intendance souveraine dans la Maison. Mais, plus j'y pense, plus la manie des Courtisans me paroit singulière. Enfanter des projets bizarres, les soutenir avec opiniatreté, fermer l'oreille à la voix de la raison;

fon; au plus fort de l'entreprifé, facrifier l'objet que l'on défire avec le plus grande ardeur, à la paffion de pouffer fa fortune, & de conferver la faveur; voilà ce que l'on voit arriver ici tous les jours. On n'a pas tort de dire; le Courtifan propofe, & le Prince difpofe. *C'eft là le Tableau de la Cour.*

Fin du cinquiéme & dernier Acte.

LA

MATRONE,

COMÉDIE,

EN CINQ ACTES.

ACTEURE

MELINDE.

DORUS fon mari, crû noyé.

LE MARQUIS DU CARNAGE, Officier.

M. DU PINDE, Bel Efprit.

SERPENTINE, fille Devote, parente de DORUS.

TOINON, Suivante de MELINDE.

CARLIN, Valet de DORUS.

MADAME GOBERT,
MADEM. GOBERT, } parens & amis
MADAME AGATHE, de MELINDE.
M. BONIFACE,

Un Efclave.

Deux fuivantes.
Plufieus perfonnes en deuil } perfonages müets.

La Scene eft à Tarascon en Provence.

LA MATRONE,
COMÉDIE.

ACTE PREMIER.

SCENE PREMIERE.

Il y a un Sopha sur le Theâtre, qui y reste
pendant toute la Piéce.

TOINON, CARLIN.

CARLIN *entre en pleurant.*

hi, ahi, ahi.

TOINON *riant.*

Ha, ha, ha, ... Eh dequoi pleures-tu
mon pauvre Carlin!

CAR.

CARLIN.

Comment, Coquine, tu ris? Tu n'es donc
pas au defespoir d'avoir perdu un fi bon Maître?

TOINON.

Eh, c'est fa faute au bout du compte s'il
s'est noyé. Que ne restoit-il à terre?

CARLIN.

Hélas, c'est par un zéle veritablement pieux
qu'il a fait armer un Vaiffeau à fes propres
fraix pour donner la chaffe aux Tures. Il vouloit exterminer ces Mécréans par charité.

TOINON.

Voilà une plaifante charité.

CARLIN.

Si tu avous entendu les louanges que
Monfieur le Cûré lui a donné, fi tu favois les
belles chofes qu'il lui a dit fur cette entreprife,
tu tiendrois bien un autre langage.

TOINON.

Je ne fuis qu'une fille fort fimple, moi;
mais je m'imagine qu'il y a confcience d'attaquer par piété des gens qui ne nous font
point de mal.

CARLIN.

Il est vrai que nous ne comprennons pas
trop bien nous autres, qu'il foit permis de
tourmenter, & même d'affommer des gens, pour
les obliger à penfer comme nous, fur des cho-

fes

ſes où ni toi ni moi ne voyons pas trop clair: mais auſſi ne ſomnes nous que de pauvres innocens; & Monſieur le Curé te prouvera prouvera tout cela par un million d'argumens.

TOINON.

Je l'en diſpenſe. Il a beau dire: je ne courrai jamais ſur un Turc. Ces entrepriſes prennent ordinairement mauvaiſe fin. Tu en vois l'exemple. Voilà nôtre Maitre péri avec ſon Vaiſſeau & toute ſa pacotille.

CARLIN *pleurant.*

Ne me rappelles pas ce triſte ſouvenir. Quand j'y penſe, je ſuis prêt à me jetter auſſi dans la mer la tête premiére.

TOINON *riant.*

Mais voyez donc le Butor! Se noye-t on pour n'avoir plus de Maitre? Es-tu ſi friand de coups de baton, que tu veuilles les aller chercher juſques dans l'autre monde?

CARLIN.

Ah! que je regrette encore le tems où le pauvre défunct me grondoit, me ſouffletoit, où me bâtonoit, & le tout pour mon bien à ce qu'il diſoit! Qu'il m'aimoit tendrement!

TOINON.

C'eſt donc par ces careſſes-là que tu juges de ſon amitié?

K   CAR-

CARLIN.

Ouï, c'est qu'il vouloit faire de moi ce qu'on appelle un joli garçon.

TOINON.

Va, va, Carlin, tu ne feras toute ta vie qu'un imbecille, qui ne connoitras jamais les hommes. Quand notre défunt maitre te maltraitoit, ce n'étoit que par un effet de cette humeur bourrue qu'il avoit contractée sur Mer. Quand il venoit dès le point du jour tracasser dans toute la Maison, fureter depuis la cave jusqu'au grenier, & chicaner sur tout ce qu'il voyoit, ce n'étoit que par léfine. Lorsqu'il quitta sa jeune femme, ses biens & sa tranquillité, pour aller faire le héros sur Mer, ce ne fut que par une folle ambition.

CARLIN.

Vois-tu, Toinon, tous ces propos me déplaisent. Il y a là-dedans-quelque chose qui me dit que ce n'est pas bien fait à nous autres Domestiques de critiquer la conduite de ceux qui nous font gagner nôtre vie.

TOINON.

Pauvre innocent! Ne sais-tu pas que nous sommes les Juges-nés de nos Maîtres? C'est une charge que je ne voudrois pas perdre pour tout l'or du monde.

CARLIN.

Puisque cela est ainsi, dis-moi, que penses-tu de notre Maitresse?   TOI-

TOINON.

Je dis que c'eft une femme adorable, une
Archi-Lucréce, une véritable Matrone.

CARLIN *riant.*

Ma bonne Toinon, tu n'y vois pas fi clair
que moi.

TOINON.

Tu l'adorerois pourtant comme moi, fi
tu favois comme moi combien elle eft in-
dulgente & libérale. Ce font là les deux
grandes qualités que doivent avoir nos Maitres. Tout ce qui me fâche, c'eft de la voir
fi affligée de la perte de fon Mary. La douleur
la mettra fûrement au tombeau. Ma chere
Maitreffe, hélas, que je vous plains!

CARLIN *chantant.*

Va-t-en voir s'ils viennent, Jean, va-t-en
voir s'ils viennent.

TOINON.

Comment? oferois-tu douter de la fincé-
rité de fes regrets? Ne comptes-tu pour rien
dix mouchoirs qu'elle a remplis de fes larmes,
& un évanouïffement qui a duré plus d'une
heure, en apprenant hier au foir la mort de
fon Epoux?

CARLIN.

N'oublies pas que tu m'as établi Juge de
nôtre Maitreffe & qu'ainfi je puis dire ce que
je penfe.

TOI-

TOINON.

Voyons donc. Qu'en penses - tu?

CARLIN.

Te souvient-il encore du malheur que j'eus d'être mordu par nôtre grand chien de la basse Cour.

TOINON.

Si je m'en souviens?

CARLIN.

Eh bien! la playe ne seroit jamais guérie, si je n'y avois appliqué du poil de la bête.

TOINON.

Je t'entends. Tu crois que Madame en fera de même.

CARLIN.

Vraiment ouï. Elle est trop jeune & trop jolie pour mourir de cette mort - là, & à travers de sa grande affliction. . . .

TOINON.

Tu fais le mauvais plaisant. Apprens à mieux connoitre nôtre Maitresse. Cette femme aime les livres; les livres donnent de grands sentimens, les grands sentimens font naitre l'amour conjugal, & cet amour conjugal est si fort en elle, que la mort pourra à peine l'éteindre. Ah! Madame! je vous perdrai à coup sûr.

Elle pleure.

CAR-

CARLIN *chante & rit.*

Va-t-en voir s'ils viennent, Jean, va-t-en
voir s'ils viennent.

SCENE II.

MELINDE, TOINON, CARLIN,
DEUX SUIVANTES.

*Deux batteaux s'ouvrent tout à coup au fond du
Théatre, & Milinde paroit habillée en profond deuïl avec des voiles. Elle est appuyée
sur deux Suivantes, & semble marcher en
tremblant.*

MELINDE.

Hélas! soutenez-moi, mes forces m'abandonnent, & mes genoux se dérobent
sous moi . . . Je succombe à ma douleur . .
A peine vois-je encore le jour qui m'éclaire . . .

Elle s'asseoit sur le Sopha.

Que cette triste parure me fatigue, & que ce
voile m'est insupportable!

Elle lève son voile.

CARLIN.

Ma foi, son affliction me fait ressouvenir de
la mienne. *il pleure.*

TOINON *se jettant aux pieds de
Melinde.*

Ah! Madame, quel malheur est le nôtre!

K 3 ME-

MELINDE.

Tes larmes, ma chére Toinon, font un effet de ton bon caractère.

TOINON.

Quelle funefte nouvelle, & que vous avez raifon de vous affliger!

MELINDE.

Si mon cœur étoit fufceptible de confola-tion, j'en trouverois dans les regrets que mes Amis, mes Parens, & jusqu'à mes Domeftiques, donnent à la mémoire de mon Epoux.

CARLIN.

Hélas, il eft défunct!

MELINDE.

Mais toi, Carlin, ne t'ai-je pas entendu chanter en entrant?

CARLIN *fe jettant auffi à fes pieds.*

Ah! Madame, après avoir pleuré toute la nuit des larmes groffes comme le pouce, je chantois un Cantique des morts pour le repos de l'ame de Monfieur.

MELINDE.

Le bon Enfant! Je t'en fais bon gré, mon pauvre Carlin.

CARLIN.

Quel Maitre généreux! Quel cœur de Roi! Que de préfens il me faifoit! Jufqu'à me pro-mettre qu'il fe souviendroit de moi dans fon Teftament.   *il fanglotte.*

       ME-

MELINDE.

Tu n'y perdras rien.   Je te donne toute fa
Garderobe.

CARLIN.

Ah! Madame, un' auffi brave homme que
lui méritoit bien une auffi brave femme que
vous.

MELINDE.

Je te fais encore préfent de fes Arquebufes
& de fa Bibliotheque . . . Hélas! . . .

CARLIN.

Ah! Madame, vous êtes une Sainte.   Vous
irez droit en Paradis fi vous continuez comme cela.

MELINDE.

Je te donne encore . . .

TOINON *criant.*

Ahi, ahi, ahi.

MELINDE.

Quel tranfport! de quoi pleures-tu fi fort?

TOINON.

C'eft que je me fouviens auffi tout d'un
coup du défunct.

> *Carlin fait connoitre par fes geftes,*
> *qu'il eft fâché que Toinon ait in-*
> *terrompu fa maitreffe.*

MELINDE.

Ma chére Toinon, tes larmes flattent mon
chagrin; le fouvenir, le trifte fouvenir de

K 4   mon

mon Epoux eſt la ſeule joye qui me reſte
deſormais en ce monde.

TOINON.

Ciel, quand j'y penſe, que Monſieur m'aimoit! Il m'eſt doux encore de rappeller ſes
bontés paſſées. Quel digne Maitre!

MELINDE.

Je me ſouviens qu'il a eu de bonnes intentions pour toi, mais elles ne demeureront
par ſans effet.

TOINON,

Ah, Madame, ce n'eſt pas l'intérêt qui me
fait parler.

MELINDE.

Levez-vous, mes Enfans. Et toi, ma fille,
pour te ſouvenir de mon Epoux, je te donne
cent piſtoles qu'il avoit laiſſées dans ſa Caſſette.

TOINON.

Madame, vôtre généroſité me fait rougir.
Vous gravez profondement dans mon cœur
la mémoire de Monſieur. Oh! qu'il avoit un
excellent caractère. Il n'étoit pas de ces gens
hautains, qui croiroient déroger en parlant avec
humanité à leurs domeſtiques.

MELINDE.

Je te donne encore ma robe couleur de roſe
avec ma garniture de blondes.

TOINON.

C'en eſt trop, Madame. Chaque grace que
vous

vous me faites eſt un nouveau coup de poignard que vous me plongez dans le ſein.

MELINDE.

A' quoi me ſert deſormais toute la parure
du monde, puiſque Dorus n'eſt plus ? Mais je
m'arrête trop. Malgré le chagrin qui m'accable
je ſuis obligée de me prêter à un Cérémonial
frivole. Il faut que j'eſſuye aujourd'huy tous
ces complimens qui ne font qu'irriter la douleur, bien loin de la calmer. Allez, Toinon
& Carlin, attendre dans le Veſtibule, & avertiſſez
moi s'il arrive quelque viſite. J'y ſuis pour
tout le monde.

Toinon & Carlin ſortent.

SCENE III.

MELINDE *ſeule.*

Puis-je ſurvivre à la perte que je viens de
faire ? Non, cher Epoux, je te ſuivray
bientôt dans le tombeau . . . Au moins te
ſacrifierai-je les reſtes d'une vie languiſſan-
te . . . Ouï, prenons une réſolution, quit-
tons le monde, & retirons-nous dans un Couvent . . . C'eſt dans cette ſolitude que je pourrai me rappeller toutes les douceurs de la plus
tendre union qui fut jamais. J'aurai devant
mes yeux le portrait de Dorus. Je l'arroſerai
tous les jours de mes pleurs, chaque inſtant

me

me retracera fes traits, jusqu'à ce que la mort nous rejoigne.

SCENE IV.

MELINDE, CARLIN, MAD. GOBERT,
MADEM. GOBERT.

CARLIN.

C'eft Madame Gobert & Mademoifelle fa fille.

MELINDE.

Qu'elles entrent.

MAD. GOBERT *avec emphafe.*

Plût au Ciel, ma chére Coufine, que dans la vifite que je vous rends aujourd'huy j'euffe à vous féliciter d'un évenement agréable, & à vous en temoigner ma jôye.

MADEM. GOBERT *d'un ton de voix tremblant.*

Plût au Ciel, Madame ma Chére Coufine, que dans la vifite que je vous rends aujourd'hui, j'euffe à vous féliciter d'un évenement désagréable . . . .

MAD. GOBERT *continuant.*

Mais une ame réfignée doit fe foumettre aux arrêts du Ciel.

MADEM. GOBERT.

Mais une femme rechignée doit fe foumettre . . . .

MAD.

MAD. GOBERT.

Le destin a disposé de la vie de feu Monsieur vôtre Epoux.

MADEM. GOBFRT.

Le feu a disposé du destin de Monsieur vôtre Epoux.

MAD. GOBERT *à sa fille lui donnant un coup de poing dans le dos.*

O la sotte! Il est noyé . . . Ah ça! le destin . . . .

MADEM. GOBERT *continuant.*

St . . . le destin a disposé de Monsieur vôtre Epoux.

MAD. ET MADEM. GOBERT *ensemble.*

Ma douleur me fait juger de la vivacité de la vôtre.

MELINDE *les interrompant.*

Je reconnois, comme je le dois, la part que vous daignez prendre à ma juste affliction.

MAD. ET MADEM. GOBERT *ensemble.*

Veuille le Ciel essuier vos larmes, & vous conserver longues années en santé & prospérité.

MELINDE.

Prenez la peine de vous asseoir. Des Siéges à ces Dames.

Carlin donne des Siéges. Madame & Mademoiselle Gobert s'asseient.

Mad.

MAD. GOBERT *fe relevant.*

Je me recommande auffi à la continuation de votre précieufe amitié.

MADEM. GOBERT *fe relevant auffi.*

Je vous recommande auffi la continuation de ma précieufe amitié.

MAD. GOBERT.

Encore à rebours. Excufez, ma chére Coufine. Mademoifelle Gobert n'a point de mémoire.

MELINDE.

Elle en eft dédommagée par l'efprit. Il faut avouër que Mademoifelle vôtre fille ne fait que croitre & embellir.

MAD. GOBERT.

Ah! pour embellir, Madame, cela vous plait à dire. Pour croitre, ouï. Tous fes habits lui deviennent trop courts. Cela coûte beaucoup à Monfieur Gobert. Nous difons fouvent; mauvaife herbe croit volontiers.

MELINDE.

On dit quelle apprend tout ce qu'elle veut.

MAD. GOBERT.

Ouï, graces à Dieu, cela va affez bien, quand elle veut, la petite Coquine. Elle fait déjà par cœur une demi-douzaine de quatrains de Pibrac, & presque toutes les Litanies des Saints. Mais ce n'eft rien en comparaifon du petit Benjamin fon frere. Cet enfant fait toutes les

Scien-

Sciences. Il vient toujours me réciter ce qu'il
a appris, & encore hier il me racontoit que
l'Empereur Charles VI. n'avoit pas été fils de
l'Empereur Charles V. Je n'en sçai rien moi,
mais lui, il vous connoit tous ces Empereurs,
comme s'il avoit vecû avec eux.

SCENE V.

MELINDE, MAD. GOBERT, MADEM.
GOBERT, CARLIN, MAD. AGATHE,
M. BONIFACE, *Plusieurs Person-*
nes en deuil. TOINON

CARLIN.

Il y a là Madame Agathe, Monsieur Boniface, & une foule de Cousins & de Cou-
sines dont j'ay oublié les noms.

MELINDE.

Faites-les entrer.

MAD. AGATHE *pleurant.*

Ah, Madame, pardonnez si je donne l'essor
à ma douleur, ahi, ahi, ahi, . . .

MELINDE.

Madame . . .

MAD. AGATHE.

Toutes les fois que je vois une veuve, il m'est
impossible de retenir mes larmes. Cet aspect
me renouvelle la douleur que j'eus en perdant
mon

mon Epoux, & me retrace trop vivement le tris
te état du Veuvage où je suis réduite.

MELINDE.

Vôtre douleur, Madame, n'est que trop ex-
cusable; quand on perd un Mari, on perd
tout. Helas! nous sommes Compagnes de
malheur.

MAD. AGATHE.

Ah! ma Chére! vous êtes bien moins à plaindre que moi. Quand on est jeune & riche,
c'est une bagatelle que le veuvage. Le Ciel
alors fait réparer bien vite la perte qu'on vient
de faire, Mais, mon Dieu, jugez donc;
j'ai six Enfans, & rien ne rebute plus les bons
Partis. Ce n'est pas que je sois friande d'un
Mari, mais, hélas! on est bien à plaindre
quand on n'a personne pour voir à ses affaires; les enfans deviennent grands, & une femme n'est guéres en état de les moriginer, surtout les garçons qui sont insupportables . . .
ahi, ahi . . .

M. BONIFACE s'approchant.

Madame, je suis faché de tout mon cœur de
la perte que vous venez de faire. J'étois hier
au soir à souper avec cinq on six bons Enfans
comme moi, lorsqu'on vint nous dire que le
pauvre Dorus étoit péri avec son Vaisseau. Ma
foi, nous restames tous comme submergés. Il
ne fut pas possible de rappéller la joye, & nous
. . étions

étions triſtes comme des bonnets de nuit.
Quand on a du chagrin, le vin donne facilement
à la tête. Auſſi à minuit nous étions bien
conditionnés. Oh! parbleu, nous primes
bien de la part à vôtre affliction.

MELINDE.

Je ſçai que vous avez le cœur excellent,
Monſieur Boniface, & je ne doute point de la
ſincérité de vos regrets.

M. BONIFACE.

Je ſuis un homme rond, là, franc, & je m'en
pique. C'eſt la ſeule bonne qualité que j'ay.
J'aimois vôtre défunct Mari, & je plains ſa
perte de tout mon cœur. C'eſt, ma foi, vrai.
Tenez, je donnerois bien la meilleure pièce de
vin que j'ai en cave pour le faire revivre.

*Toutes les perſonnes en deüil s'aprochent
l'une aprés l'autre de Melinde, & lui
adreſſent un Compliment. Elles mar-
mottent entre les dents quelques mots,
qui finiſſent par ces paroles, veüille
vous conſerver. Toinon termine cette Proceſſion en faiſant un Compliment tout ſemblable.*

MELINDE.

Faites aſſeoir ces Dames & ces Meſſieurs.

*Carlin & Toinon apportent des Siéges, &
toute la Compagnie s'aſſeoit en formant
un demi-cercle autour de Melinde.*

Toinon

Toinon se tient debout à côté de sa
maîtresse, & Carlin se place vis à vis.

MAD. GOBERT.

Je crois que le défunct M. Dorus avoit un
pressentiment du malheur qui le menaçoit. Il
étoit si sérieux quand il venoit chez moi.

M. BONIFACE.

Pardonnez-moi, Madame Gobert. Il n'étoit
pas sérieux, au moins lorsqu'il se trouvoit avec
nous autres. Vous auriez été enchantée de
lui, si vous l'aviez vû le verre à la main. Il
possédoit le talent de rendre agréables les matiéres les plus graves. Aprés avoir parlé de
choses solides il savoit rappeller la gayeté. Il
avoit le mot pour rire, la petite chanson à
boire, & jamais homme n'a sablé une razade
de Champagne avec autant de grace. Ah!
c'étoit un bon vivant, un brave homme!

Toute la Compagnie repéte.

Ah! c'étoit un brave homme!

MADEM. GOBERT.

Mais, Monsieur Boniface, vous direz tout ce
qu'il vous plaira, il y a eu bien des présages
de la mort de Monsieur Dorus. Mademoiselle l'a encore dit ce matin. Peu avant son
départ la Chouëtte est venuë crier dans sa cour.
En mettant le pied dans la Chaloupe pour aller à bord, il est tombé sur le nés. Pas une
hirondelle ne s'est nichée contre ses fenêtres
cette

cette année. Carlin eſt là vivant qui peut le dire.

CARLIN.

Je ne me ſouviens pas de tout cela. J'ai abbatu les nids des Hirondelles pour qu'elles ne ſaliſſent pas les fenêtres.

MAD. GOBERT.

Voilà comme les Domeſtiques font toujours des impertinences. Savez-vous bien que c'eſt un grand peché de détruire les nids d'Hirondelles? Vôtre Maitre vous auroit bien grondé s'il l'avoit ſçu, lui qui étoit ſi humain.

Toute la Compagnie fait chorus:
Pour cela ouï, il étoit bien humain.

MAD. AGATHE.

Ce qui doit vous conſoler, Madame, c'eſt que peut-être feu Monſieur vôtre Epoux n'auroit pas vêcu longtems. Helas! nous ſommes tous mortels! Mon défunct Mari mourut d'apopléxie; la même choſe auroit pû arriver au vôtre. N'étoit-il pas ſujet à la Colique, Toinon?

TOINON.

Non, Madame.

MAD. AGATHE.

Ni à la Gravelle?

TOINON.

Jamais.

L   MAD.

MAD. AGATHE.

Ni à la fiévre rouge?

TOINON.

Pour cela non.

MAD. AGATHE.

Ni à la maligne?

TOINON.

Non, Madame.

MAD. AGATHE.

Ni à l'hydropisie?

TOINON.

Point du tout.

MAD. AGATHE.

Ni à l'Epilepsie?

TOINON.

Non.

MAD. AGATHE.

Ni à la Paralisie?

TOINON.

Non.

MAD. AGATHE.

Ni à l'Hypocondrie?

TOINON.

Non.

MAD. AGATHE.

Ni à la Phtisie?

TOINON.

Non, non, non. Pas même à l'Hystérie.

MAD.

MAD. AGATHE.

Que diable avoit-il donc à faire là ?

TOINON.

Rien.

MAD. AGATHE.

Cela eſt impoſſible. Nous naiſſons tous
avec le germe de la Maladie qui nous met au
tombeau.

M. BONIFACE.

Il étoit donc né avec le germe de la ſoif, &
je l'aime encore par cet endroit là. Tout ce
qui me fait de la peine, c'eſt qu'il ne s'eſt point
noyé dans le vin, comme dit la Chanſon. il
l'aimoit tant, le pauvre malheureux. C'étoit
un galant homme !

Toute la Compagnie repéte :
Oh ! le galant homme !

MAD. GOBERT.

Ce qui devroit le plus affliger Madame,
c'eſt qu'il eſt mort ſur mer. On y jure beaucoup, dit-on, ſurtout dans les gros tems.

MELINDE.

Son ame étoit toujours préparée à la mort,
& je ne doute pas qu'il n'ait conſervé juſqu'à
la fin les ſentimens qui l'ont fait eſtimer pendant ſa vie, & qui le font regretter de tous les
gens de bien.

Toute la Compagnie répond :
Oh ! pour cela oui, il mérite les regrets de tous
les gens de bien

L 2 TOI-

TOINON à part.

Oh! dès qu'un homme meurt, vous remarquerez toujours qu'on lui trouve quelque bonne qualité qui le fait regretter.

MAD. GOBERT à sa fille.

Merci de ma vie! quelle abominable tâche avez-vous là, ma fille? Voilà encore une robe toute neuve de gâtée. Je n'oserai jamais le dire à M. Gobert. O là mauſſade! Pardon, ſi je la gronde en votre préſence, mais c'eſt qu'elle eſt d'une mal-adreſſe qui me met au déſeſpoir.. Venez-vous en au logis vous faire eſſuyer. Je vous laiſſe, ma chére Couſine, il faut que je m'en retourne. Je continue à faire des vœux pour vôtre conſervation.

Elle ſort.

MADEM. GOBERT en pleurant.

Dieu veuïlle vous avoir en ſa ſainte garde, ma trés chére & trés honorée Couſine . . . . Ah! mon habit . . . Que je ſuis malheureuſe!

Elle ſuit ſa Mére & ſort.

MELINDE.

Adieu, mes Dames.

MAD. AGATHE.

Madame, permettez que je vous quitte auſſi. Je m'en vais m'enfermer pour pleurer à la fois votre mari & le mien. Je vous ſouhaite toutes ſortes de proſpérités, & je ſuis vôtre très-humble ſervante.

Elle ſort.   M. BO-

M. BONIFACE

Ma foi, je ne sçaurois rester seul avec vous. Je n'aime pas la tristesse, & j'en ai pour huit jours d'avoir passé seulement quelques momens dans une maison de deuïl. Consolez-vous, ma chére, & quand vous aurez un peu plus de disposition à la joye, venez boire un coup à ma Maison de campagne.

Il lui donne la main qu'il secoue & sort.

Toutes les Personnes en deuïl s'approchent l'une aprés l'autre de Melinde, & se retirent aprés lui avoir fait un Compliment en marmottant quelques mots.

MELINDE.

Va, Carlin, reconduire ces Dames ces Messieurs. Tu passeras ensuite chez mon Directeur, & tu le prieras de venir me parler au sortir de son diner.

Carlin sort.

SCENE VI.

MELINDE, TOINON.

TOINON.

Voilà au moins une kyrielle de Complimenteurs hypocrites expédiée.

MELINDE.

Graces au Ciel! me voici seule, & je puis

encore

encore fans contrainte donner quelques foûpirs
à la mémoire de Dorus, Cher & tendre
Epoux! que ne puis-je partager la mort avec
vous! Mais helas! Tout m'est ravi, jusqu'à
la triste confolation d'arrofer vôtre tombeau
de mes larmes.

TOINON.

Au nom des Dieux! Madame, modérez vôtre douleur.

MELINDE.

Non, mon Enfant, il n'y a plus pour moi
de joye en ce monde. Le feul parti qui me
refte à prendre, c'eft la retraitte. Dès demain
nous allons au Couvent. Tu n'as qu'à t'y
préparer.

TOINON.

Au Couvent! Qnoi! Madame, eft-ce vôtre
férieux? Vous badinez, je penfe.

MELINDE.

Eh quoi! n'auras-tu pas le courage de m'y
accompagner?

TOINON.

Ah! Madame, je vous fuivrois jufqu'aux
Antipodes, s'il faloit, mais je détefte le Couvent, & je fuis prête à tomber en fyncope
toutes les fois qu'on le nomme. Il faudroit
en vérité qu'il m'arrivât un terrible malheur
pour me faire renoncer à la fociété humaine.
Helas! que n'ai-je aufli un mari noyé! Je

pour-

pourrais alors vous accompagner jusqu'à la
Trape, & j'aurois la confolation de pleurer avec
vous mon Epoux. Mais vous favez qu'on eft
jeune, qu'on eft fille, qu'on n'aime pourtant
pas à quitter la vie, fans favoir un peu ce que
c'eft que le mariage: & qui diantre me viendra chercher au Couvent?

MELINDE.

Tu veux donc m'abandonner?

TOINON.

Non, Madame, je n'ai garde, je voudrois
feulement vous détourner de vôtre deffein.

MELINDE.

Cette entreprife eft vaine. Rien ne fçau-
roit changer la réfolution que j'ai prife. Si
tu n'es pas affez réfignée pour me fuivre, j'irai
m'enfermer toute feule. Je verrai que tout
me quitte, & ma douleur n'en fera que plus
fenfible. Peut-être ferai-je d'autant plutôt dé-
livrée d'une vie fi malheureufe.

TOINON.

Non, ma chére Maitreffe, je ne vous quitterai jamais; j'aime mieux mourir Vierge &
Martyre.

MELINDE.

Tu n'as donc qu'à prendre tes arrangemens.
Demain au plus tard nous partons pour le
Couvent.

Elle fort.

L 4   TOI-

TOINON *joignant.*

O Amour conjugal! combien est grande ta
Puissance!

Fin du premier Acte.

ACTE II.

SCENE PREMIERE.

CARLIN, *seul, un grand Crêpe noir au*
Chapeau.

J'ai une dent contre cette Coquine de Toinon. Madame étoit tantôt en train de donner, & moi j'étois en train de recevoir en
loüant son defunct Mari. A force d'éloges je
lui aurois encore tiré bien des plumes, si Toinon n'étoit pas venüe se jetter à la traverse de
sa générosité & de mon éloquence. Mais va,
je m'en vengerai. Il n'y a si petit poil qui
n'ait son ombre, comme l'on dit. Une seule
chose me fâche, c'est que je ne saurois être tout
de bon en colère contre cette friponne-là.
Elle a des regards qui remuent jusqu'au fond
des entrailles, & qui changent d'abord mon
couroux en certain je ne sçai quoi. Mais
la voici avec Madame.

SCENE

SCENE II.

MELINDE, TOINON, CARLIN.

MELINDE à *Carlin*.

Qu'on tienne ma voiture prête, & que toutes choses soyent arrangées pour un petit voyage que j'ai à faire dès ce soir.

CARLIN.

Fort bien, Madame . . .   *à part.*

Il y a là dessous du mistére. Où Diantre veut-elle aller?

MELINDE.

Est-on venu anoncer encor quelque visite.

CARLIN *tirant un grand rouleau.*

Oui. Monsieur le Marquis du Carnage & Mademoiselle Serpentine sont dans votre antichambre.

MELINDE.

Qu'ils entrent. Ouvrez.

SCENE III.

MELINDE, MADEM. SERPENTINE, LE MARQUIS, TOINON, CARLIN.

LE MARQUIS. à *Melinde.*

Diable m'emporte, Madame, si je ne suis au desespoir de la mort de M. vôtre Epoux.

SERPENTINE.

O Ciel! o Ciel! Monsieur, vous jurez:

         LE

LE MARQUIS.

Voudriez-vous que je prisse le ton plaintif & langoureux?

TOINON, à part.

Ce seroit contre la dignité d'un si grand héros.

LE MARQUIS.

Nous n'avons pas le cœur si tendre, nous autres. J'ai aimé Dorus, il est vrai, c'étoit mon Camarade de bataille, nous avons essuyé bien des coups de fusil, mais je ne saurois le plaindre. Il est mort au lit-d'honneur. J'ai toujours dit qu'il étoit heureux.

SERPENTINE.

Helas! Peut-on appeller mourir heureusement, quand un homme est emporté au milieu du torrent de ses pechés, sans confession & sans viatique. Finir sa vie en pénitent sur la paillasse des Capucins, c'est là le vrai lit d'honneur. Tout ce qui me console, c'est que Dorus a été tué dans un combat contre les Infidéles. C'est par là qu'il a mérité la Couronne du Martyre.

MELINDE.

Vous vous consolez l'un & l'autre de la mort de mon Epoux par des motifs fort singuliers.

LE MARQUIS.

Croïez-vous, Madame, que j'aïe un cœur de poule? La guerre nous endurcit nous autres.

tres. Quand on est accoutumé à voir des milliers de morts étendus sur le carreau, on se familiarise avec ces objets. Parbleu ! si vous aviez été avec moi à la Bataille d'Almanza, vous en auriez bien vû d'autres. C'étoit un beau spectacle pour un homme de guerre de voir un champ de bataille tout jonché d'Anglois. Oh ! nous en fîmes une terrible déconfiture. Berwick nous commandoit. C'étoit un Démon que cet homme là. On disoit à l'Armée qu'il avoit un pacte avec le Diable.

CARLIN.

Il me fait trembler.

LE MARQUIS.

Mais pour en revenir à ce brave Dorus, il me semble le voir dans le Combat contre ces chiens de Corsaires. Ma foi, je m'imagine y être. Le voilà qui range son monde, depuis le tillac jusqu'à la sainte barbe. Le voilà qui lache des bordées de stribord & de bas-bord ! Entendez-vous quel terrible feu de Mousquéterie il fait de ce côté là ; mais voilà ces Coquins qui lui donnent un coup fourré à fleur d'eau, & qui coulent le vaisseau à fond.

SCENE

SCENE IV.

MELINDE, SERPENTINE, LE MARQUIS,
TOINON, CARLIN, M. DU PINDE.

M. DU PINDE.

Dorus n'est plus, La Nouvelle accablante
est venuë jusqu'à nous.

MELINDE.

Vous savez donc, Monsieur, tout le malheur
qui m'arrive.

DU PINDE.

Lors qu'au milieu d'une sombre forêt on
voit tomber un Chêne formidable, le bruit
de sa chute effraye tous les côteaux d'alentour,
on entend gémir les Arbres voisins, & les Echos
l'annoncent aux contrées les plus lointaines,
Dieux! quel coup affreux!

MELINDE.

Les regrets que vous donnez à sa mort adou-
ciroient les miens, s'ils pouvoient être adoucis.

LE MARQUIS.

Je vois bien, Monsieur, que vous n'êtes pas
du métier. Dorus est mort dans sa vocation,
en se battant comme un Lion, & c'est ce qui
peut nous consoler.

DU PINDE.

J'en conviens. Sa mort lui donne l'immortalité. Je voudrois pouvoir par mes foibles
accens porter son nom jusqu'aux siécles futurs.

ME-

MELINDE.

Helas! Monsieur, vous en êtes bien capable.
Vous êtes le seul Poëte qui puisse chanter dignement le mérite de Dorus, & le faire passer
à la postérité.

DU PINDE.

Et vous, Madame, la seule femme au monde
qui sache juger sainement d'une piéce de Poësie. Aussi-tôt que j'ai appris le malheur de vôtre Epoux, ma verve s'est enflammée, mes Vers
ont coulé avec abondance, & en moins de rien
j'ai composé une Elégie, un Sonnet, & une
Epitaphe, que je viens offrir à la mémoire de
Dorus, & à vous, Madame, que le Ciel a conservé pour faire l'ornement de vôtre sexe & les
délices du genre humain.

MELINDE.

Vous savez combien j'aime la Poësie, & tout
ce qui peut tendre à la gloire de mon Epoux
ou me rappeller sa mémoire, sera toujours
cher à mes yeux.

DU PINDE.

Permettez donc, que je vous en fasse la lecture. *il lit.*

AUX MANES DE DORUS. *ELEGIE.*

„Dorus est mort. Helas! d'un homme incomparable
„Muses, pleurez ici la perte irréparable,
„Helas! Dorus n'est plus, & les monstres marins . . .

LE

LE MARQUIS *l'interrompant*

Ah! Monfieur, ceffez, je vous en conjure,
cela eft par trop lugubre; & je vois d'ailleurs
que votre Piéce eft fi longue.

DU PINDE

Vous avez raifon; il feroit inutile de faire
pour vous tant de dépenfe d'efprit; & Madame pourra lire mon Elégie dans fon Cabinet.

MELNDE.

Mais vous nous aviez parlé d'un Sonnet.

DU PINDE.

En voici le commencement, Madame.

il lit

SONNET.

O Dieux! qui réfidez fur la voute azurée
Daignez fauver Dorus des ombres du tom-
beau.
N'ayant pû de fes jours prolonger la durée,
Placez-le au Firmament, comme un Aftre
nouveau.
Toujours, o Jupiter . . .

SERPENTINE *l'interrompant.*

Je crois en verité, Monfieur, que vous êtes
Payen. Invoquer ainfi les Dieux de la Fable?
C'eft une idolatrie. L'Inquifition devroit s'en
mêler. Au lieu de ces horreurs-là, dites nous
plutôt l'Epitaphe. J'aime les Epitaphes, cela
infpire toujours quelque bonne penfée.

DU

LE MAROQUIN

ÉPITAPHE

Sous ce Tombeau d'élégante structure
Du grand Dorus ne gissent point les os.
Dans un caveau choisir sa sépulture
Eut été vœu peu digne d'un Héros.
Il envioit le sort de Palinure.
Après avoir sans trève & sans repos
Des Maroquois fait la déconfiture,
Il eut plus loin poussé son avanture,
S'il n'eut enfin au beau milieu des flots
Payé si tôt tribut à la Nature.

MELINDE *d'une voix foible.*

Helas! je ne saurois entendre prononcer le
nom de mon Epoux, ni le louër d'une maniere touchante, sans ressentir un trouble . . .
qui me prive . . . de l'usage . . . de . . . mes
sens.

elle tombe dans les bras de Toinon.

TOINON *jettant un cri.*

A l'aide, au secours, Madame se meurt.

DU PINDE *à part.*

Voyez la force de la Poësie! il s'approche.
N'avez-vous rien à donner à Madame? Personne n'a-t-il un peu d'Elixir des rayons du Soleil? C'est un spécifique admirable. J'ai lû
que les Dames Romaines s'en servoient avec le
plus grand succés dans les évanouïssemens.

LE MARQUIS.

Ah! mordieu, si on pouvoit lui donner un
peu de poudre à canon délayée dans de l'eau
de vie. Il n'y a rien de meilleur, & j'en ai vû
des effets surprenants dans nos Campagnes.

SERPENTINE

L'Eau bénite vaut mieux que tout cela.

MELINDE

Ce n'est rien, Messieurs, voilà qui est passé.
Je suis très-sensible à vos attentions & à votre
zéle.

LE MARQUIS.

Si vous vouliez avaler une Noix de Musca-
de toute entière, cela vous feroit un bien infini.
Tenez, Madame, en voilà une, que je porte
fur moi depuis plus de vingt ans, & que j'ai
avalée en bien des batailles. La souhaitez-
vous ?

MELINDE.

Très obligée, Monsieur, me voilà tout à fait
remise.

Vos vers font charmants, mais trop flatteurs.

LE MARQUIS.

Je les crois fort beaux, mais cela est trop
fublime.

SERPENTINE,

Et trop mondains pour moi. J'aime la Poë-
fie, lorsqu'elle sert à détacher l'ame des choses
terrestres, & à relever vers le Ciel.

CAR-

ICARLIN.

Il faut bien que ces Piéces soyent admirables, car je veux être pendu si j'y ai compris
un mot. C'est de l'hébreu pour moi.

DU PINDE.

Généreuse Mélinde, vous êtes ma Muse.
C'est vous qui m'inspirez cet enthousiasme qui
anime tous mes chants.

MELINDE.

Hélas ! que peut inspirer une Veuve désolée ?

LE MARQUIS.

O ! cela vous plait à dire, Madame ; vous
inspirériez du courage à qui n'en auroit pas.
Morbleu, auriez-vous besoin par hazard de
mon bras pour venger la mort de vôtre Mari ?
Vous n'avez qu'à parler. Dites un mot,
& j'extermine ces perfides Corsaires. J'arme-
rai un Vaisseau, & bientôt tout Alger sera en
combustion. La guerre est mon élément, &
je serai invincible en combattant pour une personne que j'estime autant que vous.

DU PINDE.

Monsieur le Marquis, modérez vôtre ardeur
guerrière. Que peut faire un mortel contre
toute une Nation ? Troye fut-elle assiégée par
le seul Achille ? Non, il faut des efforts réü-
nis. Laissez-moi le soin de confondre ces bar-
bares Pirates. Je quitterai le chalumeau pour

M   enton-

entonner la Trompette épique., & je ferai un
Poëme si touchant des avantures de ce Héros
que tous les intrépides Chevaliers se réuni-
ront sous les Etendarts de Melinde pour venger son Epoux.

TOINON.

Je suis extasiée d'entendre Monsieur. Il
parle comme un Oracle.

DU PINDE.

Je rumine à mon plan. Il faudra commencer à peu prés ainsi . . . Je chante . . . Oui,
je chante . . . Je chante ce terrible: bon . . .
ce terrible & malheureux Capitaine . . . . Non
le vers n'y est pas, c'est dommage, la pensée est
belle. N'importe, je le trouverai dans mon
Cabinet; pour peu que j'y ronge ma plume,
ma veine s'ouvre à l'instant, & c'est par cet organe qu'Apollon m'envoye ses heureuses in-
fluences.

LE MARQUIS.

Ventrebleu, Monsieur, ce n'est pas avec des
plumes qu'on extermine les Pirates. Il faut
des organes de 24. livres de bales, des fau-
conneaux & des bombardes, des morriers.
Il faut un grand courage, & non pas du bel
esprit.

SERPENTINE.

Et moi je vous dis qu'il faut la grace effi-
cace, sans quoi tout est néant. Si cela peut
faire •

faire plaisir à Madame, mon Directeur & moi nous unirons nos vœux, & nos prières contre ces Infidéles. On les verra bientôt exterminés.

LE MARQUIS.

Par la morbleu, Mademoiselle, ce sont les gros bataillons qui font de nos jours des miracles. Oh! que n'ai-je une bonne fregate, je donnerois de rudes estocades à ces Ecumeurs de mer. En un mot, Madame, comme en mille, il n'y a rien au monde que je n'entreprenne pour vous venger & vous plaire.

MELINDE.

Je reconnois, comme je le dois, vos offres généreuses; mais, la plus terrible vengeance ne me rendroit pas mon Epoux, & je serois fâchée d'exposer inutilement des Amis tels que vous. Si je voulois être vengée, soyez persuadé, Monsieur, que j'aimerois à l'être par votre main.

LE MARQUIS.

Si cela étoit ainsi, vous n'auriez qu'à paroître Mores & Algériens, & vous verriez ce que c'est que d'avoir affaire au Marquis du Carnage. Adieu, Madame; vous entendrez quelque jour parler de moi.

M 2 SCENE

SCENE V.

MELINDE, M. DU PINDE, MADEMO-
SELLE SERPENTINE, TOINON,
CARLIN.

DU PINDE.

C'eſt donc le Marquis que vous préférez,
Madame ?
De la veuve d'Hector le vengeur fortuné,
Pyrrhus, je te verrai par ſa main couronné,
Que ton deſtin eſt doux ! . . . Ah ! il eſt trop
heureux

MELINDE à part.

Que veut dire ceci ? *à Monſ. du Pinde.* Votre
diſcours, Monſieur, me ſurprend autant que celui du Marquis. C'eſt en pure perte que vous
prodiguez l'un & l'autre votre galanterie à une
femme qui n'a pas envie de venger avec tant
d'éclat la mort de ſon Epoux, & qui ſe contentera de la pleurer tranquilement dans un
couvent.

DU PINDE.

Eh ! Madame, que dites-vous ? Quel deſſein
eſt le vôtre ? De l'Aurore de vos jours vouloir
en faire le Crépuſcule ! La ſeule penſée en eſt
coupable. Une perſonne ſur laquelle les Dieux
ont verſé tant de charmes, ne ſçauroit les enſe-
velir ſans crime ; & pétrie exprès, comme
vous

vous l'êtes, par les mains des Graces & des Amours, pour faire le bonheur de la société, vous n'oseriez résister à une si belle vocation.

MELINDE.

Au moins, Monsieur, daignez épargner ma modestie.

DU PINDE.

Les Couvents sont des Magasins où l'on n'enferme que la marchandise de rebut. Il est vrai qu'il y a des gens si peu faits pour le monde que le meilleur parti qui leur reste est de se cantonner dans la dévotion.

SERPENTINE.

Vous devriez rougir, Monsieur, de tenir ces propos libertins, & de vouloir détourner Madame d'un si pieux dessein.

DU PINDE.

Pardon, Mademoiselle, si j'attaque les Dévotes. Je n'ai pas eu dessein de vous déplaire. Mais je vous avoüe franchement, que je suis en guerre ouverte avec les Dévots de profession, je les attaque en Prose & en Vers, & j'ai juré surtout de sapper tous les Couvens.

SERPENTINE.

Et Satan est vôtre Adjudant.

MELINDE.

De grace, mes amis, point de disputes!

DU PINDE.

Vous avez raison, Madame, & d'ailleurs un

tout

tout autre objet m'occupe ; ce n'est pas Mademoiselle, c'est vous que je voudrois convertir, & ramener à d'autres sentimens.

MELINDE.

Et à quels sentimens, s'il vous plaît ? Je ne crois pas que les miens soyent déraisonnables.

DU PINDE.

A Dieu ne plaise que j'en aye la pensée, Vous êtes douée également de beauté & de raison. Ces qualités vous attirent tous les cœurs, vous y régnez en Souveraine, & vous voudriez, Madame, renoncer à cet Empire ?

SERPENTINE à part.

En vérité ce discours n'est pas équivoque.

MELINDE.

Je connois fort bien la valeur d'un pareil compliment. Mais voulez-vous que je vous dise ma pensée ? Vous n'avez coutume, vous autres Messieurs les beaux Esprits, de débiter ces sortes de fleurettes, que pour voir l'effet qu'elles feront

DU PINDE d'un ton animé.

Non, Madame, non. Je ne suis point dans ce Cas.

J'en jure par l'Amour, le plus puissant des
Dieux
Ou si c'en est trop peu, j'en jure par vos yeux.

SERPENTINE à part.

Surement il en tient. Que je suis malheureuse !
Mais je saurai faire un bon usage de ce que je vois.

DU

M. DU PINDE *continuant*.

Mais, Madame, supposé que nous aussions
la coutume que vous nous reprochez, la Nature ne vous a-t-elle point formée pour être
une exception à la régle.

SERPENTINE *à part*.

Il est trop piquant d'entendre de pareils
discours.

*Elle regarde à sa montre, & dit à Me-
linde d'un ton ironique.*

Il est heure de me rendre à la Congrégation.
J'étois venuë, Madame, pour vous consoler dans
vôtre affliction, mais je vois que Monsieur rem-
plira fort bien ma place.

MELINDE.

Adieu donc, Mademoiselle. Très obligée
de vôtre visite charitable.

SERPENTINE *à part en sortant*.

C'est dommage que ce Monsieur du Pinde
soit si libertin !

SCENE VI.

MELINDE, M. DU PINDE, TOINON,
CARLIN.

M. DU PINDE.

Bon voyage à la pieuse Serpentine. Puisque la Congrégation nous en délivre, je
vous prie, parlons raison, Madame.

MELINDE.

Oui, Monſieur, il faut reſpecter que raiſon. Souvenez-vous toujours que je ſuis une
Veuve affligée.

DU PINDE.

Ceſſez, Madame, de vous repréſenter ſans
ceſſe cette image lugubre. Votre Mari étoit
un homme de mérite; c'eſt par cette raiſon
que vous devez avoir moins de répugnance à
le remplacer par un ſecond qui lui reſſemble.
D'ailleurs les larmes qu'on répand pour un
Epoux ne doivent pas être ſemblables à la
ſource intariſſable de l'Euphrate.

MELINDE.

Vous donnez des graces à tout ce que vous
dites. Vous voulez me prendre par mon foible, vous ſavez combien l'eſprit a de pouvoir
ſur moi.

DU PINDE.

Vous prenez, Madame, pour langage d'eſprit
ce qui n'eſt que l'expreſſion naturelle du ſentiment, & la voix de la raiſon.

MELINDE ſoupire.

Ah! . . . Carlin, allez dire à mon Directeur qu'il n'a pas beſoin de ſe preſſer pour
venir me voir.

CARLIN.

Fort bien, Madame.
à part en ſortant.

Tout

Tout ceci me brouille la timbre.

DU PINDE.

Oui, Monſieur, aujourd'hui que raiſon. Souvenez-vous toûjours de vos allées.

Veuve abſente à Mélinde.

J'en conviens, Madame, Doris eſt digne de
vos regrets. L'amour que vous lui avez porté pendant deux ans de mariage, & les larmes
que vous avez répandues à ſa mort, font honneur à vos ſentimens ainſi qu'à ſa mémoire.
Mais n'avez-vous pas aquitté par là tout ce que
vous deviez à l'hymen ; & à quels ſacrifices
pourroit-on vous condamner encore ? Vous
avez donc rempli tous vos devoirs. Vous
voilà libre.

MELINDE.

Toinon, mon Enfant, qu'en dis-tu ?

TOINON.

Monſieur a raiſon, je vous le jure.

DU PINDE.

La retraite d'ailleurs que vous méditez ſeroit
peu propre à faire renaître le calme dans vôtre ame. Toutes les paſſions acquiérent plus
de violence dans les Couvents, qui reſſem-
blent à ces Golfes où la Mer reſſerrée dans des
bornes trop étroites, en devient d'autant plus
agitée, au lieu que l'Ocean du monde, quoique ſujet aux orages, ne laiſſe pas de conduire
le vaiſſeau du Sage au port de la félicité.

TOINON.

Voilà ce qui s'appelle parler comme un
Ange. Tenez, Madame, moi qui ne suis
qu'une pauvre sotte, & qui ne savois pas un
mot des Golfes & de l'Océan, j'ai toujours eu
une véritable antipathie contre les Couvens,
Je ne sçai ce que je n'aurois par fait pour me
dispenser de vous y suivre. J'aurois, Dieu
me le pardonne, plutôt épousé Carlin.

MELINDE.

Mais, Monsieur, supposé que je me déter-
minasse à suivre vos conseils, que ferois-je
dans le monde?

DU PINDE.

Ce que vous y feriez, Madame? Vous tâ-
cheriez de vous consoler de la mort du défunct par un second hymen.

TOINON.

Ma foi, voilà qui est sensé. C'est mettre
une emplâtre d'onguent divin sur la playe.

MELINDE.

Vous allez me faire évanouïr de nouveau,
si vous me parlez d'un second mariage.

DU PINDE.

Songez, Madame, qu'il n'y a point d'état dans
le monde aussi facheux que celui d'une Veuve
jeune & belle. On empoisonne ses actions
les plus innocentes. Une dévote dira : *oüi,*
Dorus est noyé, mais Valere, Damis, Cronte,
& Dieu

& Dieu fçait combien d'autres, vivent encore.
Ce discours, tout frivole qu'il est, accompagné d'un sourire malicieux, amusera les mauvais plaisans, & par malheur le monde en est
rempli.

TOINON.

Il y a dequoi faire trembler à tout cela.

MELINDE.

J'aurois toujours par devers moi le sentiment de ma vertu, je m'envelopperois de mon
innocence, & je mépriserois la calomnie.

DU PINDE.

Mais, Madame, il y a plus encore; c'est
l'état de vos affaires. L'homme le plus actif
a toutes les peines du monde pour conserver
ce qu'il a, ou pour acquérir ce qu'il n'a pas.
Ce sont de ces soins pénibles qu'il seroit injuste
d'exiger d'un sexe qui n'est point élevé au tracas des affaires?

MELINDE.

Allez, Toinon, dire à mon Cocher qu'il n'a
pas besoin de mettre les chevaux au Carosse.
J'ai résolu de differer mon départ.

TOINON.

Oui, Madame, avec le plus grand plaisir
du monde.

MELINDE.

N'oubliez pas de revenir au plutôt.

Toinon sort.

SCENE

SCENE VII.

MELINDE, M. DU PINDE.

MELINDE.

Mais, Monfieur, quand toutes vos réfléxions feroient juftes, elles ne pourroient que m'inquièter. Que me fert-il de favoir que mon état eft trifte?

DU PINDE.

A' vous infpirer la refolution de le rendre meilleur.

MELINDE.

Et par quel moyen?

DU PINDE.

Par un fecond mariage. Je vous l'ai déjà dit, Madame, vous y trouverez à la fois l'agréable & l'utile.

MELINDE.

Eh, difpofe-t-on à fon gré de fa propre fortune?

DU PINDE.

Oui, Madame, avec un mérite tel que le vôtre, la plus féduifante figure, les attraits des plus aimables mortelles, toutes les perfections des Dieux, on peut fe flatter impunément de faire fon bonheur, & celui des autres.

MELINDE.

Je ne fuis point affez vaine pour donner dans de pareilles illufions.

SCENE VII.

DU PINDE.

Quoi ! Madame, les hommages que l'on rend
à vos célestes appas ne vous le disent-ils pas assez ?

MELINDE.

Et de qui, Monsieur, recevrois-je ces hommages ?

DU PINDE.

De tous ceux qui savent rendre justice au
mérite. Si j'osois vous avouër, Madame, que
je luis à la tête de cette foule d'adorateurs,
éblouïs de l'éclat de vos vertus & de vos charmes . . . .

MELINDE. *l'interrompant.*

Ah ! Monsieur, quel langage me tenez-vous ?

DU PINDE *se jettant à ses pieds.*

Oui, belle Melinde, vous voyez à vos piés
un téméraire qui a bravé jusqu'ici l'Amour &
la puissance, qui se couvrant du bouclier de
Minerve, croyoit être en sureté contre les flé-
ches du Dieu de Cythére. Monté au sommet de
l'Hélicon, je contemplois d'un oeil tranquile
les Orages que l'Amour formoit sous mes pieds.
Mais, Madame,

,,Un moment a vaincû cette audace im-
puissante,
,,Cette ame si superbe est enfin dépendante.
Depuis plus d'un an que je porte vos chaines,
J'ai lutté contre vous & contre moi-même.
Trop timide pour vous découvrir les senti-
mens

mens de mon cœur tant que vous avez été af-
fervie aux loix de l'hymmée, j'ai espéré de
pouvoir me distraire par l'Etude. Mais maintenant que Dorus est passé dans l'Empire des
morts, je me crois moins coupable de vous
faire l'aveu de ma flamme, & de vous offrir mon
cœur avec ma main.

Il lui prend la main.

SCENE VIII.

MELINDE, M. DU PINDE, TOINON.

TOINON *à part en rentrant.*

En vérité voilà bien du chemin fait en peu
de tems. Poussons à la roue.

MELINDE.

Mon Dieu, Monsieur, levez-vous. Si quelqu'un vous surprenoit dans cette attitude.

DU PINDE *se levant.*

Il ne tiendra qu'à vous de la rendre convenable & légitime.

MELINDE.

Helas!

TOINON.

J'ai exécuté vos ordres, vos Chevaux ne sor-
tiront point de l'écurie. *à part.*
J'en ai fait enclouer un pour plus de sureté.

MELINDE.

Ma chére Toinon, je ferois beaucoup
mieux

nieux de fuir loin d'ici, & de m'enfermer dans
le fonds d'un Monaſtère, car Monſieur me
tient un langage qui me met dans la plus cruelle
agitation.

TOINON.

Comment ? Monſieur parle toujours ſi
ſenſément.

DU PINDE.

Ah ! ça, Mademoiſelle Toinon, vous qui
êtes le plus bel Eſprit des filles du Canton, je
vous établis Juge de nôtre différent. Je fais
tous mes efforts pour détourner Madame du
deſſein de ſe mettre en retraitte, je lui propoſe
la vraie Panacée des veuves : Elle eſt inéxorable.

TOINON.

Avec le reſpect que je dois à ma Maitreſſe,
voilà une obſtination cruelle.

MELINDE.

Helas, Monſieur, vous n'avez que trop
ébranlé ma réſolution ; La bienſéance ne per-
mettroit point que mon changement fut auſſi
ſubit que vous le déſirez. Laiſſez-moi du
moins quelques inſtans de réfléxion.

TOINON.

Oh ! pour le coup, voilà qui eſt raiſonnable.
à part à Mons. du Pinde.
Par ma foi, Monſieur vous avez gagné beaucoup de terrain, un peu de patience achevera
le reſte. Il n'y a pas de chemin trop long
pour celui qui va lentement.   DU

DU PINDE.

Quoique tous les momens qui me laissent
dans l'inquietude, de ma destinée soyent des
siecles pour moi, je me soumets cependant à vos
volontés. Mais, songez, Madame, que vous
avez fait une profonde blessure à mon cœur,
& une blessure mortelle, si vous n'y mettez
bientôt un appareil salutaire.

MELINDE.

Je vous quitte pour me livrer à mes réflexions.
Peut-être est-ce déjà une faveur, si je vous prie de
venir me revoir encore aujourd'hui. *elle sort.*

DU PINDE.

Ma joye est aussi inexprimable que mon
amour. Je vous ai mille obligations, Mademoiselle Toinon, de l'assistance que vous voulez bien me prêter dans cette affaire. *Il tire son porte-feuille.* Voici une Ode de ma façon que personne n'a encore vuë. Je vous en fais présent. Vous pourrez vendre ce petit Manuscrit fort cher à un Libraire. Il y a dequoi vous enrichir. *il sort.*

SCENE IX.

TOINON, CARLIN.

TOINON.

Mais voyez-donc, une Ode! Je croypis que c'étoit un Billet de Banque qu'il alloit me donner.

CAR-

DUMAS

... Témoin ... écoutes, & j'ai entends mal pour moi tout ce
que Monsieur du Pinde dit à Madame ...

TOINON.

Tu es un plaisant Original de ... ces
airs-là. Eh bien, qu'as-tu entendu ? voyons.

CARLIN.

Ma foi, de bien belles choses; aussi tout
cela m'est-il entré dans le cœur. J'ai l'imagination forte, & je viens de prendre trois résolutions; la première, de quitter Madame si
elle veut encore aller au Couvent; la seconde,
de ne plus vivre comme un ladre dans l'état
de Garçon; & la troisième d'oublier tous les
tours d'espiégle que tu m'as joués & de t'aimer
de bon cœur.

TOINON d'un air affecté.

Comment, Monsieur Carlin, vous osez me
parler d'amour, à moi qui veux me mettre en
retraite, à moi qui ai senti toute ma vie une
répugnance invincible pour le mariage en
général, & pour vous en particulier.

CARLIN.

Si tu avois entendu de Monsieur du Pinda
quelle chétive Creature est une femelle sans
Epoux, que le Couvent pousse .... les passions
beaucoup plus .... en dedans .... que le monde, ... tu changerois bien vite de langage.

TOINON.

Tu as plus de mémoire que tu ne dis.

CARLIN.

Point du tout; car si je savois arranger tout cela comme lui, ta fermeté ne tiendroit pas un inftant contre mon éloquence.

TOINON.

Sache que je fuis tout auffi inébranlable que ma Maîtreffe.

CARLIN.

Recule un tant foit peu; car il me faut de la place.

à part.

Donnons le coup-de grace à fon indifférence.

Il fe jette comiquement aux pieds de Toïnon.

Tu vois à tes pieds un pauvre hère dont la tragique avanture va être mille fois racontée dans les Cabarets. Oui, Toinon, j'ai ri fouvent au nez à nos Laquais, quand ils venoient me battre les oreilles de leurs intrigues amoureufes. La cave m'a toujours fervi d'azile contre les attaques des yeux fripons de toutes les jolies fuivantes. Mais, vois-tu, un moment a mis du mic-mac dans tout ceci. J'ai crû être fort comme un tigre, & je fuis foible comme un agneau. Depuis que je me fens le cœur égratigné pour toi, toute autre chofe m'ennuie. Je baaille à la Guinguette, le vin me répugne, & les cartes me tombent des mains. Ton image me fuit par tout, & me tarabufte

la

la caboche. Il faudroit que tu eusses un cœur
de rocher, une ame de caillou, si tu n'avois
compassion du pauvre Carlin qui t'adore.

TOINON *à part.*

Le Faquin m'attendrit.

CARLIN.

Console-moi donc un peu, dis-moi que je
suis joli Garçon, que je te chatouille le cœur
quand je te raconte tout cela, que tu m'aimes,
que tu veux m'avoir pour mari, & que tu me
feras fidéle.

TOINON.

Leve-toi Carlin. Que diroit Madame, si
elle te voyoit faire ces folies ? Va, je ne te
donne ni refus ni espérance. Notre mariage
dépend de celui de notre Maitresse. Si tu n'es
pas un Nigaud, tu sentiras ce que cela veut
dire, & tu travailleras à le faire réüssir. Viens
me trouver tantôt dans ma chambre. Nous
parlerons d'affaires.

elle sort.

CARLIN.

Victoire ! Victoire ! La souris est dans la
fourniére.

Fin du second Acte.

ACTE III.

SCENE PREMIERE.

SERPENTINE *seule*.

Ne trouverai-je donc nulle part ce Capitaine
sans soldats, ce fanfaron, ce Marquis
du Carnage? J'ai cependant grand besoin de
lui pour faire réussir mon dessein. Hélas!
pourquoi le fier du Pinde ne veut-il pas s'appercevoir de cette tendresse innocente que je
sens pour lui depuis longtems? De combien
de ruses & d'expédiens ne me suis-je point ser-
vie pour le faire lire dans mon cœur! mais il
est sourd à ma voix. La dévotion où le désespoir m'a jettée, n'a fait qu'empirer mon
mal. Pour comble de disgrace je le trouve épris
de Melinde, & il lui déclare son amour en ma
présence. Peut-on s'imaginer quelque chose
de plus piquant? Non, il faut m'opposer aux
progrés de cette inclination. Du moins ne
verrai-je pas ma rivale heureuse. J'ai remarqué que le Marquis en tient également pour
nôtre jeune Veuve, & je le cherche pour lui
faire part de ma découverte, & piquer sa jalousie. Je me servirai adroitement de lui pour
arriver à mon but. C'est une tête legére, il

entrera dans tous les desseins que je lui suggé-
rerai. Mais le voici fort à propos.

SCENE II.

SERPENTINE, LE MARQUIS.

LE MARQUIS *se jettant sur le Sopha.*

Serviteur. Je suis las comme un chien. Le
Roi n'a morbleu point d'Officier que je
serve comme moi.

SERPENTINE.

D'où venez-vous donc?

LE MARQUIS.

Je viens de faire une patrouille tout autour
des ouvrages extérieurs. On ne sait ce qui
peut arriver. Les partis bleus . . .

SERPETINE.

Tandis que vous vous êtes amusé en plaine
à battre l'estrade, il s'est passé tout autre
chose dans cette maison.

LE MARQUIS *se levant.*

Et quoi? Cela me regarde-t-il?

SERPENTINE.

Je crois qu'oui. Vous y prenez intérêt,
si j'ai le coup d'œil bon.

LE MARQUIS.

Qu'est-ce donc, Mademoiselle?

SERPENTINE.

Je ne veux point faire de tracasseries, au
moins.

N 3 LE

LE MARQUIS.

Je vous en crois; mais . . .

SERPENTINE.

Mais je vous avoue que j'ai toujours eu pour vous une véritable estime.

LE MARQUIS.

Fort obligé.

SERPENTINE.

Vous seriez un homme accompli, si vous vouliez vous corriger d'un défaut.

LE MARQUIS.

Et duquel, s'il vous plaît?

SERPENTINE.

De jurer & de proférer de certains mots impies, qu'une *fille intérieure* comme moi ne sauroit entendre sans scandale.

LE MARQUIS.

Oh, ventredié si ce n'est que cela. . . . Mais au fait.

SERPENTINE.

Or donc, avec l'estime que je vous porte, il y a longtems que je vous ai mis au nombre de ceux dont je fais mention dans mes priéres.

LE MARQUIS.

Je vous remercie; mais qu'est-ce que cela a de commun avec l'avanture que vous voulez me conter?

SERPENTINE.

Vous pourriez croire que je suis médisante.
Mais

Mais point du tout, c'est par pure charité que
je crois devoir vous avertir.

LE MARQUIS.

Le préambule est intéressant!

SERPENTINE.

Je crois avoir remarqué que Melinde ne
vous est pas indifférente.

LE MARQUIS.

Qui, moi?

SERPENTINE.

Je n'examine point si vôtre choix est bon.
On n'est pas parfait, chacun a ses défauts. Ce
n'est pas à moi à voir si la vertu de cette jeune
Veuve est équivoque, ou non. Il ne faut pas
toujours croire les mauvais discours des hommes.

LE MARQUIS.

Laissons cela.

SERPENTINE.

A' la bonne heure. Mais il faut sçavoir
que vous avez un Rival très dangereux en la
personne de Monsieur du Pinde.

LE MARQUIS.

Pour rival il peut l'être, mais pour dangereux non, personne ne l'est pour moi. Cor-
bleu, si un homme tel que lui avoit l'audace
d'attaquer un cœur que j'aurois dessein de
battre en brêche, je vous le réduirois sur un si
petit pied.

SERPENTINE.

Propos que tout cela. Un homme en vaut toujours un autre. Je vous dis, moi, que du Pinde fait de grands progrès dans le cœur de la Veuve, qu'elle est prête à l'épouser, qu'il n'y a point de tems à perdre, & que vous devez chercher à rompre ce mariage, sans faire de l'éclat.

LE MARQUIS.

Par la mort, il me la payera. Comment, Monsieur du Pinde, vous osez aller sur mes brisées, vous frotter à moi?

SERPENTINE.

La chose presse, vous dis-je. Il ne faut point perdre de tems en menaces inutiles.

LE MARQUIS.

Mais je m'en vais tuer du Pinde. Ce sera le plus court.

SERPENTINE.

Vous allez me faire évanouïr. Hélas! ne ferai-je donc jamais qu'une Colombe gémissante, dans les rochers de ce monde pervers? Est-ce ainsi que vous récompenseriez mon zéle? Deviendrai-je la cause d'un pareil crime? Voudriez-vous me livrer à des remords éternels?

LE MARQUIS.

Tranquillisez-vous. Cela n'est pas fait encore. Laissez-moi ruminer un peu.

SER-

SERPENTINE.

Pourvû que nous gagnions du tems.

LE MARQUIS.

Non, ... il n'est point de la ... bon,
justement ... admirable ... ma foi, cela
ira ... non ... il n'y a aucun inconvénient.

SERPENTINE.

Eh! bien, à quoi rêvez vous?

LE MARQUIS.

J'ai trouvé un expédient qui est infaillible.
Je viens de rencontrer un homme qui a été
pendant quelque tems Esclave à Alger. Je
l'engagerai à aller trouver Melinde pour lui
dire que Dorus n'est point mort, mais qu'il a
été pris & conduit à l'esclavage. C'est un Gri-
vois rusé, qui vous fera là dessus un Conte
tout plein de vrai-semblance, & cet incident
suspendra au moins pour un tems le mariage.

SERPENTINE.

Mais vraiment, l'expédient est ingénieux.
Oui, c'est le moyen de gagner du tems & de
penser à d'autres moyens.

LE MARQUIS.

Ce stratagéme aura l'air tout à fait naturel.
Mon drôle porte encore la livrée de son Esclavage.

SERPENTINE.

Tout dépend ici de la promptitude, & peut-
être une heure plus tard le coup seroit manqué.   N 5   LE

LE MARQUIS.

Ne craignez rien. Nôtre homme s'amuse à boire avec mes Laquais. Je n'ai qu'à lui faire sa leçon, & dans un inſtant il ſera ici.

SERPENTINE.

C'eſt à vous, Monſieur, à faire réüſſir vôtre affaire. Je vais invoquer le Ciel pour qu'il vous donne un bon ſuccés.

En ſortant elle dit.

Ha, ha, ha! La ſcene ſera plaiſante. J'aimerois à voir la mine qu'ils feront lorſqu'on leur donnera la pilule à avaler.

LE MARQUIS *riant.*

Oui, ma foi, cela ſera plaiſant . . . . Cette fille pourtant eſt diablement attachée à mes intérêts. C'eſt une bonne Créature. Je n'ai jamais vû de Dévote avoir le cœur ſi bien fait.

SCENE III.

LE MARQUIS, M. DU PINDE.

DU PINDE *à part.*

Comment? que fait ici ce fier à bras? Il me ſemble qu'il y vient bien ſouvent.

LE MARQUIS *à part.*

Tâchons de l'intimider.

DU PINDE.

Vous attendez ſans doute Melinde en ces lieux?

LE

LE MARQUIS.

Il se peut. Ce n'est pas vous au moins que
je croyois y trouver.

DU PINDE.

Voilà qui est bien brusque.

LE MARQUIS.

Têtebleu je ne suis pas doux, moi.

DU PINDE.

Ah ! n'effarouchez point par votre voix
hautaine
Un paisible habitant des rives d'Hippocrène !

LE MARQUIS.

Les habitans de ce Païs devroient rester dans
leurs Cantons, & laisser en repos les Veuves de
notre Garnison.

DU PINDE.

Que voulez-vous dire par-là ?

LE MARQUIS.

Que je suis instruit de toutes vos menées.

DU PINDE.

Des miennes ?

LE MARQUIS.

Oui, oui. Je scai quels sont vos desseins
sur la jeune Veuve ; mais il est bon de vous
avertir que vous avez un rival terrible.

DU PINDE.

Il faut se croire amant, pour se croire un
rival.

LE

LE MARQUIS.

C'est un Officier de marque, connu du
Roi & des Maréchaux, & qui pourroit se vanter d'avoir contribué plus qu'homme du Royaume à la gloire de la Nation, si sa modestie
ne lui fermoit la bouche.

DU PINDE.

Oseroit-on vous demander le nom d'un
mortel si respectable?

LE MARQUIS.

Il se nomme le Marquis du Carnage.

DU PINDE.

Je suis le très humble valet de Mons. le
Marquis du Carnage, & l'admirateur de ses
brillans exploits; mais si j'avois le bonheur
d'être aimé de Melinde, sa superbe valeur ne
m'empêcheroit point d'employer tous les moyens possibles pour la captiver.

LE MARQUIS.

Vous voudriez entrer en lice avec moi?

DU PINDE.

En amour je ne le céde à personne, & je
romprois une lance avec quiconque voudroit
me disputer un cœur.

LE MARQUIS.

Morbleu! vous risquez de vous faire échiner
de ma main, si vous ne renoncez à Melinde.

DU PINDE.

Et vous, Monsieur, vous risquez d'être abî-
mé,

mé, anéanti par trois traits de plume de ma
façon ; si vous formez les moindres préventions
sur son cœur.

LE MARQUIS.

Savez-vous bien qu'avec un quart de conversion & une bonne salve, je réduirois en
atomes tous les beaux Esprits du monde?

DU PINDE.

Savez-vous bien qu'avec un Sonnet, une
Balade, un Madrigal, une Epigramme, je
ferois mourir de desespoir une Armée entière?

LE MARQUIS.

Quelle extravagance!

DU PINDE.

Vous ne connoissez pas, à ce que je vois, la
puissance de la Poësie.

LE MARQUIS.

Et vous ne connoissez, ni les régles de l'attaques & de la défense, ni les ruses de guerre,
que je sçaurai mettre en oeuvre pour vous enlever Melinde?

DU PINDE.

Ah! Il vous seroit plus aisé d'enlever la
massuë à Hercule.

LE MARQUIS.

Parbleu, vous n'êtes point un Hercule. Il
étoit guerrier, je le respecte ; mais vous de quel
métier êtes-vous?

DU

DU PINDE.

De métier des grands hommes, d'Homere,
d'Homere, de Virgile . . . .

LE MARQUIS.

Qu'appellez-vous grands hommes? Je ne
connois point ceux que vous me nommez là.
Il faut bien qu'ils n'ayent pas fept pieds de haut,
fans quoi je les aurois déjà dans ma Compagnie, car j'ai une lifte . . . .

DU PINDE *à part.*

Quelle ignorance . . . . Connoiffez-vous
donc Locke, Defcartes, Neuton? . . . . . .

LE MARQUIS.

Non. Sont-ils grands hommes auffi ceux-là?

DU PINDE.

Sans doute. Ce font ces hommes-là qui
changent à leur gré le Ciel & la Terre: Sans
eux fauriez-vous feulement ce que c'eft, que
l'attraction en raifon inverfe du quarré des
diftances?

LE MARQUIS.

Vous me la baillez belle. Vous croyez
donc que je ne connois pas le bataillon quarré, ni les diftances que les rangs doivent tenir.

DU PINDE *riant.*

Ha, ha, ha . . .

LE MARQUIS.

Mais vous qui riez, aviez-vous donc auffi
inventé quelque nouveau bataillon quarré?

DU

DU PINDE.

Non, Monfieur, je n'invente point de manœuvre de guerre; je ne fçai que chanter les Héros qui s'y diftinguent. Je fuis du métier qui feul eft en poffeffion d'affigner aux Guerriers les places qu'ils doivent occuper dans le Temple de Mémoire. Oui, Meffieurs les Militaires, vous avez beau faire des actions de valeur, vous travaillez en pure perte, fi vous avez contre vous le Bel-efprit. Tôt ou tard vous tombez entre nos mains. On n'eft porté à l'immortalité que par les Nouriffons d'Apollon.

LE MARQUIS.

On entre donc dans votre Temple de Mémoire, comme mon Compagnon, le Prince Eugene, entra dans Crémone, par la poterne . .

DU PINDE.

Mauvaife pointe! Monfieur le Marquis, vous m'attaquez par une faillie. C'eft me prendre par mon fort. Mon Arfenal eft meublé de bons mots, vous ne gagnerez point contre moi à ce jeu-là.

LE MARQUIS.

Il faudra donc jouer avec vous un autre jeu: auffi bien je perds ici mon tems en paroles inutiles. Il me faut des actions. Adieu, Monfieur, préparez-vous à entendre bientôt de mes nouvelles. *il fort.*

DU

DU PINDE, *criant après lui.*

Je suis homme à vous damer votre pion
de toutes les maniéres . . . . Voilà en vérité un
rival que je ne crains guiéres.   Un tout autre
soin m'occupe.   Melinde m'a ordonné de me
trouver ici pour entendre de sa bouche l'arrêt
de ma vie ou de ma mort . . . O Ciel! la voici.

SCENE IV.

MELINDE, M. DU PINDE, TOINON.

Mélinde paroît sans voile & dans un deüil
moins profond.   Elle saluë en entrant
fort gracieusement Mons. du Pinde.

DU PINDE.

Ah! Madame, ces atours font un peu
moins lugubres, voilà un changement
favorable.

MELINDE.

Vous remarquez tout, Monsieur du Pinde . . . Hélas! Le profond deüil des Veuves
ne dure que quelques jours.   C'est la mode.

DU PINDE.

Il faut bien qu'à la fin le tems & la raison
triomphent de tous les deüils du monde. Mais,
incomparable Veuve, oserois-je vous demander ce que vous avez fait depuis tantôt?

MELINDE.

J'ai lû vos Ouvrages.

DU

DU PINDE.

Mes ouvrages, Madame! Vous avez donc
penſé à l'Aùteur. Ah! ſi mon ame avoit pû
ſe peindre dans mes vers . . .

MELINDE.

Un bel eſprit a de grands avantages ſur le
cœur d'une femme qui penſe.

DU PINDE.

Et une femme qui penſe comme vous a un
empire tout-puiſſant ſur un homme raiſonnable. Oui, Madame, il ne dépend que de
vous de faire ma félicité ou mon malheur. Un
mot, un ſeul mot . . .

MELINDE.

Que vous êtes preſſant!

DU PINDE.

La Grece aſſemblée n'attendoit pas avec plus
d'impatience la reddition de la ſuperbe Troye,
que j'attends la reddition de la divine Melinde.

MELINDE.

Depuis que je vous ai quitté, Monſieur, je
me ſuis livrée aux réflexions les plus ſérieuſes,
ſur tout ce que vous m'avez dit tantôt.

DU PINDE.

Pourrai-je eſpérer que le réſultat m'en ait
été favorable?

MELINDE.

Il ſeroit injuſte d'abandonner trop long-
O

tems

tems au supplice de l'incertitude, un galant homme qui nous témoigne tant d'estime.

DU PINDE.

Dieux, pourrai-je me flatter....

MELINDE.

Il est vrai que des Loix incertaines d'une fausse bienséance m'asserviroient à une résistance plus longue, mais mon cœur plaide pour vous.

DU PINDE.

La joye la plus vive s'empare de mes sens. Je demeure immobile . . .

MELINDE.

Ouï, mon cœur triomphe de tous ses scrupules; je cede aux conseils qu'il me donne.

DU PINDE *se jettant à ses pieds.*

Ah! l'Amour secoüe sur moi son flambeau, il ranime mes esprits, je respire, & ne respire que pour vous.

MELINDE.

Je serai contente si ce langage est celui de vôtre cœur.

DU PINDE.

Ouï, Madame, je vous adore. Vous régnez en Souveraine sur moi, je ne cesserai jamais d'être fidele & soumis à vôtre Empire.

MELINDE.

M. du Pinde, levez vous.

DU

DU PINDE *se levant.*

Ah! trop aimable Melinde, hâtons-nous de conclurre le plus bel hymen que l'Amour ait jamais fait!

MELINDE.

Maitreffe de moi-même & de mon choix, je ne balance plus à vous donner ma main. Jamais une femme ne s'eft repentie d'avoir époufé un homme d'efprit. Cependant pour faire taire le monde j'ai réfolu de vous emmener à ma Campagne. C'eft là où nous conclurrons notre hymen; nous éviterons la gêne des compliments, & au bout d'un mois nous reparaitrons dans la Ville.

DU PINDE.

Divine Melinde, la fageffe parle par vôtre bouche, & vous me rendez le plus heureux des mortels, comme je fuis le plus paffionné des Amans. Non, je ne troquerois point mon fort pour la Couronne des Rois.

il lui donne la main.

Jurons-nous donc, Madame, une flamme éternelle.

MELINDE.

Ouï, Monfieur, j'ofe fans rougir vous faire l'aveu de toute ma tendreffe. Je vous promets que nôtre mariage ne fera qu'augmenter les fentimens que j'ay pour vous.

DU PINDE.

·Et moi, Madame, je jure que je vous aimerai au delà du tombeau. J'en attette les Dieux
habitans de l'Olympe, je laifferai à la race fu-
ture l'exemple d'un Epoux paffionné jufqu'a-
·prés le trépas.

Il lui baife tendrement la main; elle y
répond par des coups d'oeil paffionnés.

SCENE V.

MELINDE, M. DU PINDE, TOINON, CARLIN, UN ESCLAVE.

CARLIN.

Madame, voici un Efclave qui vient d'arriver à Tarafcon, ·& qui eft fort empreffé
de vous parler.·

DU PINDE, MELINDE, ET TOINON *enfemble*.

Un Efclave!

MELINDE.

· Ciel, que veut-il? Je me fens le cœur faifi.

L'ESCLAVE *s'approchant*.

Je fuis fûr, Madame, que vous allez bientôt quitter ce deuïl quand vous faurez la Nouvelle que j'ai à vous apprendre.

MELINDE.

Et quelle nouvelle?

L'ESCLA-

L'ESCLAVE.

Ah! vous fauterez de joie.

MELINDE.

Pourquoi? Comment? Qu'y a-t-il donc? Dites.

L'ESCLAVE.

Je ferois déjà venu une heure plutôt, mais en entrant dans la Ville, j'ai rencontré un certain Francisque, un charmant garçon, qui étoit mon ami intime avant de m'enrôler dans la marine, & par conféquent avant mon efclavage.

MELINDE.

Où avez-vous donc été fait Efclave?

L'ESCLAVE.

Hélas! à Alger. Or ce Francisque a été fi charmé de me revoir qu'il s'eft mis à pleurer de joie, & moi j'ai auffi pleuré à mon tour. Tant y a donc que nous avons fait partie d'aller enfemble au Cabaret, pour célébrer mon heureufe délivrance.

MELINDE.

Mais finiffez donc; je meurs d'impatience.

L'ESCLAVE.

Vous allez voir. Nous nous fommes fait donner chopine, & comme on a beaucoup à raconter quand on vient de loin, le tems s'eft paffé, Dieu fçait comment; & voilà la raifon pourquoi je viens fi tard vous dire, Madame,

O 3

que

qne j'ai laiffé à Alger en trés bonne fanté, mais en trés mauvais équipage , Monfieur vôtre Epoux.

MELINDE *jettant un cri.*

Mon Epoux?

L'ESCLAVE.

Ouï, vôtre Epoux.

TOINON.

C'eft le Diable.

DU PINDE.

Ciel! qu'entends-je! Soutiens moi, Carlin, ce coup de foudre eft grand.

> *Carlin foutient Mons. du Pinde d'un côté du Théatre.*

MELINDE.

Toinon, je fuccombe. Le faififfement me prive de l'ufage de mes fens.

> *Toinon de l'autre côté du Théatre s'aproche de Melinde, qui s'appuye fur elle.*

TOINON.

Eh! Madame, cela ne fe peut pas. Monfieur vôtre Mari eft noyé, je vous en donne ma parole. Ce drôle là n'eft qu'un yvrogne, qu'un Impofteur.

L'ESCLAVE.

Impofteur vous-même. Si vous ne voulez pas m'en croire, allez-y voir.

MELINDE.

Que de mouvemens s'élevent à la fois dans

mon

mon ame! Peut-on se figurer une situation aussi bisarre, aussi terrible, que la mienne?

L'ESCLAVE.

Vous m'en croirez, ou non; mais j'ai vû un nommé Dorus, qui venoit d'être mené prisonnier à Alger peu de jours avant mon départ. On le disoit Capitaine de Vaisseau François, & on ajoutoit qu'il s'étoit vaillamment défendu avant de se rendre.

CARLIN.

Mais comment savez-vous tout cela, mon Ami?

L'ESCLAVE.

Je vous le dirai. Le Consul de France ayant reçu des charités pour rançonner quelques Esclaves de sa Nation, nous fûmes tous conduits sur le port, & j'eus le bonheur d'être compris dans le nombre de ceux qui obtinleur liberté. Ce fut alors que Dorus, passant près de moi pour être ramené chez son Maitre, me conjura de vous aller trouver, Madame, pour vous exposer l'état de son malheur, & vous prier de couvertir au plutôt vos meilleurs effets en argent comptant pour payer sa rançon.

MELINDE *d'une voix mourante.*

Cher du Pinde, nous sommes perdus!

DU PINDE *déclamant.*

„Non, jamais on n'a vû le sort & son caprice,
„Accabler un mortel avec plus d'injustice.

TOINON.

Ma foi, j'ai eu tort; ce garçon-là n'eſt pas yvre, il y a bien de la vraisemblance à tout ce qu'il dit. L'affaire devient ſérieuſe.

DU PINDE.

Comment, Dorus n'eſt point mort? Le coup eſt traitre.

MELINDE.

Hélas! je perds ou un mari, ou on amant, l'un & l'autre tendrement aimé. Mon cœur doit-il ſe livrer à la joye ou à la douleur?

TOINON.

Ce qu'il y a de bon dans cette avanture, c'eſt que vous garderez toujours un mari, & ce n'eſt pas là une bagatelle. Mais au reſte Dorus a tort. Puisqu'il étoit une fois mort, il ne devoit pas reſſuſciter.

L'ESCLAVE *à part.*

Il faut que ce Mari-là ait été un Demon incarné, puisqu'on eſt ſi fâché de le ſavoir en vie.

MELINDE.

Concevez toute l'horreur de mon état. Peu s'en faut que je ne ſois obligée de pleurer dans un même jour la mort & la vie d'un Epoux.

DU PINDE.

Au nom des Dieux, conſolez-vous, Madame. Si vous m'aimez, tout n'eſt point perdu encore.

ME-

MELINDE.

Qu'ofez-vous me dire? Puis je penfer à vous fi mon mari eft vivant?

DU PINDE.

Eh! Madame, qu'en auroit-il été fi cet Efclaye maudit fut arrivé un jour plus tard?

MELINDE.

Hélas! cela n'eft point.

TOINON.

Si cela eût été, on auroit pû garder le meilleur des deux. Au moins auroit-on eu la piéee de comparaifon.

DU PINDE.

Auroit-il été probable que vous euffiez envoyé chercher un mari à Alger, pour en chaffer un autre que vous aviez à la main.

MELINDE.

Si nous avions été mariés, j'aurois pû vous garder fans bleffer ma confcience, mais maintenant . . .

TOINON.

Voilà auffi ce que c'eft que d'attendre trop longtems à fe déterminer. Voyez ce qu'on gagne à lambiner. Je fai une vieille chanfon qui dit :

> *Entre la bouche & le verre*
> *Le vin tombe fouvent à terre.*

C'eft là précifément vôtre cas.

O 5   DU

DU PINDE.

Mais il ne tient qu'à vous, Madame, de traitter cette affaire fur le même pied que fi nous étions mariés. Nos promeffes folemnelles faites à la face du Ciel valent bien de frivoles Cérémonies.

MELINDE.

Et que deviendroit Dorus?

DU PINDE.

Il reftera en Barbarie jufqu'à ce qu'on puiffe le rançonner commodement, & vous trouvant mariée à fon retour, fans doute il renoncera à fes premiers droits fur vous.

MELINDE à l'Efclave.

Mon Ami, dites-moi, Dorus a-t-il un bon Maitre?

L'ESCLAVE.

C'eft le meilleur de tous les Algériens.

MELINDE.

Tant mieux. Le Ciel en foit béni. Sa condition en fera moins dure, & on ne le fera pas fouffrir.

DU PINDE.

La vie eft partout fujette à tant de chagrins & à tant de traverfes, qu'on eft également infortuné en Europe comme en Afrique.

MELINDE.

Ouï, & l'on fe fait à tout. Avec un peu de morale on peut être à Alger auffi heureux

qu'à

qu'à Tarafcon. Ce monde-ci ne nous offre nulle part une felicité parfaite.

DU PINDE.

Si nous laiffions donc Dorus quelque tems en Barbarie? Qu'en dites-vous? Les plus grands hommes, des Rois mémes, ont été fujets à ces petits contre-tems, & les ont fait fervir à leur gloire.

MELINDE *à l'Efclave.*

Combien croyez - vous qu'on demandera pour fa rançon?

L'ESCLAVE.

Madame, ces Algériens font madrés. Ils lui ont tâté les mains, & lui fentant la peau douce, ont conjecturé qu'il n'a pas été appliqué à des travaux pénibles, & qu'il eft riche. Ils demanderont une fomme exorbitante.

MELINDE.

Et combien par exemple?

L'ESCLAVE.

Pour le moins dix mille Ecus.

MELINDE, DU PINDE ET TOINON
enfemble.

Dix mille Ecus!

MELINDE.

Eh! mon Dieu, nous ne garderions donc rien pour vivre. Perdre un Vaiffeau tout équipé, & payer encore dix mille Ecus de rançon! Nous ferions réduits à la mendicité.

DU

DU PINDE.

Il vaut mieux laiſſer Dorus à Alger. Indigent pour indigent, je crois qu'il aimera
mieux lui-même l'être en Barbarie qu'à Ta-
raſcon. où ſes Amis l'ont vû dans l'opulence.

MELINDE.

Je pourrai d'ailleurs lui envoyer toutes ſortes de petits ſecours qui ne laiſſeront pas de
lui être agréables, au lieu que ſi je donne tout
pour ſa rançon, nous nous trouverons aprés
ſans aucune reſſource.

DU PINDE.

Vous parlez comme un Oracle.

Tirant Melinde à part.

Mais il s'agit d'un article. Il faudra fermer
la bouche à cet Eſclave. Vous m'entendez.
Si la nouvelle éclate, c'en eſt fait de nôtre
mariage.

MELINDE *à l'Eſclave.*

Ami, j'ai des raiſons pour cacher que mon
Epoux eſt vivant, juſqu'à ce que mes facul-
tés me permettent de payer ſa rançon. Si vous
voulez vous engager à garder le ſecret ſur cette
affaire, & à quiter le païs, voici vingt louïs que
je vous offre.

L'ESCLAVE.

Ah! Madame, donnez. Il n'y a pas d'homme auſſi diſcret que moi, & je vous jure que
dans nne heure je ſerai hors des portes de Ta-
raſcon.   ME-

MELINDE *lui donnant une bourſe.*

Voici la ſomme. Mais ſi vous nous man-
quez de parole . . .

DU PINDE.

Si vous nous trahiſſez, j'ai aſſez de crédit
pour vous faire mourir dans les fers.

à Melinde.

Généreuſe Melinde, que ne vous dois-je point?

MELINDE.

Je tâcherai auſſi de faire tout ce que je pour-
ray pour le pauvre Dorus. Il ſera bien à Alger . . . Mais, Monſieur, avant de m'engager plus loin, je crois devoir conſulter mon
Directeur ſur une affaire auſſi délicate: Je me
flatte que, vû les circonſtances, on trouvera
moyen de caſſer mon premier mariage, &
alors je ne balancerai plus à vous donner ma
main, puiſque vous avez déjà mon cœur. Mais
il faut mettre ma conſcience en repos.

Elle preſente la main à du Pinde.

Cher Ami, venez m'accompagner.

DU PINDE.

Volontiers. L'Amour m'enchaine à vos côtés. *Ils ſortent.*

TOINON *les ſuivant.*

Il y a pourtant dans tout cela quelque choſe qui
me révolte; mais n'importe, ce ſera le moyen de
faire réüſſir mes deſſeins. Adieu, Carlin.

SCENE

SCENE VI.

CARLIN, L'ESCLAVE.

CARLIN.

Adieu . . . Or ça, Monſieur l'Eſclave, je n'ai pas encore dit un mot, moi. Mais, vous ſavez que je vous connois depuis long-tems. Vous étiez un maitre fourbe avant vô-tre Eſclavage; j'eſpére que vous malheurs vous auront fait changer.

L'ESCLAVE.

Ah! mon Enfant, que veux-tu? je vais tou-jours . . . Mais ces chiens de Turcs m'ont bien fait manger de la vache enragée.

CARLIN.

Je le crois bien, morbleu. Nos Almanacs ſont tous remplis des choſes extraordinaires que ces gens-là font. On dit qu'ils mangent les hommes.

L'ESCLAVE.

Oh! pas tout à fait. Cela eſt trop fort.

CARLIN.

Mais ne vous ont-ils pas coupé la langue? Voyons.

L'ESCLAVE.

Pauvre innocent. N'entens tu pas que je parle?

CARLIN.

Eh! bien, puis que vous parlez, racontez-
nous

nous un peu ce que difoit mon pauvre Maitre. Quel air avoit-il?

L'ESCLAVE *héfitant.*

Oh! . . . Il étoit gros & gras.

CARLIN.

Comment diable! Il faut donc que ln misére faffe engraiffer, car il a été maigre & fec toute fa vie.

L'ESCLAVE.

Quand je dis, gros & gras, ce n'eft pas à dire qu'il foit comme un Ortolan, mais j'entens qu'il n'eft ni gras ni maigre.

CARLIN.

Mon drôle, je commence à douter de la vérité de tous vos Contes . . . Que je vous examine un peu . . . voyons . . . quel âge peut avoir Dorus?

L'ESCLAVE.

Mais là, entre deux, de vingt à quarante.

CARLIN.

Bravo. Il en a cinquante . . . Eft-il grand ou petit?

L'ESCLAVE.

Il me femble qu'il eft comme vous.

CARLIN.

Cet *il me femble* eft admirable. Il a un pied de plus que moi. Quelle efpèce de vifage a-t-il?

L'ESCLA-

L'ESCLAVE.

Autant que je m'en fouviens, le nés retrouf-
fé, les yeux grands, le teint couperofé.

CARLIN.

Il n'y a pas un mot de vrai. De quel poil?

L'ESCLAVE.

D'un blond un peu ardent.

CARLIN *prenant un bâton.*

Ah! ça, mon Ami, convènez que vous étes
un infigne menteur, ou bien j'appellerai tous
les Domeftiques de la Maifon, & je vous ferai
conduire au cachot.

L'ESCLAVE.

Mais, Monfieur Carlin, ce n'eft pas ainfi
qu'on en agit avec un pauvre Efclave qui devroit infpirer la compaffion.

CARLIN.

Point de miféricorde pour un Impofteur.
Avouèz, ou je . . .

L'ESCLAVE.

Monfieur Carlin, laiffez moi partir en paix.
Je vous remettrai la moitié des 20. Louis que
Madame m'a donnés.

CARLIN.

Comment, Coquin, tu crois donc corrom-
pre un Domeftique auffi fidéle que moi. Vite
en prifon. A' moi, Jaques, La Fleur, François, Matthieu, St. Jean, la Brie, l'Epine...

L'ESCLA-

L'ESCLAVE.

Miféricorde, Monfieur Carlin, miféricorde.
Permettez que je forte en paix, & je vous donnerai tous les 20 Louïs.

CARLIN.

Donnes-donc.

L'ESCLAVE *lui donnant la bourfe*

Ce que vous faites là n'eft pas Chrêtien.

CARLIN.

Voilà qui eft bien. Mais dis-moi encore qui
eft-ce qui t'a engagé à mentir fi impudem-
ment?

L'ESCLAVE.

Puisque vous voulez tout favoir, c'eft
Monfieur le Marquis du Carnage qui a inventé ce beau Conte, & qui m'a promis dix Ecus
pour le débiter.

CARLIN.

Il eft donc certain que tu n'as pas vû mon
Maître à Alger?

L'ESCLAVE.

Ni lui, ni fon ombre.

CARLIN.

Dorus eft donc bien mort.

L'ESCLAVE.

Mort & noyé. C'eft le Marquis, te dis-je,
qui eft l'Auteur de toute ma Rélation.

CARLIN *le chaffant à coups de bâton.*

Montres-nous donc les talons, Maraud. Voilà

là comme il faut payer & renvoyer les Imposteurs de la sorte.

SCENE VII.

CARLIN, LE MARQUIS

Tandis que l'Esclave se sauve, & que Carlin le poursuit en le rossant, le Marquis paroit, qui attrape quelques coups en passant.

LE MARQUIS.

Arrêtes-donc, Carlin, que diable fais-tu?

CARLIN.

Ah! Monsieur, je vous demande pardon. C'etoit un de mes Créanciers insolens, que je faisois déguerpir, & par malheur vous vous êtes rencontré dans mon chemin.

LE MARQUIS.

Si tu étois mon égal, je serois obligé de te massacrer; mais ne l'étant pas je puis te faire grace.

CARLIN *faisant la reverence.*

Dieu vous le rende.

LE MARQUIS. *à part.*

Voyons si la bombe est crevée.

à Carlin.

On dit par la Ville que mon bon Ami Dorus est plein de vie, detenu captif à Alger.

CAR-

CARLIN *à part.*

Pour pouvoir garder mes 20. Louis, il ne faut sonner mot.   *au Marquis.*

Oui, Monsieur, & vous nous en voyez le cœur rempli de joye. Un Esclave est venu raconter la chose de point en point à nôtre Maitresse. La bonne Dame en est toute hors d'elle-même. Je crois qu'elle ira en personne à Alger pour racheter son cher Epoux,

LE MARQUIS *s'en allant, & riant à gorge déployée.*

Ha, ha, ha! Le tour est plaisant . . . Mais il faut que je revienne tantôt pour l'empêcher de partir. Cela gâteroit tout ce que nous avons fait de bien.   *il sort.*

CARLIN *riant aussi.*

Ha, ha, ha . . . Va, va. Tu n'es qu'un Nigaud, & tes intrigues sont cousues de fil blanc. Mais irons-nous avertir ma Maitresse de tout ceci? . . . Voyons . . . Non, parbleu, non. Pour garder l'argent, il faudra tenir bouche close; & d'ailleurs à quoi cela serviroit-il? Tant que Madame persistera dans la resolution d'épouser Monsieur du Pinde, je ne dirai rien; mais si je vois qu'elle change d'avis, ou qu'elle veuille envoyer de l'argent à Alger, pour lors je la desabuserai, & je saurai bien à mon

rour inventer quelque bon conte qui m'exem-
tera de restituer mes chers 20 Louis.

Fin du troisiéme Acte.

ACTE IV.

SCENE PREMIERE.

DORUS *seul.*

Est-ce un songe, ou une réalité? Ne révois-
je pas ici mon ancien domicile? Ouï, c'est
dans ces Murs que j'ai passé des jours si heureux & si serains. Mais, insensé que j'étois !
pourquoi quittai-je tous ces avantages, toutes
ces douceurs de la Vie? Hélas! les biens de
la fortune procurent le repos à ceux qui ont
l'esprit tranquille, mais ils l'ôtent à ceux qui
sont inquiets & remuans. Etoit-ce l'appas d'un
gain nécessaire à ma subsistance, qui m'a engagé dans cette périlleuse entreprise? Non, si
je n'avois pas été riche, je n'aurois point armé
un Vaisseau à mes propres dépens, & je ne
serois pas tombé dans ce cruel Esclavage. Mais
puisque nous voila échapé du péril, bénissons-
en la Providence, & de nos malheurs passés
prenons des leçons pour l'avenir. Dans le
fonds je n'ai perdu qu'une petite portion de
mon superflu, dont je puis me consoler aisé-
ment,

ment, puisque je retrouve amis, domestiques, maison, livres, amusemens, & surtout
une tendre Epouse que j'adore. Oui, fidéle
Melinde, je vais oublier dans vos bras tous les
maux qu'un mauvais sort m'a fait essuyer.

SCENE II.

DORUS, CARLIN.

CARLIN *au fond du Théatre.*

Ha, ha! Voici apparemment un second émis-
faire de Monsieur le Marquis du Carnage,
qui vient nous faire des contes bleus & qui ne
sçait pas le sort de son Collégue; mais je lui
apprendrai à ne plus vouloir nous prendre pour
dupes. Ses épaules s'en ressentiront.

à Dorus.

Vous venez apparemment d'Alger, Monsieur?

DORUS.

Oui, mon Ami. *à part.*

Il me semble que c'est mon vieux & fidele Carlin; je suis charmé de le voir.

CARLIN.

Monsieur l'Algérien, vous venez trop tard.
Vous avez eu pour votre malheur un devan-
cier qui a voulu nous jouer le même tour, &
qui nous a appris à connoître ainsi qu'à récom-
penser des fripons de votre espéce. Ainsi décampez au plus vîte.

P 3   DO

DORUS.

Quel langage eft ceci ? Comment, Carlin, méconnois-tu ton ancien Maître ?

CARLIN.

Décampez, vous dis-je, & ne raifonnez point ou bien . . .

DORUS.

Au moins, Carlin, regarde-moi en face.

CARLIN *le regardant fixement &* *s'effrayant.*

O Dieu ! Miféricorde ! En voici d'une autre. Ce forcier-là a pris la phyfionomie de mon défunt Maître pour nous mieux tromper.

DORUS.

Embraffe-moi, pauvre Garçon ; je veux bien permettre ce transport à ta joye.

CARLIN.

Moi vous embraffer ? Je m'en garderai bien. Vous pourriez être le Diable fous la figure de Dorus, & puis vous difparoîtriez entre mes bras . . . Voyons, n'avez-vous point par hazard quelque marque de Satan ?

DORUS.

Défais-toi de tes craintes puériles. Viens me toucher. C'eft ton Maître que tu vois.

CARLIN *s'approche de lui en tremblant.*

Vous avez bien fon air & fa voix. Mais vous êtes noyé, Monfieur, & vous feriez mieux

de

de refter au fond de la Mer que de venir nous
effrayer ici.

D'ORUS.

Non, mon cher Carlin, je ne fuis point
noyé, j'excufe ton erreur. J'ai été attaqué
dans mon voyage par des Pirates qui m'ont
emmèné captif à Alger. J'y ai trouvé un
Maitre fort dur qui m'a réduit à la néceffité
de rompre mes fers. Je me fuis échapé,
& aprés mille dangers j'ai gagné, à la nâ-
ge, un Vaiffeau qui partoit pour Marfeille,
& qui y a conduit beaucoup d'Efclaves ran-
çonnés. Voilà un Abregé de mes malheurs, &
de ma délivrance presque miraculeufe.

CARLIN.

Monfieur, tout cela eft beau & bon. Mais on
avoit pourtant affuré que vous étiez mort, & la
voix du Peuple eft la voix de Dieu, comme on dit.

DORUS.

On dit eft un fot, & vous auffi, Monfieur
Carlin.

CARLIN.

A ce ftyle énergique je reconnois mon Maitre.

DORUS.

C'eft auffi trop m'impatienter.

CARLIN.

Excufez, Monfieur, mais qui diantre auffi
vous auroit reconnu en fi piétre équipage!

DO-

DORUS.

Hélas! comment puis-je paroitre autrement?
Dépouïllé de tout ce que j'avois, je fuis arrivé à
Marfeille dans un état fi miférable que j'ai eu
honte de m'y montrer auxyeux de mes anciens
amis, & mon impatience m'a fait marcher à
pied jufqu'à Tarafcon.

CARLIN *embraſſant ſes genoux.*

Ah! mon 'cher Maitre, que vôtre fort me
fait pitié! Je vous aime encore plus après vos
malheurs.   Un bon Domeftique feit toujours
un certain retour de refpeȼt pour un ancien
Maitre.

DORUS.

Leve-toi, Carlin, je reconnois ton bon cœur.
Mais pour parler de ce qui m'intéreffe d'a-
vantage, que fait ma chére Epoufe? Pourquoi
ne l'ai je point encore rencontrée?

CARLIN. *à part.*

Voilà un Article fcabreux.   *à Dorus.*
Monfieur, elle fe porte . . . bien . . . là . . .
comme les Dames fe portent.   Elle eft fortie.
Peut-être eft-elle allée à l'Eglife, que fait-on?
Qu'elle va être étonnée de vôtre retour! Je
crois que vous feriez bien de ne pas la furprendre tout d'un coup.   Cela feroit capable de
lui donner la mort.   Combien d'exemples n'a-
vons-nous pas que l'apparition imprévuë d'un
mari a mis une femme tout fans deffus deffous.

DO-

DORUS.

Non, Carlin, la furprife fera un vrai plaifir pour elle, & d'un autre côté, aprés tous mes malheurs, je trouverai une confolation bien douce à être le témoin de cette joye vive & tendre, qui va tout à coup fe faifir de fon ame, & qui fe répandra enfuite dans un torrent de careffes & d'embraffemens. Ouï, chére Melinde, je connois toute la délicateffe des fentimens que vous avez pour moi. Que je vais vous rendre contente!

CARLIN.

Pour des fentimens elle en a terriblement, & c'eft fon fort que la difpofition à l'amour conjugal.

DORUS.

Courons donc par tout chercher cette tendre Epoufe. C'eft l'unique foin qui m'occupe. Garde-toi, Carlin, de lui rien dire.

il fort.

CARLIN *feul.*

Non, je ne puis revenir de mon étonnement! Tout mon corps tremble encore de frayeur. Que fon retour va caufer de defordre dans cette Maifon! Quoiqu'il m'ait dit, tâchons de rencontrer quelque part Toinon, pour l'avertir de ce qui fe paffe. Mais où diantre la trouver? *il fort.*

SCENE

SCENE III.

MELINDE, LE MARQUIS, TOINON.

LE MARQUIS *riant.*

Ha, ha, ha! Vous avez donc donné dans
le panneau?

MELINDE.

Mais, Marquis, je ne vous comprens pas.
Vous êtes inftruit de toutes les particularités
de cette affaire Vous favez que Dorus eft vivant à Alger, vous en riez, & vous me faites
en même tems une déclaration d'Amour, vous
me propofez le Sacrement? Comment conci-
lier des chofes fi contraires?

LE MARQUIS.

Voici la folution du problème en deux mots.
Mon amour eft vrai, mais la réfurrection de
vôtre Mari eft fauffe, ou le Diable m'emporte.

MELINDE.

Et cet Efclave qui eft venu tantôt m'affurer
qu'il a vû Dorus en perfonne . . .

LE MARQUIS.

Cet Efclave, ha, ha, ha! Cet Efclave . . .
Ah, Madame, s'il he tient qu'à cela, vous pouvez vous tranquilifer.

MELINDE.

Selon vous, un Mari vivant n'eft donc
qu'un petit obftacle?

LE

LE MARQUIS.

Quand même il seroit vivant, je saurois bientôt m'en défaire. Je le menerois à la guerre avec moi, dans quelqu'endroit où il feroit chaud ; vous le verriez bien vite sur la Liste des morts. Il n'auroit qu'à se tenir à mes côtés dans une affaire meurtriére ; mais il n'est pas question de tout cela, Madame. Puisqu'il n'y a que vôtre Mari qui vous embarasse, il faut vous détromper, & vous avouër ingénuëment qu'il est mort, trés mort, & que c'est moi qui l'ai fait ressusciter.

MELINDE.

Je ne comprens pas un mot à cette Enigme.

LE MARQUIS.

Je vois bien qu'il faut tout vous dire. Il y a longtems, Madame, que je vous touche en vuë, & que vous avez fait l'unique objet de mon plan d'opérations. Mais vous aviez un Mari qui défendoit la place, je n'ai osé m'en approcher, je suis resté en panne.

MELINDE.

Ce discours me surprend étrangement. Je ne vous comprens pas.

LE MARQUIS.

Ouï, Madame, vous êtes une forteresse importante, dont mon amour voudroit faire la Conquête.

MELINDE.

Votre Amour !   LE

LE MARQUIS.

Tant que Dorus a vécú je n'ai fait que vous
inveftir de loin, maintenant j'attaque les ouvrages extérieurs, & je ne defefpére pas de pé-
nétrer bientôt dans la place.

MELINDE.

Vos expreffions, martiales me font frémir,
Monfieur le Marquis.

LE MARQUIS.

J'en ai bien fait frémir d'autres; mais tant
mieux, Madame, j'efpére que vous ne tarderez pas d'arborer le drapeau blanc.

MELNDE.

Etant attaquée par un Héros tel que vous,
il feroït honteux de ne pas faire une réfiftance
opiniâtre.

LE MARQUIS.

Oh! Madame, mon enceinte & mes pa-
rallèles font achevées, toutes mes piéces font en
batterie, je puis foudroyer vos remparts, mais
j'efpére que vous battrez la chamade, fans me
forcer de monter à l'affaut, & d'entrer par la
brêche.

TOINON.

J'enrage, ah! nous ne voulons point d'es-
calade.

LE MARQUIS.

Mais j'apprends, qu'il y a ici un certain par-
tifan

tifan qui veut fe jetter avec fon renfort dans la
place, & s'ériger en Commendant.
TOINON.
C'eft Monfieur du Pinde.
LE MARQUIS.
C'eft fur cette nouvelle que j'ai mis en
œuvre une rufe de guerre, & que j'ay envoyé
un Efpion déguifé pour vous faire donner dans
le panneau. Mon ftratagéme m'a réüffi.
TOINON.
Eh! Monfieur, réduifez tout cela au naturel, dites-nous tout uniment, fi Dorus eft mort
ou non? Si c'eft vous qui avez dépêché l'Efclave pour venir nous faire des Contes borgnes?
LE MARQUIS *montrant le front du doit.*
Ouï, mon Enfant, tout cela fort de là. J'ai
imaginé ce trait de politique pour fufpendre
le mariage que ta Maitreffe avoit projetté avec
Mons. du Pinde, & pour gagner le tems de lui
faire l'aveu de mes tendres amours.
TOINON *à part.*
Bon. Voilà tout ce que je veux favoir. Le
Ciel en foit loué.
MELINDE.
Je vous fais bon gré, Monfieur, de cette
attention. On ne fait pas pour une perfonne
indifférente des efforts d'imagination & des
ftratagémes auffi compofés. Il eft flatteur de
mériter de pareils foins; furtout d'un auffi
brave homme que vous.   LE

LE MARQUIS.

Oh! cela vous plait à dire. Mais sans vá-
nité, Madame, pour vous plaire on attaque-
roit l'Empire Ottoman. Lorsque je fis mes
Campagnes contre les Turcs, mes Camarades
me nommerent le petit Scanderberg. Si vous
étiez curieuse, je pourrois vous montrer une
paire d'oreilles que je coupai à un certain
grand Vifir.

MELINDE.

Mais un homme d'honneur tel que vous
doit connoitre mieux que personne combien
une parole donnée est inviolable.

LE MARQUIS.

D'accord, & je suis même trés délicat sur
cet article. Mais que voulez-vous dire par là?

MELINDE.

Hélas! Monsieur, c'est que j'ai engagé ma
parole à M. du Pinde, j'ai promis de l'époufer.

LE MARQUIS.

Est-on obligé de tenir des paroles d'honneur données à ces demi-héros de bibliotheques?

MELINDE.

Sans contredit: & d'ailleurs nos engagemens
font si folemnels, qu'il m'est impossible de les
rompre.

LE MARQUIS.

Que je suis infortuné! Morbleu, faut-il que
ce Marchand d'esprit distillé m'enleve ce que
toutes

toutes les forces combinées de l'Europe
n'auroient pû m'arracher!

MELINDE.

Hélas! Monfieur, on n'en peut époufer
qu'un. Ne prétendez pas l'impoffible.

TOINON.

C'étoit un grand fot que celui qui a réduit
une femme à un Mari. On voit bien que les
hommes, & encore les hommes ignorans, ont
fait les Loix.

MELINDE.

Par bonheur les fentimens du cœur ne font
pas fous l'Empire des Loix.

LE MARQUIS.

Mais que me fervent ces fentimens du cœur,
s'il faut renoncer pour toujours à la perfonne?
Un tel amour reffemble à une Campagne d'hy-
ver, qui fatigue beaucoup & ne décide rien.
Nous fommes diablement pour le folide, nous
autres Militaires.

MELINDE.

Et moy je défends à vôtre efprit militaire
de tirer de mes difcours des conjectures qui
pourroient m'outrager. Tout ce que je puis
vous dire, c'eft que je fens pour vous une parfaite eftime.

LE MARQUIS.

Parfaite eftime n'eft pas mal, pas mal,
pour un début.　　　　*à Melinde.*

Mais

Mais jarnibleu, Madame, pourquoi avez-vous
été si preſſée? Pourquoi engager ſi vîte vôtre
parole à du Pinde.

MELINDE.

Pour trois raiſons. Premièrement je l'aime. En ſecond lieu, j'ai trouvé que nous
nous convenions mutuellement; & enfin j'ai
jugé que la vie étant ſi courte, il ne falloit
pas perdre ſon tems en grimaces ou en déli-
bérations.

LE MARQUIS.

La première de ces raiſons vaut plus que
cinquante autres. Je l'aime. Cette franchiſe
me fait plaiſir.

MELINDE.

Il y a plus, Monſieur. Depuis la perte de
mon premier Mari je ſuis fermement réſolue
de ne plus épouſer un Officier. Quelle inquiétude! Quelle vie errante!

LE MARQUIS.

Mais moi, Madame . . .

MELINDE.

Vous, Marquis, moins qu'un autre. J'aurois riſqué un ſecond Veuvage. Votre valeur
prodigieuſe vous coûtera la vie au premier
jour, & vous rencontrerez quelque Grand Vizir qui ne ſe laiſſera pas couper ſi tranquillement les oreilles

LE

LE MARQUIS *riant*.

Ha, ha, ha! je ne les crains pas, ces Grands
Vizirs là, & auſſi n'y en a-t-il pas beaucoup.
Le dernier que je vis, ce fut à la bataille de Ne-
grepont. Je le tenois déjà d'une main, ayant
l'autre bras levé pour le fendre en deux. Ma
foi, une bombe vint tomber entre nous, écarta
ma main, & le Vizir ſe ſauva; ſans quoi ſon
affaire étoit faite.

MELINDE.

Eh bien! ſoyez ſur que M. du Pinde, né
ſe frottera jamais aux bombes, ni ne tuera des
Viſirs.

TOINON.

Les gens de Lettres ne riſquent jamais leur
vie; c'eſt tout au plus leur réputation.

LE MARQUIS.

S'il n'y a pas moyen de rompre vôtre mariage avec du Pinde, continuez-moi au moins
cette eſtime que vous m'avez promiſe. Permettez que je demeure l'Ami de la maiſon,
& s'il ſe peut, du cœur.

MELINDE *ſoupirant*.

Vous me faites pitié. Ouï, Marquis, vôtre
préſence me ſera toujours chére. Venez me
voir ſouvent. Il peut arriver tant de change-
mens dans la vie. Que ſait-on?...

LE

LE MARQUIS, *lui prenant tendrement la main.*

Ah! Madame, j'adorerai toûjours vos bontés.

MELINDE.

Mais, Marquis, pour premiere marque de vôtre amitié, raffurez mon cœur fur une inquiètude qui l'agite encore. Dites-moi en termes fimples & clairs, fi c'eft vous qui m'avez joué le tour de l'Efclave fuppofé, & fi Dorus eft bien mort. Je vous aurai l'obligation de ma tranquillité.

LE MARQUIS.

S'il ne tient qu'à cela, Madame, vous pouvez dormir en repos. Je vous jure par l'ame de vôtre mari, que c'eft moi qui ai inventé toute cette hiftoire: Dorus eft mort, trés mort, noyé, pourri, ou le Diable m'emporte.

> *Dans le tems que le Marquis parle, Do-
> rus paroit au fond du Théatre. Le
> Marquis l'apperçoit, il refte immobile,
> & marque par fes geftes la frayeur
> où il eft.*

O Ciel! ayez pitié de moi. J'en ai menti, oh! oui, j'en ai menti.

> *il s'enfuit en criant.*

A moi Grenadiers, à moi Grenadiers.

SCENE

SCENE IV.

MELINDE, DORUS, TOINON.

Melinde, après avoir bien envifagé Dorus,
tombe comme morte fur le Sopha.

DORUS.

O Ciel! Quel fpectacle! & que veut dire ce-
cy? Le Marquis s'enfuit, Melinde tombe fans connoiffance. Mon retour inopiné
infpire-t-il tant de joye, ou tant de crainte?

il veut aller au fecours de Melinde.

TOINON *l'arrêtant.*

Halte là! mon Ami. Sortez au plus vite de
céans, & allez demander la charité ailleurs; ou
bien j'enverray chercher la Marechauffée &
on vous mettra en lieu de fureté. Vous n'avez
déjà caufé que trop de défordre ici . . . Ce
drôle pourroit fort bien nous dévalifer . . .

DORUS.

La mifére nous fait toujours méconnoitre
de nos meilleurs Amis. C'eft le train de la vie.

TOINON *toujours fans regarder Dorus.*

Vous venez apparemment d'Alger nous apporter des nouvelles de Dorus?

DORUS.

Oui, mon Enfant.

TOINON.

Si cela eft ainfi, déguerpiffez d'ici. Nous
n'en voulons point.

Q 2 DORUS.

DORUS.

Dieux! qu'entens-je! Mais, Toinon, ne re-
connois-tu pas la voix de ton Maitre?

TOINON,

Je ne reconnois, ni ne veux reconnoitre
perſonne. Vous étes tous des fourbes, vous
autres Algériens. J'ai la tête rompuë de tous
les ſots contes, que vous & vos Camarades ſont
venus faire ici aujourd'hui. Il en viendra, je
parie, encore une douzaine de ces Coquins-là
avant qu'il ſoit nuit.

DORUS.

Quoi! tous mes domeſtiques me maltrai-
tent. Hélas! le ſeul eſpoir qui me reſte, c'eſt
de trouver ma chére Melinde tendre & fidele . . . Volons à ſon ſecours.

Il s'approche du lit de repos. Toinon
veut l'en empêcher. Il la repouſſe &
lui dit.

Retires-toi, Coquine, je ſçaurai punir ton audace.

TOINON.

Ma foi, je commence à croire que c'eſt lui
même. Il n'entend pas raillerie.

DORUS *ſe jettant aux pieds de Melinde,*
& lui prenant la main.

Chére Epouſe, ma voix ſeroit-elle capable
de vous rappeller à la vie?

MELINDE *ſoupirant.*

Hélas!

DORUS.

DORUS.

Ce tendre foupir me. fait efpérer que ma préfence a encore fur vôtre ame le même pouvoir qu'elle a toujours eu depuis nos premieres amours.

MELINDE *revenant à elle.*

Toinon, donnez-moi vôtre flacon d'eau de la Reine.

DORUS.

Quoi! de l'eau de la Reine?

MELINDE *à part.*

Je fuis outrée.

DORUS.

Je demeure immobile, Madame, vous detournez vos regards.

MELINDE.

Vous aviez donc refolu de me donner la mort?

DORUS.

C'eft la joye foudaine qui la trouble, & qui fufpend les opérations de fon Ame.

MELINDE *à part.*

Je fuis piquée au vif.

DORUS.

J'aurois dû, j'en conviens, vous faire prévenir fur mon arrivée. Mais la tendre impatience de vous revoir, m'a fait voler dans vos bras.

Q 3

ME-

MELINDE.

Ce vol m'a causé une frayeur, dont je me ressentirai toute ma vie.

DORUS.

Hélas! dans mes malheurs il ne m'étoit resté, ni domestique pour m'annoncer, ni dequoi payer un Message.

MELINDE.

Ce sont là, Monsieur, les fruits d'une entreprise aussi singuliere que la vôtre.

DORUS.

Melinde!

MELINDE.

Vous m'aviez quittée pour entreprendre un voyage auquel je me suis toujours opposée.

DORUS.

C'est donc là l'accueil que vous me faites? Des reproches au lieu de consolations.

MELINDE.

Mon cœur ne sauroit feindre, & dans ce premier mouvement je ne pourrois vous faire que des caresses affectées . . . *à part.*
Son retour me fait perdre le plus aimable des Amans.

DORUS.

Madame, il s'est fait un terrible changement dans vôtre cœur!

MELINDE.

Ne craignez pas que j'oublie ce que mon devoir
voir

voir exige, ou que j'y manque jamais. Vous
retrouvez vôtre épouse. Soyez satisfait si le
tems & vos procedés vous rendent auprès d'elle
ce que vous avez risqué si legèrement.

DORUS.

Mais, Madame!

MELINDE *d'un ton plus doux.*

J'espére, Monsieur, que vous m'accorde-
rez quelques momens de tranquillité pour me
remettre de ma surprise. Permettez que je
passe dans mon Cabinet. Je reviendrai bientôt ici, & je tâcherai d'y rapporter ce calme, &
tous ces sentimens que je ne trouve point à
l'heure qu'il est dans mon ame.

En sortant elle dit un mot à l'oreille de
Toinon.

TOINON *sortant par un autre côté.*

Ouï, Madame, je n'y manquerai pas. Que
de beaux projets vont s'en aller en fumée!

DORUS.

Non, je ne puis revenir de mon trouble!
Quelle réception, grands Dieux! L'ingrate me
fait des reproches, & me fuit. Mais malgré
ses procédés perfides, mon cœur veut l'excuser, & je sens que je l'aime encore. Non,
Melinde, n'a point trahi son devoir. Les discours qu'elle m'a tenus ne sont point le langage d'une femme qui se sent coupable. Le
crime est plus allarmé. Je connois trop d'ail-

leurs

leurs ses sentimens pour oser soupçonner sa
vertu. Il faut que quelque événement singulier ait causé une révolution si étrange dans son
ame. Tâchons d'éclaircir un mistére qui me
met au désespoir. Melinde, que vous dé-
chirez mon cœur!

SCENE V.

DORUS, M. DU PINDE.

DU PINDE *au fond du Theâtre.*

Je viens de rencontrer Toinon, qui m'a dit
que Dorus... Mais voici la confirma-
tion d'une si funeste nouvelle... Il faut feindre.

DORUS *sans se tourner & comme en-*
foncé dans une profonde reverie.

Qui est-là?

DU PINDE.

Que vois-je? Ô Ciel! C'est Dorus. Quoi!
Les Nymphes des eaux nous ramenent un Ami
que la Divinité à cent bouches avoit déjà envoyé aux rives du noir Cocyte, & dont la con-
servation fait l'objet de tous mes vœux.

DORUS.

Il m'est doux, cher du Pinde, de rencontrer enfin un Ami sincère. Vôtre accueil pré-
venant me fait oublier une partie de mes malheurs. Vous êtes le seul qui semblez être
char-

charmé de mon retour, dans le tems que Femme, Amis & domestiques, me tournent le dos.

DU PINDE *à part.*

Le Diable n'y perd rien : je suis le plus à plaindre.   *à Dorus.*
Ah ! Cher Pilade, permettez que je vous embrasse.   *ils s'embrassent.*

DORUS.

Vôtre façon naturelle d'agir m'inspire une si grande confiance, que je ne balance point à vous ouvrir mon ame. Depuis mon retour, je vois régner dans toute ma maison une terrible consternation. J'ignore qu'elle en peut être la cause, mais je crains qu'il ne soit arrivé quelque accident funeste. Ne sauriez-vous me donner le moindre éclaircissement si nécessaire à mon repos ?

DU PINDE.

Vôtre question est embarrassante. Il est difficile de vous satisfaire en termes clairs & précis. Mais voyons si la gracieuse métaphore me prêtera des secours pour porter doucement dans vôtre esprit des lumières dont l'éclat soudain vous frapperoit trop. Ecoutez une Fable que j'ai composée, il n'y a pas long-tems, & qui vous peindra vôtre situation. *Le Milan, l'Aiglette, & les Oiseaux de proïe* . . .

DORUS *l'interrompant.*

De grace, cher Ami, parlez-moi naturellement, sans emprunter le secours de la Fable.
Un langage si sublime passe ma portée.

DU PINDE.

Vous voulez donc que je renonce à l'esprit?

DORUS.

Point du tout. Mais ne prenez point
pour esprit ces façons de parler sentencieuses,
ces pointes épigrammatiques, ces comparai-
sons perpétuelles. L'abus qu'on en fait les
rend fades & insuportables dans le commerce
de la vie. Pour imiter vôtre stile, je vous
dirai que ce sont des éclairs dont l'œil ne
sçauroit soutenir longtems la vue.

DU PINDE.

Voilà le langage ordinaire de tous ceux à
qui la Nature a refusé le génie & le talent de
s'énoncer avec grace. Mais je suis surpris,
Monsieur, que vous, qui n'êtes surement pas
dans ce cas, parliez ainsi.

DORUS.

Tréve de complimens.

DU PINDE.

Vouloir parler esprit, c'est vouloir jouer
gros jeu. Tout le monde n'en a pas les fa-
cultés.

DORUS.

Défaites-vous de cette erreur. Ce prétendu

du talent s'acquiert par l'habitude. Le vrai homme d'esprit cherche à donner des bornes à la fougue de son imagination ; & c'est une affectation que de raisonner sur des choses communes, ou de demander ses besoins par saillie ou par épigramme.

DU PINDE *hauſſant les épaules.*

Vous n'admirez donc pas un diſcours tout étincelant ?

DORUS.

Je l'admire comme j'admire les ſauts périlleux d'un voltigeur. Le bon eſprit au contraire me charme, comme la danſe noble qui vole terre à terre, & qui plait par ſes graces ſimples & naturelles.

DU PINDE.

Il eſt plus facile de mettre des entraves à l'eſprit que de lui donner l'eſſor.

DORUS.

Penſer juſte & s'exprimer nettement, voilà mon ſublime.

DU PINDE.

Pour vous plaire il faut ceder.

DORUS.

Mais voyons, qu'aviez-vous à m'apprendre pour calmer mes inquiétudes ?

DU PINDE.

Que voulez-vous que je vous diſe ? Ce ſont ordinairement les perſonnes qu'une femme voit, voir, qui lui gâtent l'esprit. Pour un homme sensé je ne conçois pas comment vous avez pû permettre que Madame vôtre Epouse vît les gens qu'elle a vû pendant vôtre absence.

DORUS.

Je lui avois pourtant choisi quelques Amies respectables pour sa compagnie.

DU PINDE.

Ouï, la devote Serpentine qui joue agréablement de la prunelle en disant son chapelet. Le Marquis du Carnage, le Cesar du Siécle, qui se fit entourer, dit-on, à la derniére bataille de Chevaux de Frise, & qui avoit l'air d'un hérisson. Madame Gobert & sa grande Haquenée de fille, deux plaisans visages, qui ont le vrai ton de la mauvaise Compagnie. Monf. Boniface qui a tout son esprit dans son estomac & dans ses mâchoires. Madame Agathe, qui depuis son veuvage ne cesse de pleurer un mari imbecille, qu'elle a fait eprager pendant sa vie. Plus, un Directeur coquet & petit-maitre. Plus, Monsieur Lazare, qui est devenu par le crédit de ses amis un Savant de profession, sans jamais rien avoir apris. Plus Mademoiselle Helene la Prude, qui fit tordre le col à son Perroquet pour avoir dit des obscénités. Puis Monsieur Richard, un sot à prétensions. Puis . . .

DO-

DORUS.

Au nom de Dieu, ceffez, Monfieur. Parmi tous les honnêtes gens que vous déchirez-là, il n'y en a point qui me paroiffe auffi dangereux & auffi plat, qu'un médifant qui fait l'agréable aux dépens de tout le genre humain.

DU PINDE.

Mais comment voulez-vous que Melinde n'ait pas donné dans des travers, en voyant tous les jours des Originaux de cette force là.

DORIS.

Peut-être a-t'elle encore vû un homme qui lui a nui plus que tous les autres.

DU PINDE.

Et qui, par exemple?

DORIS.

Je vous laiffe le tems d'y réflêchir. Je vais chercher ailleurs de plus folides éclairciffements. Adieu, Monfieur. Par amitié pour vous-même & pour moi, réprimez la méchanceté de vôtre langue, baiffez vôtre magnifique langage, & vous ferez un Ami charmant.

il fort.

SCENE VI.

DU PINDE *feul.*

Que ces Marins font lourds & groffiers! Doras a de l'efprit, on n'en fauroit dis-
conve-

convenir, mais c'eſt un froid moraliſeur! Que
ſon retour me rend infortuné! Du faîte de la
félicité, il me précipite dans un abîme de déſeſpoir. Sur le point d'épouſer Melinde, ce
funeſte malheur me prive d'un objet que j'a-
dore. Cachons nôtre honte & nôtre déſeſpoir
aux yeux de l'Univers ... Allons-nous retirer
dans quelque déſert, gémir au milieu des Fau-
nes & des Sylvains ... Mais non, il eſt d'une
grande ame d'affronter les malheurs. Muſes,
vous ferez deſormais mes uniques délices.

SCENE VII.

MELINDE, DU PINDE.

MELINDE.

Il faut nous ſéparer, il faut rompre tous nos
liens. Ainſi le veut le ſort, ainſi l'exige
mon devoir. Cher du Pinde, recevez pour
la derniére fois un titre ſi doux. Que mes
larmes vous apprennent, combien il m'en coute
de vous dire un éternel adieu. Evitez deſormais ma préſence.

DU PINDE.

Chaque mot eſt un coup de poignard que
vous portez dans mon ſein. Que je ſuis malheureux!

MELINDE.

Je ſuis plus à plaindre que vous. L'Etude

vous

vous occupe, & le Monde peut vous diſtraire ; mais moi, j'eſſuye en un jour les plus gran- des révolutions de la vie, & je finis par perdre un Amant que j'adore pour retrouver un mari que je dois aimer.

DU PINDE.

Le mal eſt-il ſans reméde ?

MELINDE.

Vous avez vû Dorus : c'eſt tout vous dire. Je vous ai fait connoitre toute la foibleſſe de mon cœur. Eſtimez-moi aſſez pour ne pas attendre de moi le moindre égarement dans ma conduite.

DU PINDE.

Eh bien ! Madame, ſouvenez vous au moins, que j'eus pour vous la plus forte tendreſſe, & que je vous adorerai juſqu'au dernier ſoupir de ma vie dans un reſpectueux ſilence.

MELINDE.

Tâchez de m'oublier.

DU PINDE.

Vous exigez l'impoſſible.

MELINDE. *le regardant tendrement.*

Du Pinde, qui l'auroit dit ?

DU PINDE.

Melinde, qui l'auroit crû ?

MELINDE.

Ô miracle d'amour !

DU PINDE.

O ! comble de miſéres !

ME-

MELINDE.

Hélas! que d'efforts me coûtera un rigou-
reux devoir!

DU PINDE.

Aimons-nous toujours, Madame.

MELINDE.

Qu'osez-vous me propoſer? Adieu; du
Pinde. Adieu à jamais.

DU PINDE.

Je me meurs d'amour & de déſeſpoir. Viens
Phœbus, viens à mon ſecours!

*Ils ſe retirent, chacun de ſon côté, dans la
couliſſe en ſe ſuivant amoureuſement des
yeux le plus longtems qu'ils peuvent.*

Fin du quatriéme Acte.

ACTE V.

SCENE PREMIERE.

LE MARQUIS *ſeul.*

Ouf! je viens d'avaler une poudre contre la
frayeur, mais c'eſt l'Onguent Miton-
Mitaine. J'en aurai ſurement la mort, ...
Helas, peut-être cette frayeur m'eſt elle ſalutaire. Ma nourrice me diſoit autrefois, que
le Ciel nous envoye ſouvent des revenans pour

nous

nous faire rentrer en nous-même. Il en faut toujours revenir aux fentences des Nourrices, on fe les rappelle jusques qans la vieilleffe. Je penfe donc que le fort irrité par tout le fang que j'ai repandu à la guerre, & fâché du ftratagème dont je viens de me fervir pour tromper Melinde, m'a mis l'ombre de Dorus à dos, pour amortir mon grand courage. Suivons, fans regimber, la voix qui nous appelle. Je chérche pour cet effet Mademoifelle Serpentine. Cette fille eft bien avec tous les Saints du Calendrier. Je veux lui demander fa protection pour avoir entrée dans les pieufes Congrégations des ames dévotes . . . Mais qu'entens-je? Seroit ce encore le fpectre? Non, je refpire. C'eft elle-même.

SCENE II.

SERPENTINE, LE MARQUIS.

SERPENTINE.

Qu'avez-vous, Monfieur le Marquis? Vous paroiffez tout émû. Ma préfence vous effraye-t-elle?

LE MARQUIS.

Rien n'effraye le Marquis du Carnage.

SERPENTINE.

Eh! qu'y a-t-il donc? Vous n'êtes point

R　　　　　comme

comme vous avez coutume d'être. Seriez-vous
dans les mêmes sentimens de du Pinde, qui
me regarde comme un objet odieux, & que
tous mes soins ne peuvent guerir des préjugés
que l'Esprit malin lui suggère contre moi. Ah!
je joue de malheur avec les hommes!. Qu'on
feroit à plaindre, si on n'avoit pas devers soi l'a-
mitié du Ciel! · · · *elle pleure.*

LE MARQUIS.

Qui vous dit, que vous m'étes odieuse?
Vous vous mettez une vision, une chimére en
tête, & vous partez de là pour faire une sortie
sur moi.

SERPENTINE.

Hélas! je ne sçai que trop comment sont
faits les hommes du siécle; je le vois bien à du
Pinde qui me hait.

LE MARQUIS,

Mais laissez donc là vôtre du Pinde. Je vous
assure que, bien loin de vous haïr, j'allois vous
chercher pour vous demander vôtre amitié,
vos conseils, & vos secours.

SERPENTINE.

Paroles emmiellées, discours ordinaires des
hommes, qui ne me séduisent point. Du Pinde m'a parlé autrefois sur le même ton, mais
aujourd'hui que ce vient au fait & au prendre..

LE MARQUIS.

Mort de ma vie! encore un coup, il n'est pas
question ici de du Pinde. SER-

SERPENTINE.

Oh! il n'en est que trop question pour moi. L'Infidéle m'aimoit autrefois; au moins m'a-t-il donné lieu de le croire, mais maintenant cette folle de Melinde lui fait tourner la tête.

LE MARQUIS.

J'enrage.

SERPENTINE.

Mais si l'on pouvoit lire dans le cœur . . .

LE MARQUIS.

Mademoiselle, voulez-vous m'écouter ou non?

SERPENTINE.

Volontiers. Voyons.

LE MARQUIS.

Laissez donc là vôtre du Pinde, & sachez que, pour épargner le sang des hommes, je ne veux plus continuër le métier de la guerre. J'en ai été détaché d'une maniére presque miraculeuse. Le brave Dorus est revenu de l'autre monde, & m'est apparu pour opérer ma conversion. Une Armée de cent mille combattans ne m'auroit point fait peur; & la plûpart des Puissances de l'Europe savent que le Marquis du Carnage ne craint pas les hommes; mais, je vous avoue que lorsqu'il s'agit de lutter contre des spectres, le courage me manque.

SERPENTINE.

Vous m'étonnez, Monsieur. L'ombre de Dorus vous est apparuë? Ah! si du Pinde, pouvoit avoir une semblable apparition pour le ramener vers moi . . . Mais, c'est un ingrat incorrigible.

LE MARQUIS.

Encore du Pinde! Ecoutez donc Mademoiselle; cet évenement singulier a fait une telle impression sur moi, que j'ai résolu de quitter le monde & de me faire Capucin.

SERPENTINE.

Capucin! le Ciel en soit béni. Petite Brebis égarée, venez rentrer dans le bercail des fidéles, dont vous avez deserté pour vous jetter à corps perdu parmi les Loups de ce Monde pervers.

LE MARQUIS.

Comme je sai que vous êtes en bonne odeur chez les bonnes Ames qui ont troqué le Monde contre la retraitte, je viens vous prier d'avoir pitié d'un Pécheur contrit, de me prendre sous vos auspices, de me faire ouvrir les portes des saintes Cellules, & recevoir au nombre des gens de bien.

SERPENTINE.

Ah! mon Frère, que je serois heureuse si vôtre bonne opinion étoit véritable!

LE

LE MARQUIS *à part.*

Comment diable ! elle m'appelle déja son frère.

SERPENTINE.

Je ne suis encore qu'une foible Novice dans cette douce Communauté. Mais, quoiqu'il en soit, vos sentimens me charment, & je sens déja que je vous aime.

LE MARQUIS.

Que je suis heureux ! Je me jette à corps perdu entre vos bras, & je m'abandonne à votre direction.

SERPENTINE.

Vous êtes un tout autre homme. Je vous trouve fort aimable comme cela.

à part.

Puisqu'il n'y a pas moyen d'avoir du Pinde, ce Marquis-ci seroit assez mon fait.

LE MARQUIS.

Que me conseillez vous, de me faire ou Capucin, ou Hermite ? Qu'est-ce qui feroit le plus vîte mon affaire . . . là . . .

SERPENTINE.

Ni l'un, ni l'autre. En vous faisant Hermite, le Malin viendroit encore vous tenter dans le désert.

LE MARQUIS *tremblant.*

Ma chére sœur, ne m'en parlez donc pas.

SERPENTINE.

Si vous prenez l'habit de Capucin, je ne

pour.

pourrai pas vous voir pendant votre Noviciat,
& vous avez befoin de mes confeils.

à part.

En acquérant la gloire d'avoir opéré une con-
verfion, j'obtiendrai en même tems un mari.

LE MARQUIS.

Que faudra-t il donc que je faffe, ma chére
Directrice?

SERPENTINE.

Il faut refter dans le Monde; votre conver-
fion n'en fera que plus méritoire. Pour bien
faire, il faudroit commencer par fortir de cet
état de garçon qui eft un état de perdition. Ce
feroit là le premier pas que vous feriez dans
votre nouvelle carriére.

LE MARQUIS.

Moi, me marier? Le mariage me feroit
retomber plus que jamais dans le Monde.

SERPENTINE.

Point du tout. Le mariage eft un reméde
qu'il faut prendre avec toutes fortes de précautions, fi vous ne voulez pas qu'il opére à con-
tre-fens. Je ne veux pas auffi que vous épou-
fiez une de ces Créatures mondaines, qui courent les bals & les fpectacles. Il faut choifir
une perfonne fage, adonnée uniquement aux
éxercices de piété, & qui ne fréquente que des
gens chez lesquels la grace opére.

LE

LE MARQUIS.

Où trouver un pareil tréfor ? Les femmes
de bien font fi rares. Et d'ailleurs voudroit-on
de moi, vieux pécheur ?

SERPENTINE.

Une fille pieufe préferera toujours un vieux
pécheur repentant à un jeune dévot dont la vocation n'eft pas encore décidée.

LE MARQUIS.

Ah ! Mademoifelle, ne feriez-vous pas cette
fille de bien ?

SERPENTINE *à part.*

Cela va bien. Tâchons de conclure avec celui-ci, quand ce ne feroit que pour me venger
de l'autre. *au Marquis en foupirant.*
Hélas ! mon frére, je fais tous mes efforts
pour la devenir.

LE MARQUIS.

Tâchez donc d'aquérir le mérite de ma con-
verfion.

SERPENTINE.

Que ne feroit on pas . . . .

LE MARQUIS.

Ah, chafte Serpentine ! Ah, ma fœur ! Ex-
pliquons-nous en termes moins ambigus. J'aime les courtes expéditions, je tiens encore cela du militaire. Seriez-vous affez charitable,
affez réfignée, pour vous charger de moi ? Vous
êtes fille, je fuis garçon ; vous êtes dévote, je

veux le devenir; vous cherchez à faire une œuvre méritoire en convertissant un pécheur, je
suis ce pécheur tout trouvé.

SERPENTINE.

Je ne rejette point l'offre que vous me faites. Mais quoique les mariages entre gens re-
ligieux soit un état d'austérité, il faut pourtant que l'amour y entre. Nous saurons con-
cilier tout cela. Vôtre cœur vous parle-t-il en
ma faveur ?

LE MARQUIS *se jettant à ses pieds.*

Ah! Mademoiselle, je vous adore indépendamment de vôtre caractére de Convertisseuse,
& je sens qu'en se mariant le spirituel n'est pas
nôtre unique objet.

SERPENTINE *le relevant.*

Si cela est, j'accepte vôtre proposition; & je
veux bien vous avouër que j'ai toujours eu une
douce prédilection pour vous : vôtre état, vos
juremens, vôtre vie dissolue, tout cela m'a-
voit rebuté; mais maintenant que je trouve
dans vous un changement si avantageux, je ne
balance point à vous donner ma main . . .

LE MARQUIS.

Que je suis heureux! Je gagne le Ciel par
un chemin bien agréable.

SERPENTINE.

C'est au moins un engagement solemnel &
& irrévocable que vous venez de prendre avec
                                    moi.

moi. Il faudra commencer d'abord par quitter le service, vous défaire de ces habits chamarrés, & en choisir de modestes. Je vous donnerai aprés cela un Directeur & un Confesseur de ma main, qui sont des Anges tout purs, & qui vous guideront dans la voye de la Vertu. Vous renoncerez ensuite à toutes les Compagnies mondaines, & nous vivrons ensemble comme deux tourterelles.

LE MARQUIS.

Je suivrai exactement vos conseils; je me sens déjà une espece d'extase.

SERPENTINE.

Je suis curieuse de sçavoir ce que du Pinde dira de tout ceci, s'il ne sera pas un peu piqué.

SCENE III.

SERPENTINE, LE MARQUIS, DORUS.

LE MARQUIS.

Ah! voilà encore l'ombre de Dorus qui vient me persécuter.

Il se cache derrière Serpentine.

SERPENTINÉ.

Ouï, c'est lui-même. Nous sommes perdus.

LE MARQUIS.

Je vous conjure, ma divine Serpentine, d'em-

ployer

ployèr tout vôtre crédit pour nous délivrer de
ce vilain fpeĉtre-là.

Serpentine fait des fignes.

Cela n'aide point encore. Plus fort. Dou-
blez la dofe. Parlez. Vous allez voir qu'il
va difparoitre.

*Serpentine fait trois tours autour de
Dorus, & marmotte quelques mots.*

DORUS.

Ces gens-là font devenus fous indubitable-
ment. Dites-nous, je vous prie, à quoi fervent ces fimagrées & toutes ces exttavagances?

LE MARQUIS.

Ecoutez: il parle.

SERPENTINE.

Ombre errante, je vous conjure & vous ordonne de difparoitre à nos yeux, & de quitter
pour jamais ce féjour.

DORUS.

Quel jargon eft le vôtre? Pourquoi m'appellez-vous une Ombre? Pourquoi vouloir me
bannir de ma propre maifon?

SERPENTINE.

C'eft que nous n'aimons pas à habiter avec
des Efprits?

DORUS.

Faìtes-vous faigner; c'eft le meilleur confeil que je puiffe vous donner. Vous verrez
aprés que je fuis votre ancien ami Dorus, en
per-

personne, qui ne fait que d'arriver d'un voyage dangereux.

SERPENTINE.

Seroit-il bien possible ? Mais non, cela ne
se peut pas . . . . Il faut pourtant prendre
courage. Ah ! je veux tâter moi.

> *Elle s'aproche comiquement de Dorus,*
> *& aprés l'avoir touché, elle s'ecrie.*

Ah ! c'est de la chair toute pure. Je ne
m'y trompe pas.

LE MARQUIS.

Ce seroit bien le diable.

> *Il se redresse, & les bras lui tombent.*

DORUS.

Que je suis charmé de vous revoir, mes
chers Enfans ! venez que je vous embrasse.

> *Ils font encore des gestes pour marquer*
> *leur surprise, & pour donner à con-*
> *noitre qu'ils ne s'y fient pas. A la fin*
> *ils embrassent Dorus en tremblant.*

SERPENTINE *à part.*

Puisque Dorus n'est pas mort, j'ai été trop
vite en besogne : du Pinde ne peut plus penser
à Melinde.

LE MARQUIS *à part.*

Ma foi, j'ai eu une terreur panique. Ceci
change la these.

DORUS.

Et par quel heureux hazard, vous trouvez-
vous ici l'un & l'autre ?　　　　SER-

SERPENTINE.

Nous venons de prendre un engagement,
Monfieur & moi.

DORUS.

Peut-on favoir de quelle nature il eft?

SERPENTINE.

Oh! de nature très honnéte. Nous allons
nous unir par les liens facrés du mariage.

DORUS *riant.*

Je vous en fais mon compliment de tout
mon cœur. Mais yôtre deffein ne laiffe pas de
me furprendre. Vous paroiffiez autrefois
d'un caractére affez oppofé.

SERPENTINE.

Les chofes ont bien changé de face. La con-
verfion du Marquis eft décidée, & c'eft nôtre
union qui l'opére.

LE MARQUIS *à part.*

Je vois qu'une foibleffe peut conduire les
plus braves à des pas bien fâcheux.

DORUS.

Le Marquis dévot!

LE MARQUIS.

Mon cher Camarade, puis-je vous demander, fi c'eft vous même en perfonne qui êtes
venu tantôt dans cet appartement lorfque j'étois
à parler avec Madame vôtre Epoufe, ou fi
c'eft le Diable qui avoit pris vôtre figure.

DO-

DORUS.

Quelle question pour un homme sensé! Ouï, c'étoit moi-même. Il est vrai, j'ai vû quelcun qui vous ressembloit fort, s'effrayer à ma vue, & s'enfuïr en criant. Les chagrins qui me sont survenus depuis, m'ont fait oublier de demander qui ce pouvoit être.

LE MARQUIS.

Eh! bien, Camarade, c'étoit moi. Mais je ne fuyois point. Non certes. Je faisois simplement une marche forcée pour gagner la porte, & pour atteindre un Corps de mes gens, afin d'être en état de défense au cas qu'il y eut eu du danger.

DORUS.

Je suis bien fâché de vous avoir donné l'allarme.

LE MARQUIS.

Oh! je n'avois pas peur; mais je vous avoue qu'on n'est pas à son aise vis à vis d'un revenant. J'aimerois mieux me trouver à la bouche d'une Couleuvrine.

DORUS *riant*.

On pourroit donc bien vous jouër piéce.

LE MARQUIS.

Si je savois qu'un mortel fut assez osé pour me faire un pareil tour, par la mort, je vous en ferois une telle Anatomie . . .

DO-

DORUS.

Mais depuis vôtre prétendu changement,
êtes-vous toujours au service?

LE MARQUIS.

Vraiment ouï, & je suis occupé, à l'heure
qu'il est, à disposer un bataillon dont la figure
représentera le Chiffre du Roi.

DORUS *riant.*

Ha, ha, ha!

LE MARQUIS.

De quoi riez-vous?

DORUS.

De vôtre idée..

LE MARQUIS.

Elle sera sûrement approuvée par les gens
du mêtier ; malgré tout cela je veux quitter,
épouser Mademoiselle, & vivre déformais en
retraitte. Mais on verra ce que l'Etat y perdra . . . Car, sans me vanter . . . Si je
mourois . . .

DORUS.

Sachez, mon Ami, qu'il ne meurt pas d'homme qui ne se remplace. Mais voulez-vous,
qu'avec ma franchise ordinaire je vous donne
un bon conseil.

LE MARQUIS.

Eh! quoi?

DORUS.

C'est de quitter plutôt ce ton militaire que
vous affectez toujours.   LE

LE MARQUIS.

Ce ton eft refpectable.

DORUS.

Le métier l'eft; mais les grands hommes qui l'exercent, fe font refpecter par leurs actions, & non pas par un jargon affecté. Vous fa-vez qu'il y a des petits - maitres militaires, com-me il y a de petits-maitres, de ruelle.

LE MARQUIS.

Ce n'eft pas moi au moins que vous pou-vez avoir en vuë.

DORUS.

Vous ne parlez jamais de vos prouëffes, vous n'avez pas le ton dur & choquant, vous n'affaifonnez pas vos difcours de juremens inutiles, vous ne témoignez pas pour les autres honnêtes gens un mépris ridicule. C'eft le moyen d'être eftimé de tout de monde.

LE MARQUIS.

J'aurois beaucoup à répondre à tout cela, mais je ne veux plus faire les honneurs d'un métier que j'ai réfolu de quitter.

DORUS.

Souffrez donc l'un & l'autre, que je vous témoigne la joye que vôtre prochaine union me caufe, & que je vous en félicite de bon cœur . . . Mais, Mademoifelle, je ne fens pas la même fatisfaction, & la même tranquillité d'efprit que vous. J'ai trouvé un cruel chan-

gement

gement dans Melinde. Vous, qui êtes son
Amie, n'en sauriez-vous pas la cause?

SERPENTINE.

Je n'aime pas à médire de mon prochain.

DORUS.

Soyez sûr de ma discrétion, & par charité
tirez-moi de mes inquiétudes.

SERPENTINE.

Puisque ma conscience ne me permet pas
de vous dissimuler plus longtems un secret
que vous apprendrez tôt ou tard, je veux bien
vous avertir, que vôtre fidele Epouse, vous
croyant sûrement noyé, a eu dessein de se re-
marier.

DORUS.

Juste Ciel! que dites! vous? . . . Ce sera le
bruit de ma mort, si souvent confirmé, qui
l'aura séduit. Mais, sait-on avec qui elle vouloit conclure ce second hymen?

SERPENTINE.

Entre nous soit dit, c'étoit avec Mons. du
Pinde.

DORUS.

Je connois trop la vertu de Melinde, pour
qu'aucun soupçon jaloux puisse entrer dans
mon ame. Tout ce que je trouve, c'est qu'elle
s'est déterminée trop promptement. Ah! si
je puis regagner son cœur, elle me fera bientôt
oublier la foiblesse où elle est tombée. La
voici

voici justement. Que sa vûe me fait sentir de
mouvemens!

SERPENTINE.

Au moins n'allez pas lui dire que je vous
ai parlé.

SCENE IV.

MADEM. SERPENTINE, LE MAR-
QUIS, DORUS, MELINDE,
TOINON.

MELINDE.

Cher Epoux, je viens vous rendre uu cœur
que vous possédiez depuis longtems; &
qui n'est pas indigne de vous être offert de
nouveau. Rien n'étoit plus naturel que la
surprise où vous m'avez vû tantôt. Je vous
ai demandé du tems pour rappeller mes sens
éperdus, & je dois maintenant vous rendre
raison de ma conduite.

DORUS.

Ah! Madame, je vous en dispense : Il
suffit que vous m'aimiez.

MELINDE.

Non, Monsieur, c'est une satisfaction que
je vous dois autant qu'à moi-même, & qui

S   me

me mettra à l'abri de tous les mauvais discours . . . Je vous aj cru mort, Dorus , & la
nouvelle de vôtre naufrage a été confirmée
d'une maniére si positive , qu'il ne m'étoit
plus permis d'en douter. Que vous m'avez
coûté de larmes! que ma douleur étoit sincere! Au milieu de mes transports ma raison
s'est égarée, & j'ai succombé à ma foiblesse en
acceptant la main d'un honnête homme qui
me proposoit un second hymen. J'étois fon-
dée de me croire libre : si j'ai commis une
faute, je vous en demande un généreux pardon.

>   *Elle se jette à ses pieds. Dorus la releve*
>   *tendrement.*

Presqu'au moment que je venois d'engager ma
foi à du Pinde , vous êtes revenu,& vôtre présence m'a jetté dans la derniére consternation.
Je vous ai fui pour m'enfermer dans mon
Cabinet. Le sentiment de mon devoir, mais
bien plus encore l'amour, n'a pas tardé de rentrer dans mon cœur. C'est vous seul qui l'oc-
cupez maintenant.

>   DORUS *avec transport.*

Ah! Melinde!

>   MELINDE.

Si je vous parois encore coupable , j'irai
dans un Convent expier ma faute par une retraitte éternelle.   *Elle répand des larmes.*

>   Mais

Mais fi vous me rendez, cher Epoux, vôtre eftime & vôtre tendreſſe, je ferai la plus heu-reuſe des femmes.

DORUS *l'embraſſant.*

Et moi je fuis dés à préfent le plus fortuné des maris : fi j'avois un reproche à vous faire, ce feroit de vous être trop promptement. dé-terminée pour un feçond mariage.

TOINON.

Ah! Monfieur, la chair eſt fragile, & Sa-tan n'eſt pas fot.

DORUS.

Mais, chére Melinde, ne croyez pas que mon amour pour vous en foit diminué. Vous venez de réparer tout, & vous retrouvez en moi un Amant plutôt qu'un Mari.

TOINON.

Bon; la paix eſt faite, & les préliminaires font fignés.

SCENE V.

SERPENTINE, LE MARQUIS, MELINDE, DORUS, TOINON, M. DU PINDE.

DU PINDE.

Je viens, Monfieur, me juſtifier . . .

DO-

DORUS.

Monsieur, il n'en est pas besoin. Je sçai
tout. Vous avez aimé, Melinde, & vous
n'aviez pas tort, car je l'aime aussi. Vous êtes
trop honnête homme pour ne pas étouffer ces
sentimens depuis que vous me voyez de retour.

DU PINDE.

Oh! pour cela . . .

DORUS.

Ainsi approchez vous, & ne m'enviez pas le
bonheur que j'ai d'avoir fait une seconde fois
la conquête du cœur d'une Epouse chérie.

DU PINDE.

En verité, je m'en rejouïs trés sincerement.
J'ai aimé Madame, je n'oserois le niér, mais
j'aime aussi Monsieur. Vivez desormais heureux, & ne vous remettez plus en Mer. Car
ma foi, mon doux Ami, vous l'avez échapé
belle, & si vous eussiez encore tardé quelques
jours . . . Au bout du compte c'eut été vôtre faute.

DORUS.

Je vous permets de l'épouser, si je la quitte
une seconde fois pour aller combattre contre
les Algériens.

DU PINDE.

Non, voilà qui est fait, pour me consoler
de la perte de Melinde, j'irai coqueter tour à
tour avec les Muses.

SER-

SERPENTINE.

Une Mortelle n'aura donc pas le bonheur de vous ranger fous fes loix? Il n'y faut point penfer.

DU PINDE.

Non, Mademoifelle, mon cœur eft deformais infenfible à tous les traits de l'amour. Je défie Venus & fon fils de me réduire fous leur Empire.

SERPENTINE *à part.*

En ce cas-là j'époufe mon Marquis. Cela vaut mieux que rien.

LE MARQUIS.

Mademoifelle, tâchons de célébrer le retour heureux de notre Ami commun par un Acte folemnel. Concluons nôtre mariage, & que ce jour foit un jour fortuné pour tout le monde.

SERPENTINE.

J'y confens. Vous avez déjà mon cœur, recevez auffi ma main.

DU PINDE *riant à gorge déployée.*

O le bizare affortiment! Mais, mes Enfans, vous n'y penfez pas; c'eft vouloir marier l'eau & le feu.

SERPENTINE.

Point du tout. Monfieur rabattra un peu du ton militaire.

LE MARQUIS.

Et Mademoifelle un peu du ton dévot.

MELINDE.

Le Mariage alors ne fera plus extraordinaire, & je vous pronoſtique des jours heureux.

SCÈNE VI. ET DERNIERE.

LES ACTEURS PRECEDENS, CARLIN.

CARLIN.

Ah! Monſieur, j'entens que tout le monde eſt ſi content, & que tout le monde veut ſe marier. Or, rien n'eſt ſi contagieux que le mariage, & l'envie m'en prend auſſi. Je ſuis un vieux Domeſtique, & j'ai eu bien du mal en ma vie. On veut pourtant faire une fin.

DORUS.

Et avec qui voudrois-tu te marier, mon cher Carlin?

CARLIN.

Avec cette Coquine de Toinon-là, ſi elle veut m'avoir. Je ne doute point que ſon petit cœur ne lui diſe un mot pour moi. Madame, je vous en conjure, faites lui avouer tout haut ce qu'elle penſe tout bas.

MELINDE.

Qu'en dites-vous, Toinon?

TOINON.

Madame, je dis ce que les filles diſent en pareille occaſion; qu'elles ſont trop jeunes,

qu'on

qu'on a le tems d'y penſer encore, qu'il faut parler à Papa, & à Maman.

MELINDE.

La folle! je vois bien que ſon parti eſt pris.

DORUS.

Mais, mon pauvre garçon dequoi nourriras-tu la femme?

CARLIN.

J'ai envie d'aller faire fortune à la guerre. Je me ſens une vocation pour la Cavalerie, & je viens de parler à un Officier qui veut m'engager dans ſon Eſcadron.

LE MARQUIS.

Eſt-ce dans les Chevaux-legers?

CARLIN.

Oh! Monſieur, je ne les ai point peſé.

DORUS.

Quel plan de fortune! Mon Enfant, j'en ai un meilleur. Si tu épouſes Toinon, je te ferai un établiſſement avantageux dans une de mes Terres.

CARLIN.

Eh! bien, Toinon, qu'en dis-tu?

TOINON.

Snr ce pied là, Carlin, tiens, voici ma main. C'eſt un métier bien plat de reſter éternellement fille.

DORUS.

Puiſque vous êtes tous contens, ne cher-
chons

chos qu'à rendre ce jour mémorable par des
Fêtes & des réjouïffances. Que ce foit le premier d'une longue fuite de jours heureux!

DU PINDE.

Il n'y a que moi qui refte ici furnumérai-
re; mais je m'en confole. L'Etude me dédommagera amplement des plaifirs frivoles de
l'amour. Pour me diffiper, je vais me mettre à l'écart dans mon jardin, fous un Cabinet
de verdure orné de tous les dons de Flore.
Dans cet endroit délicieux je m'amuferai à
écrire une Comédie. Car en vérité, il n'y a pas,
je crois, de plus grand plaifir au monde que
de compofer une Piece de Théatre, de la voir
repréfenter par d'habiles gens, & applaudie
d'un Parterre éclairé.

Fin du cinquiéme & dernier Acte.

EMILIE,

OU

LE TRIOMPHE

DU

MÉRITE.

COMÉDIE
EN CINQ ACTES.

ACTEURS.

LISIMON.

MADAME LISIMON.

ANGELIQUE } leurs filles,
EMILIE

VALERE.

GERONTE.

LOUISON.

PASQUIN.

UN NOTAIRE.

La Sçene est à * * * dans la Maison de Lisimon.

EMILIE,
OU
LE TRIOMPHE
DU
MÉRITE.

ACTE PREMIER.

SCENE PREMIERE.
MADAME LISIMON, VALÉRE.

MAD. LISIMON.

Toutes vos fubtilités ne m'en impo-
fent poiñt. Vous pouvez avoir
vos raifons, mais j'ai les miennes,
& je veux favoir où j'en fuis.

VALERE.

Il faut donc . . . .

MAD.

MAD. LISIMON.

Ouï, Monfieur, il faut vous déclarer. Si j'avois été la Maitreſſe, je vous aurois évité l'embarras du choix, & je ſçai bien laquelle de mes filles je vous aurois donné.

VALERE.

Pourquoi, Madame, n'auriez-vous pas voulu avoir pour moi la même bonté que Monfieur Liſimon?

MAD. LISIMON.

Vous êtes trop irréſolu. Huit jours après vôtre mariage, vous ferez fâché de n'avoir pas pris l'autre.

VALERE.

On ne ſauroit trop réfléchir ſur un ſujet d'où dépend tout le bonheur de nôtre vie.

MAD. LISIMON.

Il y a bien des cas dans la vie où trop de réfléxions ne valent rien. Combien de gens n'auroient jamais fait leur fortune; combien d'hommes ne ſe feroient jamais mariés, s'ils ne s'étoient pas abandonnés aveuglement à leur deſtinée?

VALERE.

Je ne ſçai pas faire dépendre mon bonheur du hazard, je veux qu'il ſoit un effet de ma conduite; & ſi Monſ. Liſimon m'a laiſſé le choix entre ſes filles, permettez, Madame, que j'en profite. Mais, helas! c'eſt ce même choix

qui

qui déchire aujourd'hui mon cœur, & qui le
fait flotter entre les attraits d'Angelique, & le
mérite d'Emilie.

MAD. LISIMON.

Du mérite! Comment? Mes filles en ont
toutes deux.

VALERE.

J'en conviens; mais je crains . . .

MAD. LISIMON.

Quoi? . . .

VALERE.

Je crains . . .

MAD. LISIMON.

Vôtre crainte eſt impertinente . . .

VALERE.

Non, Madame, tranquillifez vous; je crains
uniquement d'éprouver cette métamorphoſe
bizarre que je remarque dans les jeunes Epoux,
& qui change fouvent l'amant le plus aimable
en un fort triſte mari.

MAD. LISIMON.

Paſſe pour cela; mais ce changement peut
vous arriver avec toutes les femmes.

VALERE.

Un homme prend toujours l'eſprit de ſa
maiſon. D'où vient qu'on voit tant de maris
devenir acariâtres, taciturnes, jaloux, avares,
chicaneurs dans leurs ménages, inſipides fron-
deurs dans la ſociété? . . .

MAD.

MAD. LISIMON.

Avec ces scrupules-là, il ne faut point se marier.

VALERE.

Non, Madame, ce n'est point là le but de ma morale. Mon dessein est pris, je renonce au célibat. Le mariage est un tribut que la Société nous demande, mais que je ne voudrois payer qu'à bonnes enseignes. Tout y depend de l'assortissement des caractéres. Si vous me voyez balancer, ce n'est que sur le choix dont Monsl. Lisimon m'honore. Vos deux filles s'emparent tour à tour de mon cœur. Pour bien approfondir l'humeur de l'une & de l'autre, & pour pouvoir mériter à mon tour de leur plaire, il faut du tems. En un mot, Madame, combien m'accordez-vous . . .

MAD. LISIMON.

Pas un jour. Je n'ai eu que trop d'indulgence pour vos scrupules. Je deviens la fable de tout le quartier. Il est rempli de mauvaises langues, qui dans leurs assemblées ne font que me déchirer. Depuis que vous avez paru ici, tout le voisinage est aux aguets. Je vois nos surveillantes du quartier, qui nous lorgnent de leurs fenêtres depuis le matin jusqu'au soir, & qui font le plongeon dès qu'elles sont apperçües.

VALE-

VALERE.

Faiſons bien, & ne craignons jamais la mé-
diſance.

MAD. LISIMON.

C'eſt bien dit; mais parlons vrai. La bien-
ſéance permet-elle que vous logiez plus longtems chez nous? N'eſt-ce pas enfermer le Loup
dans la bergerie? Dieu! qu'en croira mon Oncle, lui qui craint ſi fort le qu'en dira-t-on?
Quelle mine allongée ne fera pas ma vieille
Tante, qui avec ſon air de Mégère, & ſon menton branlant, marmotte toujours quelques mo-
ralités? Que diront tous nos grands flandrins
de Couſins, toutes nos begueules de Couſines.
En un mot comme en mille, il faut Monſieur,
ou quitter la Maiſon, ou vous déclarer en trois
heures de tems. Adieu.

elle ſort.

VALERE ſeul.

Serons-nous donc la dupe eternelle des
prejugés? Les parens pourront-ils me faire un
crime de ma prudence?

SCENE II.

VALERE, LOUISON.

LOUISON à part.

Tâchons de lui tirer adroitement les vers du
nés.   à Valere.

Je

Je vous importune peut-être? Je ferois conscience de vous interrompre dans vos douces rêveries.

VALERE.

Ah! c'est vous, Louison? Approchez, mon enfant.

LOUISON.

J'aurois bien une grace à vous demander. Vous savez que dans ce monde chacun a ses petits intérêts.

VALERE.

Eh! bien, Louison, que me voulez-vous?

LOUISON.

Hélas! la timidité a toujours été mon défaut. Tenez, le cœur me bat.

VALERE.

Eh que craignez-vous? Ai-je donc l'abord si terrible?

LOUISON.

Nenni certes, Monsieur. Vous êtes doux, poli, affable, bienfaifant, généreux. Ah! que j'ai béni le Ciel, quand je vous ai vû arriver dans la Maison! Dame, je soutiens envers & contre tous, que c'est un bonheur très rare dans ce siécle maudit, quand une Demoiselle peut obtenir un Epoux tel que vous. C'est un langage que je tiens à tout moment à ces Dames là haut.

VALE-

VALERE.

Trêve de compliméns. Vous avez l'ame charitable, Mademoiselle Louïfon, vous ex-cufez mes fautes, & vous appuyez trop fur mon peu de mérite. *à part.*
Faifons-la jafer.

LOUISON.

Il ne faut pas être forcière pour vous pré-dire, que vous n'echouërez pas auprès des Bel-les. Je connois le cœur des femmes.

VALERE.

Vous me raillez, je penfe.

LOUISON.

Non, c'eft en vérité mon férieux.

VALERE.

Mais, bref; à quoi puis-je vous être bon?

LOUISON.

En vérité! Monfieur, je ne crois pas qu'il y ait fous le Ciel un être plus tarabufté, qu'une fille de chambre, qui fert deux Maîtreffes dont les humeurs & les goûts font oppofés, dont l'une n'aime que les pompons, & l'autre les livres.

VALERE.

Le contrafte eft grand en effet: vous êtes dans le cas aparemment?

LOUISON.

Je ne dis point cela tout à fait. Mais j'ai deux Maîtreffes, dont l'une paffe la moitié de

fa

fa vie dans un grand fauteuil, vis à vis d'un miroir de toilette: j'ai l'honneur d'être la Directrice de fes graces, elle ne place pas une mouche fur laquelle je ne fois confultée. L'autre, enfoncée dans l'étude, me demande mon avis fur de favantes fornettes, qu'elle lit ou qu'elle me veut faire lire. L'une me fait fouïller cinquante tiroirs par jour, pour trouver un ruban, un bouquet; l'autre m'oblige à trotter comme un barbet pour chercher quelque bouquin.

VALERE.

Vous en faites-là des portraits paffablement ridicules, Mademoifelle Louïfon.

LOUISON.

Je ne vois point de ridicule à cela. Je peins d'après nature deux filles du monde & du bel air, mais dans des goûts differens.

VALERE.

Quoi! du monde & du bel air?

LOUISON.

Ouï, Monfieur, je vous foutiens qu'une Dame ne fauroit fe faire remarquer & goûter dans le monde, fi elle ne porte tous fes foins, toute fon étude, à tirer parti ou de fa figure ou de fon efprit. On peut briller par l'une ou par l'autre. Mais il n'y a point de milieu: malheur à ces femmes qui ne cherchent, pour ainfi dire, qu'à paffer *incognito* par la vie.

VA-

VALERE.

Pourquoi vous plaignez-vous donc de ces Dames, si vous approuvez leur façon d'agir?

LOUISON.

Mes Maitresses ont l'une & l'autre de l'esprit, des manières, & des vertus. Il n'y a que le contraste de leurs humeurs qui me désole, & qui me fera déserter un beau jour, si vous ne voulez vous intéresser pour moi, & obtenir par vôtre crédit de Monsieur Lisimon qu'on me donne une Compagne, & qu'il me permette de m'attacher à l'une de ses filles.

VALERE *à part.*

Bon, la voilà au point où je voulois l'avoir

à Louïson.

Il n'y a rien que je ne fasse pour vous obliger, ma chére Louison. Mais dites-moi à laquelle de ces Dames aimeriez-vous à vous attacher par préférence?

LOUISON.

C'est là encore un de mes grands embarras. Je les aime toutes deux. Mais vous savez, Monsieur, qu'une Suivante en s'attachant à sa Maitresse, épouse ses goûts & contracte ses inclinations. Il s'agiroit de savoir, si je serai plus heureuse en donnant dans l'étude ou dans le bel air; s'il me sera plus aisé de trouver un jour un mari petit-maitre, ou bel esprit?

à part.

Vo-

Voyons de quel côté penche la balance.

à Valere.

Vous m'avez toujours temoigné tant de bonté,
Monfieur, que j'ofe avec confiance vous demander encore vos confeils à cet égard.

VALERE.

Comment ? Vous connoiffez ces Dames
mieux que moi.

LOUISON.

D'accord : mais vous avez plus de difcernement ; je ne fuis qu'une étourdie, moi.

VALERE.

Mais, mon enfant, tout ce difcernement là,
fuppofé que je l'euffe, ne m'aidera de rien, fi
je ne connois pas le caractère de l'une & de
l'autre ; & je n'ai pas eu affez de tems pour cela.
Vous qui les fervez depuis longtems, vous en
devez favoir plus que moi. Un héros, dit-on,
n'eft point héros pour fon valet de chambre ;
y auroit-il une femme parfaite pour fa fuivante ?

LOUISON.

Parfaite, non. Qui eft-ce qui eft parfait ? Je
ne le fuis pas feulement, moi. Mais auffi que
feroit on d'une femme parfaite ?

VALERE.

Ne me chicanez pas fur les expreffions ;
vous n'entendez que trop bien ce que je veux
dire, Mademoifelle Louïfon.

LOUI-

LOUISON.

Moi; non.

VALERE.

Eh bien, je vais vous l'expliquer : perfonne n'etant parfait, chacun a fes défauts.

LOUISON.

Cela eft clair.

VALERE.

Chacune de vos Maitreffes a donc auffi fes défauts. Or, fi vous voulez que je vous donne des confeils pour vous déterminer en faveur de l'une ou de l'autre, il faudra bien que vous me difiez quels font ces défauts que vous avez remarqué, foit dans Angelique, foit dans Emilie, afin que je puiffe les comparer, & vous en dire mon fentiment.

LOUISON.

Ah! Monfieur, je n'ai pas les yeux affez bons pour remarquer les défauts de mes Maitreffes.

VALERE.

Et moi je n'ai pas l'art de lire dans le cœur des filles, pour pouvoir deviner leur caractère. Je vous baife les mains.

LOUISON.

J'ai l'honneur d'être vôtre humble fervante. N'oubliez pas de grace mes intérêts auprès de Monfieur Lifimon.

VALERE.

Je ferai mon poffible, à condition cependant que vous me parlerez tantôt plus à cœur ouvert.

SCENE III.

LOUISON *feule*.

Fin contre fin n'eft pas bon à faire doublure. Je crois qu'il vouloit me fonder, & j'avois précifément la même intention. Me voilà cependant affez embaraffée. Il eft un certain Monfieur Geronte, qui tout fraichement débarqué de la Chine, en a rapporté des millions, à ce qu'on dit. Je remarque qu'il fait les yeux doux à mes Maitreffes. Si tout alloit felon mes vœux, je voudrois qu'il put époufer Angelique. Un Millionaire & une femme qui aime la dépenfe, cela quadreroit bien. Il y auroit bien là quelque revenant bon pour la fuivante. On peut encore gagner quelque chofe avec ces Indiens ; mais avec ces jolis hommes, tel que Valere, il y a peu de fortune à faire. En tout cas Valere pourroit s'accommoder d'Emilie.

SCENE

SCENE IV.

EMILIE, LOUISON.

EMILIE.

N'avez-vous pas vû mon Pére ici?

LOUISON.

Non, Mademoiselle. Le bon homme n'a pas encore paru; il est sans doute enchainé à son bureau vis à vis de Monsieur son Fermier, revoyant ses vieux comptes, & faisant l'inventaire de ses dindons.

EMILIE.

Vous vous émancipez sans cesse à tourner en ridicule un homme auquel vous devez tant de respect; sachez, Louïson, que bien loin de me faire par là vôtre cour, je desapprouve fort une pareille liberté, & vous me ferez plaisir de ne dire desormais en ma présence que du bien, d'un pere qui mérite autant que lui mon amour & ma vénération.

LOUISON.

Vous n'êtes pas aujourd'hui de bonne humeur, Mademoiselle.

EMILIE.

Je crois que mon humeur est toujours assez égale.

LOUISON.

Avez-vous quelque chagrin?

EMILIE.

Non. T 4

LOUISON *à part*.

Je vais la prendre par son foible.

à Emilie.

Vôtre Relieur vient de raporter les Livres.

EMILIE.

Vous pouvez les ferrer.

LOUISON.

Il y en a plus de trente, ils font fort pro-
prement reliés.

EMILIE.

Tant mieux.

LOUISON.

Ne voudriez-vous pas les voir?

EMILIE.

Non pas maintenant.

LOUSON.

Ils font dorés fur tranche & partout.

EMILIE.

C'eft le moindre de mes foucis, pourvû
qu'ils renferment de bonnes chofes.

LOUISON.

Vous avez peut-être un peu de migraine.
Voulez-vous, pour vous diftraire, que je vous
life là un petit Chapitre dans ce livre qui peint
fi drôlement les femmes?

EMILIE.

Je ne fcais ce que vous voulez dire.

LOUISON.

Oui, là, vous favez bien, cet Auteur qui difoit

foit entr'autres; *qu'il faut juger des femmes de-*
puis la chauſſure juſqu'à la coëffure excluſivement,
à peu près comme on meſure le poiſſon entre queuë
& tête.

EMILIE *ſouriant.*

Ah! la Bruyére.

LOUISON.

Eh bien, ne l'avois-je pas dit que ce la Bruyére vous rendroit votre gayeté?

EMILIE.

Vous vous trompez, Louiſon. Le goût que
j'ai pour l'étude n'eſt pas une paſſion. Je lis
pour m'inſtruire, pour prévenir l'ennui, &
pour n'être pas contrainte d'avoir recours à
des amuſemens frivoles.

LOUISON.

Je n'y ſcai donc point de reméde. Je ne
me ſens pas en train de vous réjouir par une
dépenſe d'eſprit tirée de mon propre fonds.
J'ai trop de choſes en tête, & tantôt ce Monſ.
Valére m'a auſſi miſe de mauvaiſe humeur.

EMILIE *vivement.*

Quoi! Valére! Où l'avez-vous vû?

LOISON.

Ici.

EMILIE.

Eh, qu'y venoit-il faire ſi matin?

LOUISON.

Apparemment qu'il y cherchoit Mademoiſelle Angélique. T 5 EMI-

EMILIE.

Quoi, ma fœur?

LOUISON.

Mais je le juge ainfi. Tout le monde dit qu'il eft venu pour l'époufer; & en vérité je doute qu'en la voyant il ait changé de deffein.

EMILIE.

Il vous a donc fait là-deffus quelque confidence?

LOUISON.

Lui des confidences? O! non. Il eft fur ces fortes de matiéres d'une réferve à défefpérer.

SCENE V.

EMILIE, LOUISON, ANGELIQUE,
en Cornettes & en négligé.

ANGELIQUE *riant.*

Bon-jour ma Sœur. Vous me voyez rire encore de notre fouper d'hier; je n'en puis revenir. Affortiment bizarre de Conviés! Façon mauffade de fervir! Mauvais ton de converfation!

EMILIE.

Ayons, ma chére Sœur, quelque indulgence pour des hôtes, qui fans avoir beaucoup de goût, nous ont reçués avec toute la cordialité poffible.

ANGE-

ANGELIQUE.

Un peu moins de bon cœur, & un peu plus de choix, n'y auroit rien gâté. Je renonce à tous les soupers du monde, s'ils ne sont gais, si l'on n'y médit un peu, si l'on n'y lâche pas le mot pour rire.

EMILIE.

J'en conviens.

ANGELIQUE.

Ce qui faisoit mourir d'ennui hier, me paroit bien comique aujourd'hui. Nos bonnes vieilles gens qui mangeoient & buvoient comme quatre, toujours se plaignant de la misere du tems; Ariste, qui nous étaloit sa profonde science dans l'histoire, qu'il a apprise au theâtre; Lisidor, qui déclamoit ses Odes à la glace; l'Abbé, grand puriste, qui le reprenoit sur ses phrases, & déclaroit la guerre aux mots & aux paroles; Araminte, qui sous un air devot tiroit des brocards insipides sur la moitié des femmes de la ville; mon Oncle, qui se rappelloit agréablement ses bonnes fortunes de cinquante ans.

EMILIE.

Le beau tableau! Continuez, ma Sœur, voilà qui va à merveille.

ANGELIQUE.

Oui, n'oublions pas, que tout ce galimathias fut agréablement relevé par une demi-

dou-

douzaine d'anciennes chanſons basques, que
nous chanta d'une voix rauque & en nazillant,
le vieux Conſeiller au Parlement.

LOUISON.

Sans vous interrompre, Mademoiſelle,
quelle robe & quelle coëffure mettrez-vous au-
jourdhui? Il commence à ſe faire tard.

ANGELIQUE.

Vous êtes bien preſſée. Je 'n'y ai pas encore penſé. Un fauteuïl.

Louïſon aporte deux fauteuïls.

ANGELIQUE.

Aſſeyons nous, ma ſœur; auſſi bien l'ennui d'hier au ſoir m'a donné la Migraine.

EMILIE *s'aſſayant auſſi.*

Ma tête n'eſt pas ſi délicate. Je tâche de
m'amuſer avec tout le monde.

ANGELIQUE *d'un ton indolent.*

Mes Nœuds.

LOUISON.

Les voici, Mademoiſelle.

ANGELIQUE.

Quoi, la petite navette! Mais, ma chére, tu
ſens bien qu'il n'y a plus moyen de travailler
avec cette navette là. Si quelqu'un entroit, cela
me donneroit du ridicule.

LOUISON *aporte une grande navet-*
te, & Angelique fait des noeuds.

EMI-

EMILIE.

Valere me parut hier beaucoup plus férieux qu'à fon ordinaire.

LOUISON.

Cela n'eft pas furprenant. Je crois qu'il y a actuellement deux amours à la fois dans fa tête qui fe font la guerre, & qui veulent fe détruire l'un l'autre. Il y a bien là dequoi devenir rêveur.

ANGELIQUE.

A propos, ma fœur, quels progrès faites-vous fur le cœur de Valere? On dit que mon père lui a laiffé le choix entre nous deux. Ainfi nous voilà rivales.

EMILIE.

Vous êtes l'ainée, ma chère fœur; & je ne fuis pas affez fimple pour ne point m'appercevoir de tous les avantages que la Nature vous a donné fur moi du coté de la beauté & de fes charmes. Il feroit imprudent de lutter contre vous.

ANGELIQUE.

Fort obligée du compliment. Mais, ma chére Emilie, quand vous m'enleveriez cette Conquête, je n'en ferois point fâchée.

à Louïfon.

Mon miroir !

EMILIE.

Valere cependant ne me paroit point un

parti

parti à méprifer. Il a du bien, de la naiffance, & du mérite.

Louïfon apporte une petite table avec un miroir de toilette, qu'elle place à côté d'Angelique.

ANGELIQUE.

J'en conviens. Mais il n'eft pas le feul dans le monde qui ait ces qualités-là, & fans me flatter je crois que je trouverai un mari quand je le voudrai. Ainfi, fi Valere vous préfére, je ne porterai aucune envie à vôtre bonheur... J'ai les yeux battus.

LOUISON.

Ma foi, il faut être bien fure de fon fait.

EMILIE.

Voilà qui eft généreux.

ANGELIQUE.

Je n'ai jamais regardé l'hymen comme un ouvrage de l'amour, mais comme celui de la raifon. C'eft un établiffement qu'on fait, pour avoir un état, un nom, une maifon, & pour éviter le ridicule que le préjugé attache à l'état de vieille fille.

EMILIE.

Vous n'aimerez donc point vôtre mari? En vérité, je ne vous connoiffois pas cette façon de penfer là.

ANGELIQUE.

Pardonnez-moi. Je l'aimerai comme le

meil-

meilleur de mes amis, s'il s'en rend digne . .
mon rouge! mes mouches!

EMILIE.

Et que deviendra votre cœur? Seriez-vous
capable d'en difpofer en faveur d'un autre.

Louïfon apporte le rouge & les mouches.

ANGELIQUE.

Non. Je fuis incapable d'aucun fentiment
qui puiffe bleffer la vertu. Mais je ne me fens
aucune difpofition à aimer perfonne. J'efti-
merai un mari, comme je le dois, je vivrai dans
le monde, j'y déployerai tous les avantages
que la Nature m'a donné du côté de la beauté,
je ne ferai pas fâchée de me procurer des Ad-
mirateurs, je me divertirai à faire des jalou-
fes, à enlever les Amans aux Coquettes, je ne
donnerai mon cœur à perfonne, & du refte je
jouïrai de la vie, fans avoir jamais aucun reproche à me faire.

Elle met un grand affaffin.

EMILIE.

Ce plan-là me paroit fort dangereux. Il
faut être bien fûr de foi, pour vouloir toujours marcher à côté du précipice.

LOUISON.

Mes-Dames, le tems fe paffe: ne fongerez-
vous point à vous habiller.

ANGELIQUE *fe levant.*

Vous avez raifon, entrons dans mon Cabinet.

LOUI-

LOUISON.

Mais que mettrez-vous?

ANGELIQUE *prenant le miroir.*

A bien considérer les choses, je crois que
l'air languissant ne m'ira pas mal aujourd'hui.
Je me coëfferai eu *choux surmonté d'un Lapin;*
& je mettrai ma robe blanche avec la garniture gris-de-lin.

LOUISON.

Et demain, voulez-vous avoir l'air vif?

ANGELIQUE.

Ouï; & vous me préparerez ma coëffure *en
Rinoceros,* avec mes agrémens couleur de Souci.

LOUISON.

Et vous, Mademoiselle Emilie, avez-vous
quelque ordre à me donner?

EMILIE.

Non. Je suis habillée, & j'en suis charmée.
Je ne change pas mon air tous les jours.

ANGELIQUE.

Adieu, ma Sœur. Jusqu'au revoir.

Elle sort avec Louison.

SCENE VI.

EMILIE *seule.*

Plus je m'examine, & plus je trouve de changement dans mon cœur. Je rougis du désordre que j'y sens régner. Quoi! cette raison
que

que je croyois si forte en moi, n'a donc pû
me garantir d'être sensible! Faut-il parce que
Valere a du mérite, que j'en sois touchée?
Et qui sait si je n'aime pas un ingrat? Que deviendrai-je s'il préfére ma Sœur!

SCENE VII.

EMILIE, LISIMON.
LISIMON.

Eh! quoi, ma fille, je vous trouve seule?
Vous paroissez émuë, vos yeux sont
mouïllés: qu'avez-vous?

EMILIE.

Moi, mon pére? hélas! rien.

LISIMON.

Non, non, je remarque depuis quelques
jours que vôtre ame est violemment agitée,
& je voudrois en savoir la cause.

EMILIE.

Vous savez, Monsieur, que l'esprit des filles est journalier.

LISIMON.

Vous n'êtes point fille à cet égard. J'ai
toujours été charmé de l'égalité d'humeur &
de la sérénité d'ame que j'ai vû régner chez vous.

EMILIE.

Que cet éloge est flatteur dans vôtre bouche!

LISIMON.

Je sçai que mon aprobation vous a toujours

V   été

été chere, mais vous favez auffi que dès vôtre plus tendre enfance je vous ai donné plus de marques de mon amitié fincere, que de mon autorité paternelle. Ma façon d'agir auroit dû, ce me femble, vous infpirer plus de confiance, & vous devriez m'ouvrir vôtre cœur comme au meilleur de vos amis.

EMILIE.

Ah! mon pére, foyez perfuadé que fi j'avois quelque chagrin fecret, je vous le découvrois, ou je le cacherois à moi-même.

LISIMON.

C'eft une défaite, ma chére Enfant. Vôtre inquiètude eft peinte dans vos yeux.

EMILIE.

Permettez-moi donc que je tâche de me calmer, & que j'ofe vous quitter un inftant. Mon Maitre de Mufique m'attend, fes leçons pourront me diftraire, & vous me trouverez tranquille à mon retour.

LISIMON.

Chanfons, ma fille, que tout cela. Non, vous ne m'échaperez point. Je veux favoir la caufe de l'ennui que je vous vois; & depuis que Valere . . .

EMILIE avec vivacité.

Valere. Eh! mon Dieu Valere ne fait rien à tout ceci. Croyez-vous que Valere foit capable de porter le moindre changement dans mon ame?   LISI-

LISIMON.

Là, là, tout doucement. Cette vivacité
avec laquelle vous prononcez son nom ne quadre
pas trop bien avec l'indifference que vous affectez.

EMILIE.

Ai-je donc dit quelque chose qui ne fut pas
bien ? Hélas ! depuis quand, mon cher pére,
repandez-vous sur mes discours une amertume
qui en corrompt l'innocence.

LISIMON *souriant*.

Non, ma chere Emilie, vous n'avez rien dit
que je puisse blâmer ; mais la Nature vous a
trahie dans vôtre ton. Je vois que Valere vous
est odieux. Depuis son arrivée vous n'êtes plus
la même. Mon amitié pour vous me rend at-
tentif à tout ce qui peut vous plaire ou vous
déplaire.

EMILIE.

Mon Dieu, vous me donnez la mort en me
parlant toujours de Valere.

LISIMON.

Je vais donc l'éloigner. Il partira dès demain, puisque vous haïssez jusqu'à son nom.

EMILIE.

Mon cœur est incapable de haïr personne.
Vous me connoissez mal.

LISIMON.

Je vous connois mieux que vous ne croyez.

Votre

Votre façon folide de penfer vous donne un trop grand penchant pour le Célibat, & vous êtes affez clairvoyante pour remarquer que Valere n'eft pas ici pour rien.

EMILIE.

Mais vous allez faire un affront cruel au pauvre Valere, en le faifant fortir ainfi du logis.

LISIMON à part.

Ha, ha! je m'en doutois.

à Emilie.

Puisqu'il vous déplait, il faut bien que j'aye cette complaifance. Vôtre Sœur en fera fort fâchée . . .

EMILIE l'interrompant.

Croyez-vous que ma Sœur & Valere s'aiment?

LISIMON.

Je n'en fçais rien, mais . . .

EMILIE.

Et moi je n'en crois rien.

LISIMON.

Je vais vous coufier tous mes deffeins. Vous favez que les liens du fang m'attachent au pére de Valere, qui va laiffer un jour à ce fils une fortune éclatante. Il y a longtems que ce Vieillard m'a demandé une de mes filles pour ce fils qu'il idolâtre, & dont l'éducation a fait tout l'objet de fes foins. La Nature femble a-voir formé ces nœuds, mais je n'ai pas voulu
les

les ferrer avant de connoître Valere, & de favoir fi votre goût, ou celui d'Angelique, approu-.
veroit mon choix.

EMILIE *à part.*

Hélas! chaque mot eſt un. poignard qui
s'enfonce dans mon ſein.

LISIMON.

Il eſt venu. Son air, ſon eſprit, ſes talens,
ſes vertus, m'ont charmé. Je lui ai laiſſé le
choix entre vôtre Sœur & vous. Mais, hélas!
mon eſpoir & ma joye ſont vains. Angelique
le traitte avec indifference, & vous le haïſſez.
Je le renvoye.

EMILIE *répandant des larmes.*

Ah! Monſieur, qu'allez vous faire!

LISIMON.

Vous obliger.

EMILIE *ſe jettant à ſes pieds.*

Non, mon père, je ſerois indigne de vos
bontés, ſi je voulois vous diſſimuler mes ſentimens. Permettez que je répande dans vôtre
ſein les ſecrets de mon cœur. Mais quel aveu
vais-je vous faire! J'en rougis, & mes larmes
doivent vous prouver combien il m'en coûte.

LISIMON.

Levez-vous, ma fille, & ne craignez point
de me découvrir vôtre ame.

EMILIE.

He bien! mon père, puisqu'il faut vous l'a-

V 3   vouër,

vouer, j'aime Valere, en faisant tous mes efforts
pour cacher cette foiblesse à tout le monde, à
vous, à moi-même & à mon amant.

LISIMON.

Approchez, ma chére fille, venez embrasser
un pére à qui vous donnez la consolation la
plus grande qu'il pouvoit recevoir dans sa
vieillesse.

EMILIE.

Que vous calmez mon esprit ! Ah ! je ne
vous parois donc point coupable ?

LISIMON.

Non. Un amour vertueux, fondé sur la
raison, & appuyé des suffrages d'un pére, ne peut
que mériter l'approbation du monde & les faveurs du Ciel.

EMILIE.

Vous me rendez la vie ; mais que je prévois encore d'obstacles à mon bonheur ! La
beauté d'Angelique, la prédilection que ma
Mére témoigne pour cette Sœur, l'incertitude
du penchant de Valere, tout me cause aujour-
d'hui des allarmes & des inquiétudes.

LISIMON.

Mon enfant, le plus grand obstacle est levé
pour moi. Je suis sûr de tes sentimens, & me
voilà tranquille. Déjà depuis long tems mon
cœur se déclarant pour toi, te destinoit à Valere. Ton aveu comble mes souhaits. Le
tems,

rems, la raison, mes soins & le Ciel, feront le reste.

Fin du premier Acte.

ACTE II.

SCENE PREMIERE.

LOUISON, PASQUIN.

LOUISON.

Quelle heureuse rencoutre!

PASQUIN.

Ainsi va le monde : les hommes se rencontrent, mais les clochers ne se rencontrent pas.

LOUISON.

Que je vous examine un peu, Monsieur Pasquin. Vous n'avez pas beaucoup changé, hors ce teint qui me paroit rembruni.

PASQUIN.

C'est l'effet d'un coup de Soleil que j'attrapai sous la Ligne. Peste! si tu voyois ce Soleil là . . . Quand nous fumes au troisième degré, à la hauteur de Madagascar . . .

LOUISON.

Il y fait bien chaud, je pense.

PASQUIN.

Chaud en diable. Oh! par ma foi, j'étois frit comme une carpe. Il est surprenant qu'il

m'en foit refté de fi belles couleurs . . . Car
fans vanité j'ai eu quelques bonnes fortunes à
la Chine, moi qui vous parle, & la femme
d'un certain Mandarin . . . Mais il ne faut
pas être indifcret dans ce monde. Oh! nous
avons fait tourner plus d'une tête Chinoife,
mon Maitre & moi.

LOUISON.

Mais ces Mandarines-là font-elles auffi géné-
reufes? Etes-vous revenus riches ou gueux de
la Chine?

PASQUIN.

Qu'appellez - vous gueux, Mademoifelle
Louifon? Parlez avec plus de refpeſt à un ma-
rin tel que nous. Si vous aviez vû feulement
les Pacotilles que j'ai rapporté de ce voyage,
par la mort-bleu, vous tiendriez un autre
Langage . . . Voyez donc un gueux? Savez-
vous bien que c'eſt le plus grand affront que
vous pouvez faire à un homme qui revient de
Nanking, de l'appeller gueux?

LOUISON.

Ne vous fâchez point, Monfieur de Pafquin, je vous fais réparation, & je vous crois
riche comme le Mogol.

PASQUIN.

Ah! voilà qui s'appelle parler.

LOUISON.

Mais fur ce pied-là votre Maitre doit être
un Créfus? PAS-

PASQUIN.

Bouh . . . il eſt riche comme l'Empereur de la Chine même. Ecoutez-le ſeulement parler. Il a dequoi acheter un Royaume à Paris.

LOUISON.

Et Monſieur Pasquin ſera le Vice-Roi?

PASQUIN.

Je parie que Mademoiſelle Louïſon voudroit être Vice-Reine. Je vous trouve aſſez aimable pour cela. Lorsque je partis vous étiez à peu près à trois pieds de terre, mais là ce qu'on apelle un joli petit laidron. Travestie en garçon vous auriez pû ſervir de Mouſſe. Cela auroit été bien le fait d'un Capitaine de Vaiſſeau allant aux Indes.

LOUISON.

Mais voyez dont le fat! Un joli petit laidron? Ce ſont là aparament des douceurs Chinoiſes.

PASQUIN.

Pardon, mon enfant, ce n'eſt pas pour vous offenſer. Je vous trouve en revanche bien changée à vôtre avantage. Peſte, quels yeux! Que ce tein eſt éclairci! Quel ratelier! quelle bouche! quelles . . . . Ma foi, les plus laides guenuches deviennent ordinairement les plus jolies filles, quand elles ſont faites . . . belle Louïſon . . . mais thut, voilà mon maitre.

SCENE

SCENE II.

GERONTE *en habit fort riche, mais d'un goût bizarre,* LOUISON, PASQUIN.

GERONTE.

Monfieur Pafquin, Monfieur Pafquin, nous ne fommes pas ici à la Chine, il me femble que vous vous émancipez, vous prenez de certains airs libres auprès de cette adorable.

à Louïfon.

C'eft donc vous, Mademoifelle, dont la Renommée publie de toutes parts les perfections & les charmes!

LOUISON.

La Renommée me fait trop d'honneur, & à vous auffi, Monfieur . . .

GERONTE.

Point du tout, Mademoifelle. Vôtre beauté eft au deffus de toutes les loüanges.

à part à Pafquin.

Ma foi, elle eft charmante. Je lui trouve feulement les yeux un peu trop fendus.

PASQUIN *à part.*

Le benêt! Il la prend pour une de fes Maitreffes.

GERONTE.

J'ai beaucoup voyagé en ma vie, mais je puis vous protefter, Mademoifelle, que depuis

Paris

Paris jusqu'à Pequin, je n'ai rien vû d'auffi aimable que vous.

LOUISON.

Pasquin m'avoit deja fait l'éloge de vôtre mérite & de vôtre politeffe; mais je trouve, Monfieur, qu'il en a fait un Portrait fort au deffous de la réalité.

GERONTE.

Pasquin eft un bon enfant. Il fçait mieux que perfonne combien j'ai été careffé partout. Te fouvient-il, Pasquin, de cette Princeffe à Congo qui fe brula toute vive, parce que je ne voulois pas répondre à fa paffion?

PASQUIN.

Ah! Monfieur, elle étoit folle.

GERONTE.

Savez-vous bien que je fuis homme à vous facrifier une douzaine de ces Princeffes-là, & que toute mon indifference ne fauroit tenir contre vos attraits?

LOUISON.

Voilà en vérité un amour bien fubit, qui s'empare de vous.

GERONTE.

Ah! Mademoifelle, penfez que je reviens de la Chine, & que nous avons refté neuf mois en mer.

LOUISON.

Les Marins font preffants à ce que je vois?

GE-

GERONTE.

Auffi fans vanité je n'ai pas été pour rien à la Chine; je n'y ai point fait mes affaires comme un nigaud, j'en rapporte quelques petites bagatelles, qui tenteroient en vérité plus d'une Marquife Européenne.

LOUISON.

Tout cela, Monfieur, eft bel & bon; mais nôtre modeftie françoife repugne à ces fortes de déclarations foudaines.

GERONTE.

C'eft une belle chofe que la modeftie, mais elle n'empêchera point que je ne vous offre mon cœur & mes richeffes. Confidérez donc neuf moins en mer!

LOUISON *à part*.

Oh! je vois Madame Lifimon. Ce contre-tems détruit tous mes projets.

SCENE III.

MADAME LISIMON, GERONTE, LOUISON, PASQUIN.

GERONTE.

En vérité, Madame, je fuis charmé d'avoir l'honneur de faire vôtre connoiffance. On m'avoit dit tant de bien de vous & de Mesdemoifelles vos filles, que j'étois impatient

tient d'en juger par moi-même. Mais je vois bien qu'on ne m'a point fait un portrait flatté, car la beauté de vôtre fille eſt incomparable.

MAD. LISIMON.

Vous me ſurprenez, Monſieur, comment ma fille a-t-elle l'honneur d'être connue de vous?

GERONTE à part.

En voici bien d'une autre, ha, ha, ha! je ne connois pas ſa fille que voilà.

à Madame Liſimon.

Vous croyez donc, Madame, qu'on prend la berluë en paſſant la Ligne.

MAD. LISIMON à Liſimon.

Louiſon, expliquez ce miſtère; auriez-vous préſenté Monſieur à mes filles ſans ma per-miſſion.

LOUISON.

Ah! Madame, voici le miſtère en deux mots. Monſieur me croit vôtre fille, & il ne m'a pas donné le tems de le détromper.

à Geronte.

Vous m'avez priſe, Monſieur, pour ma Mai-treſſe; je vous en demande bien humblement pardon.

GERONTE.

Mais voyez donc . . . Quoi qu'il en ſoit; il n'y a point de mal. Tranquilliſez-vous, mon Enfant, il y a bien des maitreſſes qui ne ſont pas ſi jolies que vous. MAD.

MAD. LISIMON.

Mes filles sont à leur toilette. J'aurai l'honneur de vous les présenter tantôt.

GERONTE.

J'ai une extrême impatience de les voir.

MAD. LISIMON.

Vous revenez donc nouvellement de la Chine?

GERONTE.

Oui, tout nouissime.

MAD. LISIMON.

Quel bonheur de pouvoir voyager! Que vous devez avoir vû là de belles choses!

GERONTE.

Non seulement vû, mais rapporté, Madame.

MAD. LISIMON.

C'est le païs de la Porcelaine. Oh! pour moi, j'ai la fureur de la Porcelaine. J'en ai des Pyramides hautes comme cela.

GERONTE.

Que j'aurois souhaité que vous eussiez été avec moi dans ce païs-là! Vous auriez eu le plaisir de vous promener sur le lac de *Sikou* dans des gondoles de porcelaine.

MAD. LISIMON.

Des Jondoles de porcelaine?

GERONTE.

Oui, Madame, tout est porcelaine dans ce Païs-là. N'est il pas vrai, Pasquin?

PAS-

PASQUIN.

Vraiment, oui. Aussi vous avez eu tort,
Monsieur, de ne pas reporter à Madame une
douzaine de ces chemises de porcelaine que
les Dames de qualité portent à la Chine.

MAD. LISIMON.

Cela se peut-il? Mon Dieu, voilà qui doit
être charmant en Été.

GERONTE.

Mais pour en revenir à Mesdemoiselles vos
filles . . .

MAD. LISIMOE.

Vous les verrez tantôt. Allez, Louïson,
les avertir que je leur menerai Monsieur.

Louïson sort.

GERONTE.

Et vous, Pasquin, passez à la Douane, re-
tirez-en mes coffres, & prenez garde que rien
ne se casse.

PASQUIN.

Fort bien, Monsieur.

il sort.

SCENE IV.

MADAME LISIMON, GERONTE.

GERONTE.

Madame, j'ai assez tracassé dans le monde
pour penser à un établissement tranquille.

II

Il y a bien longtems que je connois Monsieur Lisimon. Nôtre amitié date de loin, & j'ai crû ne pas pouvoir mieux faire que de m'allier à sa famille.

MAD. LISIMON.

J'ai deux filles, je souhaite qu'elles méritent vôtre aprobation; soit que vous vous déclariez pour l'ainée ou pour la cadette, vous leur ferez bien de l'honneur.

GERONTE.

L'ainée ou la cadette, tout cela est la même chose pour moi. Ne sont-elles pas filles toutes deux? Les gens de mer n'y prennent pas garde de si près. Au surplus celle que vous me donnerez, ne sera pas malheureuse avec moi. Je suis un bon Diable, & sans vouloir vanter mon mérite, j'ai raporté des Indes des biens considérables.

MAD. LISIMON.

Sur ce pié-là, ma fille cadette . . . Mais voici mon Mari lui-même.

SCENE V.

GERONTE; MAD. LISIMON, LISIMON.

LISIMON.

Eh! bon-jour, Monsieur Geronte. Vous voilà donc revenu heureusement d'un si long voyage. Que j'en suis charmé!

GE-

GERONTE *embraſſant Liſimon.*
Salut au vieux & cher ami Liſimon, & futur
beau-père.

LISIMON.
Qu'appellez-vous beau-père?

GERONTE.
Ouï, touchez-là, je viens d'entamer avec
Madame Liſimon une négociation qui pourroit bien en douceur faire entrer un million
dans vôtre famille.

LISIMON.
Rien que cette bagatelle-là. Mais par quel
moyen?

GERONTE.
Par un moyen très honnête.

LISIMON.
Qui eſt?

GERONTE.
Qui eſt le mariage de mon petit individu
avec une de vos filles.

LISIMON.
Vous me ſurprenez. Quel début! Quoi!
ſans me dire un mot de vôtre voyage, ſans autre préambule, vous me demandez une de mes
filles?

GERONTE.
C'eſt que je ſuis preſſé.

LISIMON.
Et laquelle donc a eu le bonheur de vous
plaire? ✗ GE-

GERONTE.

De me plaire? Aucune, car je ne les ai pas vûës.

MAD. LISIMON.

Monfieur veut bien s'en rapporter à moi là cet égard.

GERONTE.

Mon vieux ami, écoutez-moi. Tout le monde dit que vos filles font charmantes. La voix du peuple eft la voix de Dieu. Vous êtes d'ailleurs de fi braves gens, que vous n'aurez pas manqué de leur donner une bonne éduca-tion, & voilà tout ce qu'il me faut.

LISIMON.

Je ne rejette pas vôtre propofition, elle me fait au contraire beaucoup de plaifir; mais je voudrois que mon gendre futur témoignât un peu moins d'indifférence fur le choix.

MAD. LISIMON.

Oh! mon poulet, cela n'en vaut que mieux. Monfieur nous laiffe les Maitres, & puisque cela eft ainfi, je fuis d'avis de lui donner nô-tre Emilie.

LISIMON.

Mon Dieu, ma femme, n'allons pas fi vite.

MAD. LISIMON.

Pourquoi non. Ce fera le moyen de fixer en même tems l'irréfolution de Valere. Il fera obligé de prendre, bon gré, mal gré, nôtre

Ange.

Angélique, & nous établirons nos enfans à la
fois.

LISIMON.

Rien n'est plus aisé que de procurer un établissement à ses enfans, mais rien n'est plus
difficile que de les rendre heureux. Je veux
commencer par consulter le goût de mes filles.
Gourmander ses Enfans pour contraindre leur
inclination, & leur arracher un consentement
forcé, c'est changer l'autorité paternelle en ty-
rannie; mais dans une démarche si importante, guider leurs sentimens par les conseils de
la sagesse & de l'expérience, leur présenter la
raison quand on voit que leur cœur s'égare, ou
qu'un faux brillant les séduit, voilà à mon
avis jusqu'où s'étend le pouvoir d'un père.

MAD. LISIMON.

Les maris sont en vérité de vrais corrup-
teurs d'enfans. Quand tout ce que vous dites-
là seroit vrai, faudroit-il le leur faire sentir?

LISIMON

Combien d'Epoux ne s'apperçoivent que
trop de la cruelle contrainte de leurs parens!
Si leur inclination a été forcée, tous les objets
qui se présentent dans le ménage, prennent l'air
sombre & le goût d'amertume. L'esprit de
contradiction & de chicane ne cesse jamais de
fermenter dans leur cœur. Mais si leur choix
a été libre, ils sont obligés de s'imputer à eux-

mêmes

mêmes tous les chagrins qui leur arrivent.
Leur tendreſſe réciproque, & l'amour propre
concourent à leur rendre tous les maux ſupor-
tables.

GERONTE.

On ne connoit pas cette Philoſophie à la
Chine. Cela va bien autrement dans ce païs-
là. Un pére donne à ſa fille le mari qui lui
convient, & on a grand ſoin de captiver les
pieds des femmes dans de fort petits ſouliers,
pour les empêcher de gagner le large, de ſe
répandre dans le monde, & d'y prendre des
volontés.

LISIMON.

A' la Chine, comme à la Chine.

MAD. LISIMON.

Je ne veux point vous contredire ; cela nous
engageroit peut-être dans quelque diſpute que
je tache d'éviter. Mais j'eſpére que vous me
permettrez d'emmener Monſieur Geronte,
pour lui faire connoitre nôtre Emilie. Je vous
rendrai compte du ſuccés de mes ſoins.

GERONTE *en ſortant avec Madame Liſimon.*

Adieu, Monſieur Liſimon, ne craignez rien.
Nous ſaurons bien nous rendre agréable. Moi
& mon argent, nous en valons deux autres.

SCENE

SCENE VI.

LISIMON, LOUISON.

LISIMON *s'aprochant de la Coulisse.*

Louïson, Louïson, venez-ici.

LOUISON *arrivant.*

Que souhaitez-vous, Monsieur?

LISIMON.

Allez promptement appeller mes filles.

LOUISON.

Ouï, Monsieur, elles seront ici tout à l'heure.
elle sort.

LISIMON.

Ce mariage Chinois n'est pas du tout de mon goût. Encore si c'étoit avec Angelique. Mais l'esprit solide d'Emilie ne s'accordera jamais avec celui de Geronte.

SCENE VII.

LISIMON, ANGELIQUE *fort parée,* EMILIE *plus simplement vetuë.*

LISIMON.

Vous voilà bien parée, ma fille. Vous avez apparemment dessein de sortir?

ANGELIQUE.

Si vous voulez bien le permettre.

X 3 LISI-

LISIMON

A quoi destinez-vous vôtre après-dinée ?

ANGELIQUE

J'ai l'embarras du choix. La Comtesse voudroit me mener à l'Opéra. Ma Tante m'a proposé une partie de Comete. Il y aura Concert chez Belise. Mon Cousin Ariste m'a fait inviter à souper. Un dessinateur de Lion doit y porter un nouveau dessein d'étoffe sur lequel je dois décider. La Marquise veut que j'arange avec elle un Cabinet de Pantins.

LISIMON

Ma chère Angelique, allez consulter là dessus vôtre Mère : elle a peut-être une proposition à vous faire, où il ne s'agit pas de Pantins.

ANGELIQUE

Il m'en est déjà revenu quelque chose. Je crains qu'il ne soit question de mariage.

LISIMON

Eh ! bien, quand il en seroit question ? Le mariage vous fait-il peur, mon Enfant ?

ANGELIQUE

Je ne dis pas cela, mon père. Je ne suis pas assez bégueule pour frémir au mot de mariage, ni pour faire des simagrées. Vous connoissez d'ailleurs le juste respect que j'ai pour vos ordres. Mais, à vous parler franchement, je me trouve une parfaite indifférence sur cet article. Pourquoi voudriez-vous me marier !

Vôtre

Vôtre fortune me suffit pour vivre avec un certain éclat, & je vous jure que je n'aime, ni les
hommes en général, ni aucun d'eux en particulier, qu'autant qu'ils tiennent à la Société.

LISIMON *montrant Valere qui entre.*

Peut-être que Monsieur vous fera perdre
cette indifférence.

EMILIE *à part;*

O! Ciel, c'est Valere!

SCENE VIII

LISIMON, ANGELIQUE, EMILIE,
VALERE.

ANGELIQUE *à son père.*

Changeons de propos, je vous en conjure,
mon cher Père . . .

à Valere.

Je gage que Monsieur voudra être des nôtres ce soir?

EMILIE.

Quoi! Pour arranger des Pantins?

ANGELIQUE.

Eh! mon Dieu, ma chère Sœur, ce n'est pas
pour des Pantins, mais je voudrois mener
Monsieur chez ma Tante faire une partie &
souper gayement.

VALERE.

Quoique je ne sois pas d'une grande res-
source

X 4

fource au jeu, je ferai cependant trop flatté de
pouvoir vous accompagner.

EMILIE, à part.

Je l'avois bien crû.

VALERE.

Mademoiselle Emilie, ne fera-t-elle point
des nôtres?

EMILIE.

Non Monfieur, je fuis engagée dans une
autre partie, & j'avois deffein de vous propo-
fer d'en être.

ANGELIQUE.

C'eft apparemment pour entendre lire l'Ouvrage de quelque nouvel Auteur?

EMILIE.

Non, je n'ai garde de courir après les nouveaux Livres, je leur donne le tems de venir
me trouver dans mon Cabinet.

ANGELIQUE jettant un regard animé
sur Valère.

Voyons, pour laquelle de nous deux vous
déclarerez-vous aujourd'hui?

VALERE.

Mais, n'y auroit-il pas moyen de vous accorder? J'aimerois à paffer ma foirée avec vous
deux.

EMILIE.

J'en fuis contente, fi ma fœur y confent.

AN.

ANGELIQUE.

Quoique ma complaisance m'ait deja fait
passer hier une soirée fort ennuyeuse, je le veux
bien cependant. Il faut se sacrifier pour ses
amis ; car je sçai déjà d'avance que vous n'aimez
pas le grand monde.

EMILIE.

Je n'y figure peut-être pas trop bien, mais
je sçai du moins me plaire partout.

ANGELIQUE.

Eh ! bien, ma sœur, voyons donc, quelle seroit votre idée ?

EMILIE.

Mais nous pourrions d'abord après-diner
faire un tour au Cours. De là nous descen-
drions chez mon Cousin, le Fermier général
pour voir son nouveau Cabinet de Tableaux, &
si nous y trouvons bonne compagnie . . .

LISIMON.

Je crois, mes Enfans, que nous avons aujourd'hui quelque chose de mieux à faire qu'à
sortir.

Il prend Valere à l'écart.

Vous savez, Valere, les termes où nous en
sommes. J'attends vôtre résolution au plutôt, ou bien je retire ma parole.

VALERE.

Monsieur, je me sens pénétré de vos bontés,
& je n'abuserai pas plus longtems de vôtre indulgence.

dulgence. Daignez de grâce faire tous les apprêts de la noce, & permettez que j'ose vous porter tantôt la déclaration que vous m'avez permis de vous faire.

LISIMON.

Je vous attendrai, mon cher Valere. Si j'ose encore vous donner un conseil, visez au solide. *Il sort.*

EMILIE.

Mon pére sort ; & nous ferions bien, ma Sœur, de suivre ses pas.

ANGELIQUE.

Vous faites la scrupuleuse ! Je ne vois pas qu'il y ait du mal à rester ici avec Monsieur.

VALERE.

Que cela est bien dit ! Quoi ! charmante Emilie, vous-voulez me fuir ? J'ai donc le malheur de vous déplaire ?

EMILIE.

Je ne vous ai point appris à tirer des conséquences.

ANGELIQUE.

Et moi j'aime la compagnie d'un homme de mérite, aussi longtems qu'il ne prend pas le ton langoureux. Voyons-nous souvent, Valere, badinons, médisons un peu du prochain, amusons-nous mutuellement ; mais ne vous mettez jamais sur le pied de vouloir m'en conter.

VA-

VALERE, _d'un ton animé._

Ce projet me paroit d'une exécution bien difficile.

ANGELIQUE.

Ha, ha! je crois en verité . . .

VALERE.

Oui, je crois que ces beaux yeux, ces traits gracieux, cette taille élégante, détruiroïent bien vite les résolutions qu'on auroit prises . .

ANGELIQUE.

Ah! Monsieur, vous gâtez tout.

Elle lui jette un regard tendre.

Ma Sœur, retirons-nous.

EMILIE.

Volontiers. C'est mon dessein.

VALERE.

Vous voulez donc me quitter aussi, Emilie !

EMILIE.

J'ai été la premiere à le proposer.

VALERE.

Je vous suis donc odieux!

EMILIE.

En cherchant à vous éviter, je vous en dis peut-être plus que je ne voudrois. C'est à vous à lire dans mon cœur.

Elle sort.

ANGELIQUE _la suivant._

Vous voyez, Monsieur, que vous m'avez
mis

mis dans la néceffité de vous quitter, & de fuivre l'exemple de ma Sœur.

SCENE IX.

VALERE, *feul.*

Que mon cœur est agité! Dieu! quelle est
belle, cette Angelique, & qu'Emilie à
de mérite! Les charmes, les graces, la vivacité de l'ainée, m'enchantent. L'efprit, les talens, la douceur de la cadette, me raviffent. Le
langage d'Emilie s'infinüe dans mon ame, & y
allume les plus tendres fentimens. Un regard
des beaux yeux d'Angelique perce jufqu'au
cœur, & femble vouloir y détruire les impreffions du mérite de fa fœur. Combat d'un
côté-aimable, & de l'autre cruel! Quelle douce fatisfaction de pouvoir choifir entre deux
objets charmants! Quel fupplice affreux, de
fentir fon cœur partagé, & d'être réduit au
cruel embarras de ne pouvoir fe déterminer!

SCENE X.

VALERE, LOUISON.

LOUISON.

Eh! quoi, Monfieur, vous paroiffez tout
ému.

VA-

VALERE.

Je n'ai pas en effet l'ame fort tranquille.

LOUISON.

Vous seriez-vous apperçu de quelque chose?

VALERE.

Et de quoi aurois-je pû m'appercevoir?

LOUISON.

Mais là . . .

VALERE.

Quoi là? Qu'est ce à dire?

LOUISON.

Mais . . . Du Chinois.

VALERE.

Expliquez-vous, Louïson! Votre discours m'inquiéte.

LOUISON.

Vous serez indiscret, si je vous avertis de quelque chose.

VALERE.

Non, je vous donne ma parole d'honneur que je ne vous trahirai point.

LOUISON.

Vous savez dans doute que Geronte est revenu de la Chine. Croyez-vous que c'est pour rien qu'il cherche d'avoir entrée dans cette maison?

VALERE *vivement.*

Quel peut être le dessein de Geronte?

LOUI-

LOUISON.

Que fait-on ? Geronte, eft un vieux garçon.
Il y a ici deux jeunes & jolies Demoifelles. Cependant tout cela n'eft que conjecture. Je ne
vous dis rien de pofitif. On peut fe tromper;
il faut juger charitablement.

VALERE.

Vous me mettez dans des inquiétudes cruelles.

LOUISON.

Ce Geronte eft riche, & Madame aime furieufement les efpeces.

VALERE.

Je ne fçai pas trop quel parti prendre.

LOUISON.

N'allez pas au moins faire de l'éclat, & me
trahir.

VALERE.

Non, mais je veux favoir où j'en fuis. Eft-
ce pour l'ainée ou pour la cadette qu'il foupire ?

LOUISON.

Je crois qu'il foupire pour toutes les deux,
puifque foupirer y a.

VALERE.

Il faut donc que je me déclare au plutôt.
Monfieur & Madame Lifimon m'ont permis
de choifir. Que Geronte foit mon beau-frere,
à la bonne heure.

LOUISON.

Cet expédient ne feroit pas de mon goût, fi

j'étois

j'étois un joli jeune homme. Un rival de
cette espece humilieroit fort mon amour propre, & je saurois faire si bien qu'il ne put précipiter mon choix. Monsieur Geronte, je ne
vous bannirois point de la maison, mais vous
seriez le spectateur de mon bonheur. . . .

VALERE.

Louison, laissez-moi faire, je saurai récom-
penser le zéle que vous témoignez pour mes
intérêts. Ayez l'oeil à tout, & tâchez de découvrir si c'est Angelique ou Emilie, qui fait
l'objet de ses vœux   *il sort.*

LOUISON.

Voilà un assez bon commencement. J'ai
soufflé la jalousie dans le cœur de Valere, &
j'ai disposé mes Maitresses à favoriser mes desseins sans le savoir . . . A bien considérer la
chose, il n'y auroit rien là de si extraordinaire . . . . Ce ne seroit pas la premiere fois
qu'un vieux richard Indien auroit épousé une
fille comme moi.

SCENE XI.

LOUISON, PASQUIN.

PASQUIN *portant une grande pagode
sur ses épaules.*

Les petits présents entretiennent l'amitié,
Mademoiselle Louison, & je viens vous
offrir

offrir un leger échantillon de mes captures Chinoifes.

LOUISON.

Appellez-vous cela un petit préfent. C'eft un vrai Coloffe.

PASQUIN.

Eh! que diriez-vous donc, fi vous voyiez le grand Confucius de porcelaine, qui eft placé à l'entrée de la Cathédrale de Pequin? Cela fait trembler, mais ceci n'eft qu'une petite bagatelle que je vous prie d'accepter comme un gage de ma tendre amitié.

LOUISON.

Mais, que voulez-vous que je faffe de cette énorme poupée?

PASQUIN.

Vous en pourrez orner votre toilette. Cela vous retracera mon image, & vous penferez fouvent à moi.

LOUISON.

Le beau meuble de toilette! Vous avez raifon, Monfieur Pafquin, il y a là dequoi penfer à vous.

PASQUIN.

On dit à la Chine qu'on aime les gens quand on penfe à eux.

LOUISON.

Cela n'eft pas une conféquence en Europe.

PAS-

PASQUIN.

Je me flatte pourtant que vous nous ferez cet honneur-là.

LOUISON.

Pasquin est galant.

PASQUIN.

Ha! nous savons pousser la fleurette, nous n'avons pas oublié cet art-là.

LOUISON.

Et moi, je n'aime pas les hommes qui possedent une si grande habileté dans ce métier.

PASQUIN.

Aimez-vous donc mieux les grands sentimens?

LOUISON.

Ce n'est pas en tout cas chez vous que je les chercherois. Les grands sentimens ne font pas assez dupes pour s'aller loger dans le cœur d'un Pasquin.

PASQUIN.

Tout doux, ma Mignonne. On a le cœur fait comme un autre, & les voyages nous polissent autant que bien des Seigneurs hupés. Il feroit à souhaiter que le cœur de bien des Soubrettes fut formé comme celui de bien des Pasquins.

LOUISON.

Ne vous fâchez point, Monsieur Pasquin. Ce que j'en dis au bout du compte n'est que par délicatesse, je voudrois qu'un amant fut tendre, fidele . . .

Y   PAS-

PASQUIN *se proſternant à ſes pieds.*

En ce cas-là vous avez en moi un amant tout trouvé. Fidele comme l'Étoile polaire, franc comme l'or, tendre.

LOUISON.

Mais leves-toi donc, vieux fou; ſi quelcun voyoit là ces deux pagodes à mes pieds, le groupe lui paroitroit plaiſant.

PASQUIN.

Permets moi donc de t'aſſurer que je t'aime plus que tous les tréſors du Japon, & prens ce petit préſent pour gage de mes amours.

LOUISON.

Je ne me détermine pas ſi vite. Cependant je ne veux pas te rebuter. J'accepte ton préſent. Mais gardes-toi ſurtout de me jamais dire la moindre douceur en préſence de ton Maitre, ou de mes Maitreſſes.

PASQUIN.

Soit, j'y ferai attention; mais ne crois pas auſſi me berner . . . . J'aime les promptes expéditions, & je n'ai pas le tems de filer le parfait amour.

LOUISON *à part.*

Il ne faut rebuter perſonne; il eſt bon d'avoir toujours plus d'une corde à ſon-arc.

PASQUIN.

Qu'eſt-ce que tu marmottes-là?

LOUI-

LOUISON.

Je réflechis . . . . Tu es si pressant.

PASQUIN.

Un cœur bien malade hait les longues cures.

LOUISON.

Tu sauras tantôt ma dernière résolution. Adieu, Monsieur Pasquin.

PASQUIN.

Adieu, incomparable Louison. N'oublies donc pas ce premier gage de mes chastes amours, je t'en donnerai d'autres avec le tems.

Louison prend la pagode, & s'enfuit jusques dans la Coulisse où l'on entend tomber cette pagode & se casser. Pasquin veut sortir de l'autre côté du Théatre.

LOUISON *reparoissant au fond du Théatre.*

Ah! ma foi, voilà le gage fragile en mille pièces.

PASQUIN *sortant.*

Peste soit de l'étourdie! Cet accident est de fort mauvais augure pour mes amours.

Fin du second Acte.

ACTE III.

SCENE PREMIERE.

ANGELIQUE, LOUISON.

LOUISON.

D'où vous vient donc tout d'un coup cette mauvaise humeur?

ANGELIQUE.

N'en ai-je pas sujet? Voyez comme je suis mise & coeffée. Vous prenez bien d'autres soins quand il s'agit d'habiller ma Sœur.

LOUISON.

Vous savez trop bien, Mademoiselle, quelle préférence je vous donne.

ANGELIQUE.

La bouche est pour Angelique, & le cœur pour Emilie.

LOUISON.

Je vous jure que c'est tout le contraire. Mais en vérité je ne vous ai jamais connu cette jalousie là contre votre sœur.

ANGELIQUE.

De la jalousie contre ma Sœur! Oh! vous vous trompez très fort, Mademoiselle Louison. Et à propos de quoi l'aurois-je? Voilà comme vous êtes, on n'oseroit dire un mot que vous n'y donniez une facheuse interprétation.

LOUI-

LOUISON.

Miféricorde! Quelle vivacité extraordinaire! Ma chére Maitreffe, je ne vous quitte point que vous ne m'ayez avoué le fujet de vôtre chagrin. Quelcun vous a-t-il offenfé?

ANGELIQUE.

Ah! Biffez-moi, votre curiofité me fatigue.

LOUISON *fe jettant à fes pieds.*

Je vous conjure de me faire votre confidente.

ANGELIQUE.

Vous êtes une indifcrete.

LOUISON.

Non, Mademoifelle, vous pouvez hardiment me confier votre fecret.

ANGELIQUE.

Leves-toi donc. Lis dans mon cœur: qu'il eft agité par des mouvements dont je ne l'ai jamais crû fufceptible!

LOUISON.

Des mouvemens d'amour apparemment?

ANGELIQUE.

Quelle vifion! Oh! pour cela non.

LOUISON.

Oh! pour cela ouï, je le parierois bien.

ANGELIQUE.

A te dire vrai, j'ignore moi-même ce que c'eft. Je vois avec une peine infinie que Valere femble fe déclarer en faveur de ma Sœur,

Y 3

& avec tout cela je n'aime point Valere, c'est une chose décidée. . . . .

LOUISON.

Pas si décidé que vous le croyez. J'appel-lerois moi cela en bon François jalousie, & vous savez ce que dit le proverbe : si Lucas est ja-loux, Lucas est amoureux.   A l'application.

ANGELIQUE.

Que tu me connois mal, mon Enfant! Ne sais-tu pas quelle indifférence j'ai toujours eu pour les hommes? Valere loge depuis plus d'un mois dans cette maison, je l'ai vû tous les jours sans sentir le moindre goût pour lui, j'ai souhaité que son choix pût tomber sur ma Sœur; & maintenant qu'il paroit pencher pour elle, le plus sombre chagrin s'empare de mon ame.   Quelle funeste bizarrerie! Non, je ne me connois plus.

LOUISON.

Ma foi, si j'étois de vous je tâcherois d'enga-ger Valere, quand ce ne seroit que pour faire enrager ma Sœur . . . Ah! Mademoiselle, la voici qui arrive: ne faites rien paroitre.

SCENE II.

ANGELIQUE, EMILIE, LOUISON.

EMILIE *courant embrasser Angelique.*

Puis-je, ma chere Angelique, conter encore

au-

aujourd'hui fur ces tendres fentimens qui nous
ont uni depuis le berceau; puis-je verfer
dans vôtre fein les craintes & les inquiètudes
qui déchirent mon cœur?

ANGELIQUE.

Mon Dieu, ma Sœur? Vous êtes dans une
cruelle agitation? Qu'avez-vous? Je me flatte
que vous me croyez affez de vos amies . . .

EMILIE l'interrompant.

Il faut que vous le foyez beaucoup pour me
pardonner l'aveu que je vais vous faire.

ANGELIQUE.

Mais, Emilie, vous êtes incapable .

EMILIE l'interrompant encore.

Oui, je fuis incapable de vous trahir, mais
je fuis capable d'une foibleffe.

ANGELIQUE.

Capable de foibleffe . . . me trahir . .

EMILIE.

Je vais vous déveloper ce miftère. Telle
eft ma funefte fituation. Vous favez que Valère

ANGELIQUE otôcmens.

Valère. Vous aimeroit-il?

EMILIE.

Jufte Ciel! Qu'aperçois-je? A ce nom vous
rougiffez ma fœur.

ANGELIQUE.

Loufon, foutiens-moi.

EMILIE.

Hélas! puissent mes soupçons être mal fon-
dés, & mes craintes inutiles!

ANGELIQUE.

Ma Sœur, poursuivez.

EMILIE.

Valere m'a été jusqu'ici fort indifferent.
Plût-au Ciel que mon Pére vous eut destinée
à être son Epouse, sans lui avoir permis de choisir entre vous & moi!

ANGELIQUE.

Il s'est donc déclaré? . . .

EMILIE.

Je l'ignore, je le crains, & je le souhaite.

ANGELIQUE à part.

A' mesure qu'elle parle, elle me fait sentir
combien j'aime Valere.

EMILIE.

Je viens donc, ma chére Angelique, pleine
de confiance en vos bontés, vous découvrir
mes sentimens, & vous demander vos conseils.
En cas que Valere se decide pour moi, dois-
je lui donner ma main? Formeriez-vous quelque prétention sur son cœur, ou bien me le
cedez-vous sans que le vôtre en murmure?

ANGELIQUE à part.

Que je suis malheureuse!

EMILIE.

Quoi! vous ne me répondez rien.   Me se-
rois-

rois-je trompée? Cette grande indifférence que
j'ai crû remarquer en vous pour les hommes
en général, & pour Valere en particulier, ne
feroit-elle pas fincére?

ANGELIQUE.

Vous agiffez trop généreufement à mon
égard, pour que je n'y réponde pas par une
confidence réciproque. Ouï, ma Sœur, Valere m'a été indifférent auffi longtems qu'il a
parû l'être & pour vous, & pour moi; mais
au moment qu'il femble vouloir fe déclarer en
vôtre faveur, mon malheureux fort me condamne à fentir pour lui la paffion la plus vive
qui fut jamais.

EMILIE.

Eh! bien, ma Sœur, vous ferez fatisfaite,
je vous le céde. L'objet de la confidence que
je viens de vous faire, n'a été que de fonder vôs
vues. En perdant Valere, j'aurai toujours la
fatisfaction de vous rendre heureufe, au lieu
que je ne la ferois jamais, fachant que mon
hymen avec lui pourroit vous caufer du chagrin.

ANGELIQUE.

Vous n'aimez donc point Valere?

EMILIE.

Hélas! je l'adore, & je le perdrai pour vous.
Elle répand des larmes.

AN-

ANGELIQUE.

Non, Emilie, non. Votre vertu rallume
la mienne. Je ne veux point vous le ceder en
générosité. Remettons nôtre sort entre les
mains du Ciel, & attendons la déclaration de
Valere. Dieu! que je suis à plaindre!

Elle pleure aussi.

LOUISON.

En vérité cela est trop tragique. Leur état
m'arrache aussi des larmes.

SCENE III.

LES ACTEURS PRECEDENS. MAD.
LISIMON.

MAD. LISIMON, *riant,*

Ha, ha! Vous voilà fort à propos
voyez donc les folles: Elles pleurent, parce qu'on veut leur donner à chacune un bon
Mari. Oh! vous en rirez bien, ha, ha, ha

EMILIE.

Comment à chacune un Mari? Que voulez-
vous dire par-là, ma chere Mére?

MAD. LISIMON.

Ouï, ouï, ma bonne Emilie, tu auras aussi
un mari. Vas, console-toi. Je ne comptois
d'abord que de marier Angelique avec Valère,
mais je crois que nous ferons deux nôces à la

fois

fois, & que notre ami Géronte, qui est revenu de la Chine, pourra bien l'épouser.

EMILIE.

Je ne me sens nul empressement, ni même aucun goût pour le mariage.

MAD. LISIMON.

Tarare, mon enfant. J'étois tout de même étant fille. Le seul nom d'Epoux me faisoit trembler.

EMILIE.

Il ne manquoit que ce dernier coup pour rendre mon infortune complette.

MAD. LISIMON.

Oh ! je ne aime point les lamentations & les soupirs. Géronte va arriver dans l'instant. Je veux que vous temoigniez de la gayeté, & que vous lui fassiez bon accueil. Cet air triste seroit capable de le dégoûter à jamais de vous.

ANGELIQUE *d'un air gay.*

Je serai aussi gaye qu'il vous plaira, ma chére Maman, pourvû que ce ne soit point à moi qu'il en veuille.

MAD. LISIMON.

Voilà ce qui s'apelle encore une fille obéis-sante.

EMILIE.

C'est qu'il lui en coûte beaucoup moins qu'à moi.

MAD.

MAD. LISIMON.

Ah! petite Coquine, vous avez aussi la langue bien pendue quand vous le voulez.

LOUISON *à part.*

Madame Lisimon, vous n'en êtes pas encore où vous croyez être. Nous saurons conduire nos petits intérêts. ....

SCENE IV.

ANGELIQUE, MAD. LISIMON, EMILIE, GERONTE, LOUISON.

GERONTE *entrant avec une vivacité affectée.*

Voilà donc ces deux aimants, qui vont diriger la boussole de mes amours?

MAD. LISIMON.

Monsieur Geronte est toujours galant.

GERONTE.

Et vous, Madame, toujours très polie. Mais permettez de grace que j'approche un peu plus près de ces charmantes beautés, & que j'admire les merveilles que vous avez créées.

MAD. LISIMON.

Vous leur faites trop d'honneur. Vous gâterez ces petites filles par vôtre trop de bonté. La louange inspire de la vanité à la jeunesse. Pourvû qu'elles soyent sages, mon Dieu! je

le

le dis tous les jours; *sagesse vaut mieux que beauté*.

GERONTE.

Ah! Madame, cette vertu-là ne manquera pas de venir avec l'âge. La beauté n'y gâte rien en attendant.

MAD. LISIMON.

Mais laquelle de ces petites Créatures-là trouvez-vous donc la moins desagréable?... Tenez vous donc droite, Emilie, quand Monsieur vous regarde.

GERONTE *tire une lorgnette, & les examine l'une après l'autre.*

Vous permettrez bien que je braque ma lunette contre ces beaux Astres-là. Mes voyages dans les Climats chauds ont un peu dérangé l'œconomie de mon luminaire.. Pardon, Mesdames. Plus je vous examine, & plus je découvre que la Nature vous a enrichies de ses plus rares trésors. Vos yeux sont des brillants, vôtre tein est semblable à l'opale & au rubis balai, vos lévres au corail, vos dents aux perles, vôtre sein à l'albatre, vos mains à l'yvoire, vôtre...

LOUISON.

Et vous, Monsieur, vous réünissez toutes les couleurs comme l'escarboucle.

GERONTE.

Elle est plaisante, cette Louison-là. Il me paroit qu'elle a de l'esprit. MAD.

MAD. LISIMON.

Mais vôtre cœur ne vous dit-il pas laquelle des deux je vous destine?

GERONTE.

Quand vous parlez, Madame, mon cœur se tait, & ne fait qu'obéir.

EMILIE *ironiquement.*

La conquête d'un cœur si obéïssant & si silentieux est fort flatteuse.

GERONTE.

Ah! Mademoiselle, vous me faites trop d'honneur. Je vous assure que cette conquête ne vous coûtera pas de grands efforts. Ce cœur sera pris, & baissera pavillon, si vous daignez lâcher contre lui une seule bordée de vos charmes vainqueurs.

EMILIE.

C'est se défier trop de ses forces. Vous vous croyez bien facile à vaincre.

GERONTE *à Angelique.*

Ah!... Mais que dit cet aimable enfant-là?

ANGELIQUE.

Rien.

GERONTE.

Rien. Cela est fort peu. Mais vos beaux yeux, Mademoiselle, parlent pour vous.

ANGELIQUE.

Leur langage ne sera pas éloquent, car ils ont fort peu à dire. GE-

GERONTE.

Vous vous trompez, ma Reine, rien n'est plus éloquent que vos yeux. Le feu qui en fort est plus brulant que le Soleil sous le Tropique.

ANGELIQUE.

Mais voilà du dernier galant.

GERONTE.

Quel est l'homme qui ne le deviendroit pas à côté de vous, & quel seroit l'insensible qui ne voulut avoir l'honneur d'être votre amant?

ANGELIQUE.

Savez-vous bien, Monsieur Geronte, que voilà une déclaration dans toutes les formes?

GERONTE.

Oh! cela est fait exprès.

ANGELIQUE.

Comment! C'est donc moi que vous préférez?

GERONTE.

Oui, s'il vous plaît?

ANGELIQUE.

S'il me plaît! Cela est bien dit.

GERONTE.

Ma fortune & ma personne, tout est à vous, ou le Diable m'emporte.

ANGELIQUE.

Ne jurez pas, je vous en croirai sur vôtre parole.

GE

GERONTE.

Pourrois-je donc me flater en revanche que vous me permettrez de mouiller l'ancre de mon espérance à la rade de vos faveurs?

ANGELIQUE.

Cela ne va pas si vite. Il faut au moins que vous me rendiez pendant trois mois ce qu'on appelle des soins, c'est à dire, me suivre au spectacle, au bal, à la promenade, témoigner de l'empressement pour me parler & me voir, porter mes couleurs & mon nom en chiffre, me donner des fêtes galantes &, ainsi du reste; ensuite vous devez pendant trois autres mois soupirer tout haut, m'entretenir de votre flamme, me présenter la main pour me conduire, me donner des sérénades, vous battre peut-être contre quelque rival, me . . .

GERONTE.

Mais ne pourrois-je pas être quite de tout cela pour de l'argent. Un sac de Louis applanit bien des difficultés dans ce monde. La . .

ANGELIQUE.

Pas pour un empire. Je suis fille à sentimens, & n'ai pas l'ame vénale.

GERONTE.

Et moi, je suis trop pressé pour passer par toutes ces formalités-là

MAD. LISIMON.

Suivez mes conseils, Monsieur Geronte, a
dressez

dreſſez-vous à la cadette, l'aînée eſt trop ca-
pricieuſe.

GERONTE.

Pourrois-je eſpérer, Mademoiſelle, un meilleur accueil de vôtre part? Ma perſonne auroit-elle l'honneur de vous plaire, & me con-
damnerez-vous à un Cérémonial auſſi ſevére?

EMILIE.

Je ſuis ennemie de toutes ces contraintes
qui ne ſont fondées que ſur un uſage frivole :
mais je me ſens dans ce moment le cœur ſi
ſaiſi, que je ne puis vous répondre, & que je me
vois obligée de vous quitter pour calmer mon
eſprit. *elle ſort.*

GERONTE.

Celle-là me paroit de meilleure compoſition,
je pourrois bien l'avoir amarée.

à part.

Auſſi n'eſt-elle pas ſi jolie, elle donne ſa mar-
chandiſe à meilleur marché.

MAD. LISIMON.

He! bien, Monſieur, la glace eſt rompuë. Je
m'en vais appuyer vos intérêts auprès d'Emilie,
je tâcherai de la perſuader, & en tout cas je ſau-
rai me ſervir de l'autorité de Mère.

elle ſort.

GERONTE.

Voila qui s'appelle une brave femme.

Z AN-

ANGELIQUE *fuivant fa mère.*

Adieu Monfieur, vous êtes un volage, un vrai papillon.

LOUISON *d'un air piqué en voulant fuivre fa Maitreffe.*

Un franc ingrat.

GERONTE *la rappellant.*

St.... St....

SCENE V.

GERONTE, LOUISON.

LOUISON.

Plait-il!

GERONTE.

Auriez-vous par hazard une chambre à vous feule dans cette maifon?

GERONTE.

C'eft que je vous demanderois la permiffion d'y fumer une pipe de tabac.

LOUISON.

Fi! le vilain!

GERONTE.

C'eft une belle & bonne habitude que j'ai prife à la Chine, & que je ne voudrois pas perdre pour tout l'or du monde.

Il tire de fa poche une pipe orientale fort longue.

Par ma foi, c'eft un préfent que m'a fait le premier

mier Aumônier de l'Empereur Cam-hi-xun-chi.

LOUISON.

Je ne fuis pas fille à vous mener dans ma chambre, cela donneroit matière à médire.

GERONTE.

Vous êtes bien fcrupuleufe.

LOUISON.

Non, je ne fuis pas begueule, mais je fuis jufqu'aux apparences. Si jamais je me marie, mon Epoux aura non feulement une femme vertueufe, mais d'une conduite à l'abri du foupçon.

GEROOTE.

Vous me charmez en vérité par ces fenti-mens-là. Que n'êtes-vous d'une condition plus relevée?

LOUISON.

Ce n'est pas ma faute au bout du compte. Si l'on m'avoit confulté fur ma naiffance, je me ferois faite tout au moins Princeffe.

GERONTE.

Dans le fonds vous me plaifez plus que vos Maîtreffes.

LOUISON.

Vous me flattez d'une manière trop fenfible, pour que je ne vous avoue pas en échange l'eftime que j'ai pour vôtre mérite. Je fuis une bonne fille, & j'appartiens à d'honnêtes

gens.

gens. Mon Dieu! on ne m'a point dit en sortant du berceau que je servirois un jour...

elle pleure.

GERONTE.

Vous me faites pitié. Là, là, consolez-vous mon enfant.

Il lui passe la main sous le menton.

Mais, entre nous, vos Maitresses me paroissent un peu quinteuses.

LOUISON.

Peut-être.

GERONTE.

Un peu bizarres . . .

LOUISON.

Que voulez-vous, nous avons tous nos défauts! Il est vrai, elles aiment la dépense, les plaisirs, le jeu, les spectacles. Mais il n'y a point de mal à cela. Elles ont du caprice, mais dans le fonds ce n'est pas leur faute; & c'est ce que vous rencontrerez toujours dans une fille dressée au bel air.

GERONTE *se grattant l'oreille.*

Mais sur ce pied-là il faut que j'y pense, avant de donner dans le pot au noir.

SCENE VI.

GERONTE, LOUISON, VALERE.

VALERE *à part.*

C'est donc là ce dangereux Rival?

GE-

GERONTE *bas à Louison.*

Qui est cet homme-là?

LOUISON.

C'est Valere, l'amant de mes Maitresses.

GERONTE.

Ha, ha! Monsieur! touchez-là. Je suis charmé de faire connoissance avec vous. Mais vous êtes un terrible homme.

VALERE.

Moi, Monsieur?

GERONTE.

Ouï, vous,

VALERE.

Et pourquoi?

GERONTE.

Comment pourquoi? Est-ce une bagatelle que d'attaquer deux Sœurs à la fois. Peste! vous voulez épouser toute une famille.

VALERE.

Mais, Monsieur, je pourrois vous faire le même reproche. Vous êtes d'ailleurs bien plus dangereux que moi. Vôtre âge, vôtre expérience, vos richesses, & mille autres agrémens . . .

GERONTE.

Trêve de complimens. Vous êtes en vérité trop honnête. Mais que voulez-vous? Chacun a dans ce monde son petit coin de mérite, & chacun tâche de faire valoir ses avanta-

Z 3   ges.

ges. Vous m'avez aussi l'air d'être un dangereux rival, & je n'aimerois point à lutter contre vous.

VALERE.

Oh! je n'ai garde d'en venir là avec un homme comme vous. Je suis persuadé que vous avez fait bien des conquêtes dans vos voyages.

GERONTE *souriant.*

Ah! là, là. Je ne me vante de rien.

VALERE.

Si j'étois de vous, je ne penserois point au mariage.

GERONTE.

Et pourquoi non?

VALERE.

A ce que je vois, vous ne connoissez pas encore le ton de ce païs-ci.

GERONTE.

Que voulez-vous dire par là? Expliquez-vous, mon cher ami.

VALERE.

Ce n'est pas ici un terrain où les maris brillent. Vous n'êtes pas plûtôt marié qu'on ne vous regarde plus.

GERONTE.

Et que pourrois-je donc faire?

VALERE.

Faites de la dépense en jolies femmes, & je vous réponds que vous serez cajolé comme votre

GERONTE *riant.*

Ha, ha! je vous comprends. Careffer avec
des mains dorées.

VALERE.

Juftement. Vous pourrez alors voltiger de
belle en belle. Je vous réponds que l'or de
la Chine aura une vertu magnétique fur le
cœur de nos Dames.

GERONTE.

Ce que vous dites-là n'eft pas fi fot . . .
Mais vous me paroiffez un fin matois. Vous
êtes intéreffé à me donner ce confeil pour avoir
ici le champ libre.

LOUISON.

Avez-vous fenti cela? Diantre, c'eft vous qui
êtes fin.

VALERE.

Non, je vous parle fincèrement.

GERONTE.

A d'autres. Mais pourquoi me tendre
tous ces pièges? Il y a moyen de nous accorder; faifons une compofition. Choififfez-en
une, & je garderai l'autre

LOUISON *à Geronte.*

Et fi je devois vous donner un confeil, moi,
ce feroit de laiffer là & Angelique & Emilie, &
cela pour caufe. Vous pourriez choifir une

femme

femme fage, agréable, d'une humeur accommodante, & qui s'efforçât tant par amitié que par reconnoiſſance à vous rendre la vie heureuse, *elle ſort.*

GERONTE.

Ma foi, la tête me tourne de tout cela, je ne ſais plus où j'en ſuis.

SCENE VII.

GERONTE, VALERE, LISIMON, EMILIE.

GERONTE. *appercevant Emilie.*

En voici encore une autre : Mais c'eſt la bonne.

VALERE *d'un air inquiet.*

C'eſt Emilie ! Pourquoi lui donnez-vous cette epithète ?

GERONTE.

Vous allez l'entendre.

à Liſimon.

Eh bien, Beau-père, quelle nouvelle ? Ce cœur agité s'eſt-il calmé ? S'eſt-elle enfin renduë à mes attaques ?

EMILIE *à part.*

Voyons quel effet la jalouſie fera ſur Valère ?

GERONTE.

Menez-vous ſon indifférence & ſa pudeur pieds & poings liés ſur le champ de bataille de

mes

mes amours? Est-elle enfin toute confite de tendresse pour moi?

LISIMON.

La voilà, Monsieur. Vous pouvez consulter ses sentimens. Je donne mon agrément à la résolution qu'elle prendra, mais je ne gênerai point ses inclinations.

GERONTE.

Bon, c'est encore autant de gagné. Vous venez d'entendre, Mademoiselle, la déclaration de Monsieur vôtre père, & vous savez combien Madame vôtre mère m'est favorable. Il ne s'agit donc plus que de vôtre consentement. Voulez-vous faire le bonheur d'un homme qui a fait le tour du monde pour amasser une fortune digne de vous être offerte?

EMILIE.

Si je me déclare aujourd'hui, ce ne seront pas vos richesses, Monsieur, qui détermineront mon choix.

GERONTE.

Tant mieux. Ce sera donc mon petit mérite. Que cela est adorable.

VALERE.

Ciel! qu'entends-je! Tout mon espoir est trahi. *bas à Lisimon.*
Mais, Monsieur, pensez donc à votre promesse.

LISIMON *bas à Valere.*

Mon amitié pour vous m'avoit porté à contraintriindre le choix de mes filles, mais votre résolution opiniâtre leur a rendu la liberté.

VALERE.

Que je suis malheureux !

EMILIE à *Geronte*.

Avec tout cela, Monfieur, je n'ai pas encore l'ame tranquille fur bien des objets. La trop grande facilité avec laquelle vous vous êtes determiné en ma faveur . . . .

GERONTE.

Les courtes réfolutions font toujours les meilleures.

EMILIE.

On m'a d'ailleurs beaucoup parlé de vôtre penchant à la galanterie, & du nombre de vos conquêtes. On dit que dans tous les païs où vous avez voyagé, vous avez laiffé des traces de votre mérite féduifant.

GERONTE *riant*.

Oh ! à l'égard de cela, fi jamais nous fommes mariés, vous aurez du plaifir. Pour nous amufer, nous ferons quelque jour un petit tour à la Chine. Je vous donnerai la fatisfaction de vous montrer une demi-douzaine de Chinoifes de la premiere volée, qui créveront dans leur peau en vous voyant ma femme; mais je les laifferai créver tranquillement; et feront autant de facrifiés que je vous ferai, & dès le
moment

moment que le mariage nous aura unis, je ferais la pompe funébre de la galanterie.

VALERE à part.

Je ne devrois pas craindre un rival aussi ridicule. Mais que le cœur d'une femme est bizarre !

EMILIE.

Ah ! je vous tiendrai quitte de la promenade à la Chine ; ce n'est pas là mon goût.

GERONTE.

Ma petite pouponne, quand vous serez avec moi, vos goûts changeront. Vous quitterez pére & mére pour suivre un époux que vous idolâtrerez.

VALERE à part.

Tout original qu'il est, il me met au désespoir.

EMILIE à part.

Valere me fait pitié, finissons la Comédie.

GERONTE.

Que dites-vous là ? Est-ce une indifférence agonisante qui rend les derniers soupirs ?

EMILIE.

Non, Monsieur, la maladie n'est pas si dangereuse que je n'en puisse réchaper. Ecoutez-moi. J'ai cru qu'il m'étoit permis de badiner un moment avec vous ; mais comme je vois que vous prenez la chose au sérieux, il est

tems

tems que je vous désabuse, en vous proteftant
que je ne me fens aucun goût pour vous.

GERONTE

Ecoutez, Monfieur le beau père, elle n'a
aucun goût pour moi; ha, ha, ha!

LISIMON.

Que voulez-vous? Les inclinations ne fe
commandent point.

GERONTE.

Vous badinez, je penfe. Cela ne fe peut
pas. Madame vôtre mére m'a donné fa parole que vous m'aimeriez.

EMILIE.

Ma Mére eft trop raifonnable pour me contraindre; & moi, je ne fuis point d'un caraêté-
re à vous en impofer.

GERONTE.

Ma foi, l'ami, vous avez-là deux filles bien
extraordinaires. L'une veut me faire paffer
par mille etamines, & m'affervir à faire le Galant pendant fix mois entiers, l'autre me figni-
fie un congé tout net. Dites-moi; eft-ce que
depuis mon départ toutes les filles font deve-
nuës comme cela dans ce païs?

VALERE.

Je vous répons, Monfieur, qu'avec le bien
& le mérite que vous avez, vous en trouverez
beaucoup qui ne feront pas du fentiment de
Mademoifelle.

GE-

GERONTE

Franchement je le crois aussi

à Emilie.

Tenez, confultez Monfieur, fur ce que vous avez à faire, il vous dira que fans vanité je vaux mon prix.

EMILIE.

Me confeillez-vous, Valere, d'écouter Monfieur?

VALERE.

Ce feroit mettre la modeftie de Monfieur Geronte à de trop rudes épreuves, que de vouloir faire fon éloge en fa préfence.

GERONTE.

Non, non, dites toujours. Je me ferai un peu de violence.

VALERE.

Je n'oferois jamais. Votre préfence me ferme la bouche. Si vôtre modeftie ne fouffre point, la mienne fouffrira; & je ne fuis pas affer impudent adulateur pour loüer les gens en face.

GERONTE.

Allons donc. En ce cas là je me retire. Auffi bien tout ce mic-mac me brouille fi fort, que j'ai befoin de boire un coup pour remettre ma raifon en ordre. Adieu, l'ami. Adieu,

fiére

fière Princesse ; j'espère de vous trouver des
idées plus raisonnables à mon retour.

SCENE VIII.

LISIMON, EMILIE, VALERE.

LISIMON.

Eh! bien, Valere, commencez donc le Pané-
giryque de votre ami Geronte. Essayez
si vous pouvez rendre ma fille favorable à ses
vœux.

VALERE.

Hélas! fut-on jamais dans un plus cruel
embarras!

EMILIE.

Selon vous Geronte a tant de mérite que
vous ne devez point être embarassé de trouver
des motifs pour me persuader.

VALERE.

Auriez-vous pû, adorable Emilie, vous
tromper un instant sur les raisons qui me l'ont
fait éloigner!

EMILIE.

Adorable Emilie! Quoi? C'est apparemment dans la bouche de Geronte, que vous
mettez cette expression ? Vous étes un Négociateur zelé.

VALERE.

Me croiriez-vous si destitué de goût & de
discer-

discernement, que je ne puisse vous rendre la
même justice & les mêmes hommages que vous
rend Geronte, & que vous méritez de tout le
monde?

EMILIE.

Je ne conçois rien à vos discours. Vous
oubliez les intérêts de Geronte pour me faire
un compliment flatteur en vôtre nom.

VALERE.

J'oublie tout en vous voyant.

à part.

Dieu! qu'elle me paroit aimable en ce moment!

LISIMON.

Bravo, mon garçon. C'est la disposition
où j'aime à vous voir. Pardonnez à mes
transports . . . *il l'embrasse.*

VALERE.

Le trouble où vous me voyez, doit vous découvrir assez les dispositions de mon cœur.

LISIMON.

Ouï, j'apperçois le trouble qui vous agite:
Allez, Valere, vous tranquilliser un moment &
venez tantôt me trouver dans mon Cabinet:
aussi bien une affaire importante m'y appelle.

VALERE.

J'obéïrai à vos ordres. Heureux si dans
cet entretien vous daignez mettre le comble à
mes vœux! *à Emilie.*

Adieu

Adieu, charmante Emilie. Je connois trop
vôtre façon de penser, pour craindre Geronte;
mais je me connois trop moi-même pour oser
me flatter de mériter vôtre tendresse.

il fort.

LISIMON.

O Ciel! qui voyez dans un cœur paternel les
mouvemens de joye que cet evénement heureux
y fait naitre, daignez achever l'ouvrage de
mon bonheur, & je descendrai avec joye dans
le tombeau.

EMILIE.

Mon cher pére, je ne diffimule point avec
vous. Qu'il me feroit doux de pouvoir accorder mon devoir, ma raifon & mon cœur!

Fin du troifiéme Acte.

ACTE IV.

SCENE PREMIÉRE.

PASQUIN *feul.*

Maudit foit celui qui inventa le métier de
Valet. On rode, on fe tracaffe, on fe
damne pour un Maitre, & l'on ne voit qu'in-
gratitude & mifére en perfpective. Dix ans
de fervices ne rachetent pas une feule petite
faute.

faute. Il n'y a sortes de tours que ces vilaines ne vous jouent. Le mien ne vaut pas mieux qu'un autre. C'est la plus noire trahison qu'on ait jamais faite à un domeſtique. Comment, Monſieur Geronte, vous voulez donc m'eſcamoter ma Louiſon? J'ai découvert votre infame deſſein, & j'en ſuis au deſeſpoir. Jamais cette coquine ne m'a tant trotté par la cervelle que depuis que j'aperçois le dévolu que vous avez jetté ſur elle. Ma foi, il n'y a plus ni joye ni bonheur pour les honnêtes gens dans ce monde. Sortons-en honnêtement.

Il tire une corde.

Pendons nous plutôt; cela aura quelque choſe de grand. Oüi, je ne ſerai pas ſpectateur de l'infidélité de Louiſon, & j'eſpére, qu'on en ſoupçonnera mon Maitre. Je ſatisferai à la fois mon amour & ma vengeance.

SCENE II.

GERONTE gris, PASQUIN.

GERONTE *dont le diſcours eſt quelque-*
fois interrompu par un hoquet.

Peſte! ce vin du Cap étoit bon!

à Paſquin.

Mais que fais-tu là, Maraud, avec cette corde?

A a   PAS-

PASQUIN.

Faut-il donc d'abord en venir aux invectives?
Depuis quand fommes-nous fur ce pié?

GERONTE *l'embraffent.*

Ne te fâches pas, mon pauvre Pasquin. C'eft
le ton de ce Païs-ci de maltraiter fes gens. Tiens,
voilà dequoi boire à ma fanté. Mais encore
un coup que prétendois-tu faire de cette corde!

PASQUIN.

Que diable! c'eft une corde d'un de vos
ballots. Flairez, elle fent la Chine.

GERONTE.

Ouï, cela fent le Mufc. Mais pourquoi as-
tu ouvert ce ballot? Tu as voulu apparemment
me voler, tu es un fripon.

PASQUIN *en colere.*

Encore! Savez-vous bien que fi vous continuez fur ce ton-là, je . . .

GERONTE.

Hé! que feras tu?

PASQUIN.

Je me tairai.

GERONTE.

Cela eft bien dit. Puisque cela eft ainfi, il
faut que je te donne encore une petite récompenfe. Mais fi tu n'as pas voulu me voler,
pourquoi ouvrois-tu donc les ballots?

PASQUIN.

Vous ne vous fouvenez donc pas que tous vos
effets doivent être vifités à la Douane. GE-

GERONTE.

Et toi, t'a-t-on ouvert auffi pour voir ce
que tu avois dans le ventre?

PASQUIN à part.

Ma foi, il eft yvre, ou je veux être confondu.
à Geronte.
Non, car j'ai le cœur fur la langue, mais il
y a de certaines gens qu'on devroit bien ouvrir
pour voir ce qu'il y a dedans.

GERONTE.

Eft-ce de moi que tu parles?

PASQUIN.

Qui fe fent galeux, fe gratte.

GERONTE.

Mais à qui en veut donc ce Coquin effronté?

PASQUIN.

Je vous le dirai tantôt; mais parlons pre-
miérement d'affaires. Les Douaniers deman-
dent un Inventaire de toutes le marchandifes
qui forment vôtre cargaifon, & cela figné de
vôtre main.

GERONTE.

J'ai bien autre chofe à faire. Vois-tu, quand
on a le cœur pris, & qu'on eft à la veille d'époufer un joli tendron, on n'eft guéres difpofé à
faire des Inventaires.

PASQUIN.

Vous feriez mieux de laiffer là vos amours,
& de penfer à vos affaires.

GE-

GERONTE.

Tu raisonnes, je pense, mais il me vient une idée . . . .

PASQUIN.

Voyons.

GERONTE.

As-tu une feuille de papier blanc, une plume, & de l'encre?

PASQUIN.

Ouï, Monsieur, un valet qui fait les affaires de son Maître ne marche jamais sans cela.

Il tire le papier, la plume, & l'encre.
Mais à quoi bon cela?

GERONTE.

Je signerai mon nom au bas de la feuille, & tu n'as qu'à mettre au dessus l'Inventaire qu'on demande.

PASQUIN.

Soit. L'expédient est bon. Signez donc.

GERONTE *signant.*

Que ces maltôtiers sont pressants & chicaneurs!

PASQUIN *prenant le blanc-signé.*

Je me charge du reste.

GERONTE.

Et moi, je vais achever ma bouteille, après quoi j'irai pousser la belle passion.

il sort.

PAS-

PASQUIN *seul.*

Vas, tu es un joli garçon, tu as des plus belles dispositions bachiques pour conter fleurette. Le Ciel est bien bénin de donner à des Maitres yvrognes des valets sages . . . Mais voici fort à propos Louïson.

SCENE III.

PASQUIN, LOUISON.

LOUISON.

Eh bien! Monsieur Pasquin, comment va la vie? M'aimez-vous toujours?

PASQUIN.

Ah! serpent qui caresses ceux que tu assassines!

LOUISON.

Qu'est-ce à dire, pourquoi cette colére?

PASQUIN.

Ouï, tu n'as qu'à faire l'étonnée, tu crois que je suis aveugle, & que je ne vois pas ta conduite.

LOUISON.

Je m'envelope de ma vertu.

PASQUIN.

On verra donc ta nudité, car tu as là une envelope fort mince.

LISIMON.

Mais encore un coup, dequoi te plains-tu?

PAS-

PASQUIN.

Tu t'imagines donc que je ne m'apperçois point de ce qui se passe entre toi & mon Maitre?

LOUISON.

Mais rien du tout. Un peu de badinage, quelques petites caresses, qu'on ne sauroit sans brutalité refuser d'un bon homme comme lui.

PASQUIN.

Un bon homme. Peste! Ces Richards sont ordinairement les plus dangereux.

LOUISON.

Je crois en vérité que tu te donnes les airs d'être jaloux.

PASQUIN.

Tu me joues de ces tours-là, même avant le mariage, & tu ne vondrois pas que ma délicatesse en fut blessée?

LOUISON.

Ta délicatesse? Tu es un joli Monsieur, pour faire le délicat.

PASQUIN.

Oui, Mademoiselle Louison, il ne faut pas faire un jeu de cela. Sachez, que s'il vous arrive encore d'écouter les sornettes de mon Maitre . . .

LOUISON.

Hé! . . .

PASQUIN.

Je vous plante là, & je m'en retourne à la Chine.   LOUI-

LOUISON.

Bon voyage ; & vous, Monſieur Pasquin, ſâ-
chez que s'il vous arrive encore de faire le jaloux & l'incommode, je vous cracherai au nés
la première fois que vous me parlerez de vos
amours.

PASQUIN.

Il eſt donc écrit dans les Aſtres que je le ſerai, ſans même oſer m'en plaindre !

LOUISON *fâchée.*

Non, vous ne ſerez rien ; car je ne veux plus
entendre parler de vous.

PASQUIN.

Mais il ne faut pas ſe fâcher, quand on dit
les choſes honnêtement.

LOUISON.

Vous appellez cela honnêtement ?

PASQUIN.

Mais vraiment. Je ne ſçai pas comment
vous êtes, vous autres. A' la Chine une femme ſeroit au deſeſpoir, ſi ſon amant ne lui té-
moignoit quelque jalouſie. J'étois en intrigue
à Pequin avec la fille d'un Philoſophe ; or donc
un beau jour je vis clair comme à travers d'un
criſtal qu'elle me faiſoit une infidélité marquée.
Je lui en fis des reproches, elle me répondit
par des invectives, enfin de fil en aiguille nous
nous primes par les cheveux, & nous nous en
donnâmes comme il faut. Depuis ce moment

là,

là, nous nous aimâmes comme des tourterelles.

LOUISON.

Vous osez me faire un pareil conte, sans craindre que je devienne jalouse à mon tour?

PASQUIN.

Que diable! elle est à la Chine cette fille. S'il y avoit aussi bien l'Ocean entre mon Maître & toi, je ne m'aviserois pas d'être jaloux.

LOUISON.

Eh! bien, avouës que tu es un nigaud de me chicaner pour si peu de chose, & à cette condition je te pardonnerai.

PASQUIN.

Je n'aime pas les longues quérelles.

LOUISON.

Touches-donc-là; & sois sage à l'avenir.

PASQUIN.

Il le faut bien. Voilà qui est fait. Tu n'aimes donc pas mon Maitre?

LOUSON.

Encore?

PARQUIN.

Non, non, je ne dis rien. Ce n'est qu'un petit scrupule, dont je tâcherai de me guérir.

LOUISON.

Tu m'aimes donc bien?

PASQUIN.

Je t'aime si fort que tu ne sors pas un instant

tant

tant de ma tête, j'ai même peur que tu ne la
faſſes tourner. Je ſuis déjà en bon chemin, car
tu m'as rendu Poëte.

LOUISON.

Tu-Dieu Poëte ! Cela eſt beau.

PASQUIN.

Oui, en paſſant ſous la Ligne je m'aprochai
ſi fort des Rayons de Phœbus, que dès lors je
ſentis un petit accés de ſes poëtiques influen-
ces. Je fis à bord du vaiſſeau un joli Poëme
ſur nôtre Marmiton ; depuis je n'y ai plus
penſé : mais tes beaux yeux ont rallumé ma
verve, & je viens de compoſer une petite
chanſon pour toi, que je te prie d'accepter.

il lui donne un papier plié.

LOUISON.

Mais voilà qui eſt galant au poſſible. Je
ne te connoiſſois pas encore ce talent-là.

PASQUIN.

Tu en trouveras bien d'autres chez moi, qui
te ſurprendront.

LOUISON.

Voyons donc ce que tu me chantes.

PASQUIN.

Non, tu liras cela quand je n'y ſerai point.
Tes loüanges bleſſeroient ma modeſtie, & je
ſuis preſſé d'aller à la Doüane, retirer les effets
de mon Maitre. Adieu, ma charmante Ve-

nus, mon Apollon te parlera pour moi pendant mon abſence.   *il ſort.*

SCENE VI.

LOUISON *ſeule.*

Voyons donc ce que ce Nigaud aura pu me dire?

        elle déploye le papier.

Ma foi, rien. C'eſt une chanſon en blanc, ſigné Geronte.   *elle médite.*

C'eſt un qui-pro-quo qu'il a fait ſans doute; au lieu de vers, il m'a donné un blanc-ſigné de ſon Maitre.   *elle médite encore.*

En vérité ce papier entre les mains d'une fille intrigante & hardie vaudroit mieux que toutes les Poëſies du monde; ouï, je pourrois ſervir à la fois mes Maitreſſes, Liſimon, Valere, & moi-même. Il n'y auroit qu'à ecrire une promeſſe de Mariage entre Geronte & moi, au deſſus de cette ſignature. Je pourrois l'épouſer ſans offenſer perſonne; il m'aime déjà. Et au pis-aller, il ſeroit obligé de me donner pour le dédit une bonne ſomme, qui me feroit un établiſſement.   *elle rêve encore.*

La délicateſſe de ma vertu murmure & ſe révolte contre un pareil projet. Mais dans le fonds je ne lui fais aucun tort. Je lui procure une brave femme qu'il ſemble aimer. *Ceci* accé-

accélérera seulement un peu les chofes. Allons confulter mon Coufin, qui eft Clerc de Procureur; & le plus madré Coquin du monde.

SCENE VII.

LISIMON, MAD. LISIMON, LOUISON.

MAD. LISIMON.

Vous avez beau prêcher, Monfieur Lifimon, je n'en démordrai pas.

LISIMON.

Mais, Madame, permettez-moi feulement de vous parler raifon.

MAD. LISIMON.

La raifon veut que Geronte époufe nôtre Emilie, & cela eft tout fimple.

LISIMON.

Vous ne voulez donc pas m'écouter un moment?

MAD. LISIMON.

Graces au Ciel, au premier de May prochain nous aurons vingt-cinq ans de mariage. Je m'en fouviens encore comme d'aujourd'hui. Or il eft à naitre que depuis tout ce tems, je me fois oppofée une feule fois à vos volontés. Je le dis-là devant vous, Monfieur Lifimon. Rendez juftice à la vérité.

LISIMON.

Là là, Madame, je ne fuis pas venu ici pour
vous

vous faire aucun reproche, & vous savez que je hais les disputes.

MAD. LISIMON.

Or donc, il est bien juste que j'aye une fois ma volonté en ma vie, & j'aimerois mieux mourir que de céder cette fois-ci.

LOUISON.

Mais, Madame, si j'osois dire un mot ; quand même vous seriez sure du consentement de Monsieur Lisimon, l'êtes-vous aussi de celui de Mademoiselle Emilie ?

MAD. LISIMON.

Il feroit beau voir qu'une fille bien née se cabrât contre les volontés de ses parens. Tu honoreras ton père & ta mère. C'est là le premier de ses devoirs.

LOUISON.

Elle vous honorera beaucoup ; mais je crois ni plus ni moins qu'elle n'épousera pas Monsr. Geronte.

MAD. LISIMON.

C'est apparemment vous qui lui inspirez ces beaux sentimens, & qui la rendez rebelle à mes volontés.

LOUISON.

A' Dieu ne plaise.

LISIMON.

Mais que diriez-vous, si Angelique avoit quelque dessein sur Geronte ?

à part.

à part.

Gagnons toujours du tems.

MAD. LISIMON.

À la bonne heure! Mais cela ne se peut pas.

LOUISON.

Il faudroit au moins la consulter; il faudroit d'un autre côté savoir la déclaration de Valère, en un mot il faudroit . . .

MAD. LISIMON.

Se taire. Entendez-vous. Allez m'appeller Angelique.

LOUISON *sortant.*

Qu'elle est brusque! Ma foi, il n'y fait pas bon.

LISIMON.

Si vous vouliez m'en croire, Madame Lisimon, nous laisserions un libre cours aux inclinations de nos filles. Leur choix ne peut tomber que sur Valere & Geronte, & l'un & l'autre, dites-vous, vous conviennent pour Gendres.

MAD. LISIMON.

Patatri, patatra. Mes filles avec leurs sublimes sentimens pourroient les rebuter l'un & l'autre. Savez-vous bien que Geronte est un millionaire, & que tous nos parens nous prendroient pour des imbéciles, si nous manquions un aussi bon coup.

SCENE

SCENE VI.

LISIMON, MADAME LISIMON, ANGELIQUE.

LISIMON.

Vous savez, ma fille que j'ai toujours partagé ma tendresse entre vous & Emilie. Votre bonheur fait l'objet de mes vœux. Je commence à sentir les infirmités de la vieillesse, & avant ma mort je voudrois avoir la consolation de vous voir établie par un mariage avantageux.

ANGELIQUE.

Ah! mon pére, au nom de cette tendresse, éloignez ce projet, laissez-moi ma liberté, ou permettez du moins que je puisse au Couvent . . . .

MAD. LISIMON.

Bon, bon, au Couvent. Langage ordinaire des filles; on ne vous a point envoyé chercher pour tenir de ces propos rebattus. Au Couvent . . . . au Couvent . . . . .

ANGELIQUE.

Ne croyez pas, Madame, que je veuille faire de ces grimaces, que les gens du monde abandonnent au vulgaire. Non, je n'en suis pas capable.

LISIMON.

Je connois cependant votre goût pour le

grand

grand monde. Il faut, ma fille, un grands fonds
pour pouvoir briller avec un certain éclat sur
le théatre. J'ai crû que les richesses de Geronte pourroient vous mettre en état de soutenir le rôle que vous aimez à y jouër.

ANGELIQUE.

Mon cher Pere, vous avez assez de bien
pour m'entretenir au Couvent. La retraitte
est tout ce que j'ambitionne.

MAD. LISIMON.

Et moi, je comptois de vous marier à Valère. Il n'est pas aussi riche que Geronte, mais
il possede un bien honnête.

ANGELIQUE *vivement*.

Valère, ma chere Maman !

MAD. LISIMON.

Mais vous rompez tous mes desseins, en
vous déclarant pour le Célibat.

ANGELIQUE.

Mais Valère . . .

MAD. LISIMON.

Cela feroit-il changer la thése ?

LISIMON *à part*.

Hélas ! je m'apperçois que j'ai tout gâté en
la consultant.

ANGELIQUE.

Mais, Madame, on ne sait pas où l'on en est.
Tantôt c'est Geronte, tantôt c'est Valère.
Croyez-vous donc que tout me soit égal ?

MAD.

MAD. LISIMON.

Non, mon Enfant, ce sera Valère.

ANGELIQUE.

Mais . . . .

MAD. LISIMON.

Mais . . . le voici justement.

SCENE VII.

LES ACTEURS PRECEDENS, VALERE.

MAD. LISIMON.

Vous venez fort à propos, Monsieur Valère. Voici nôtre Angelique qui a la rage de vouloir se mettre au Couvent; je fais tout au monde pour l'en détourner: assistez-moi, je vous prie, de vôtre rhétorique, pour la ramener à d'autres sentimens.

VALERE.

Je crains bien que je ne possede pas l'art de persuader.

ANGELIQUE.

J'ignore sur quoi vous fondez cette crainte; mais il est certain que jusqu'ici personne ne m'a dit des argumens assez forts pour changer ma résolution.

VALERE.

Mais la volonté, & le desir de vos parens . . .

AN.

ANGELIQUE.

Mes parens n'ont jamais contraint mes in_
clinations. Entre mille obligations que je
leur ai, ce n'en est pas une des moindres.

VALERE.

Le grand monde pour lequel vous semblez
être faite, & qui paroit avoir eu jusqu'ici des
attraits pour vous . . . .

ANGELIQUE.

Les goûts changent. J'ai fréquenté assez le
grand monde, & les personnages qui y jouent
des rôles deviennent si mauvais.

VALERE.

Ce passage subit de la vie bruyante & dissi-
pée à une retraitte austère . . . .

ANGELIQUE.

N'auriez-vous pas d'autres motifs à m'al-
léguer ?

VALERE.

Le chagrin que vous ferez à vos amis. Hélas ! peut-être le désespoir d'un adorateur secret de vos charmes.

ANGELIQUE.

Peut-être.

VALERE à part.

Qu'elle me paroit belle en ce moment !

MAD. LISIMON.

Cette raison-là n'est pas mauvaise,
elle ajuste & redresse sa fille.

B b

Voyez

Voyez les yeux de cette coquine-là, son
tein, son port, sa taille; tout cela est-il fait
pour le Couvent?

VALERE.

Non certes, Madame . . . . Dieux! que
les attraits de la beauté sont puissans!

MAD. LISIMON.

Ouï, je ne crains pas de le dire en sa présence; elle a dequoi rendre un honnête homme heureux.

ANGELIQUE.

Ah! vous me faites rougir, ma chere Mère.
Votre tendresse vous prévient en ma faveur.
Monsieur ne pensera pas de même, mais il est
trop poli pour vous contredire.

VALERE.

Hélas! Mademoiselle, si vous pouviez voir
mon cœur, vous le verriez blessé de vos traits.

ANGELIQUE.

Voilà du fruit nouveau. Valère vous ne
m'avez jamais tenu un pareil discours.

à part.

Que dira Emilie?

VALERE.

Je vois, Mademoiselle, qu'il est un moment
qui triomphe de toutes les résolutions.

ANGELIQUE.

C'est un moment que je dois éviter, & pour
vous & pour moi. *elle veut se retirer.*

MAD.

MAD. LISIMON.

Mais fi donc, Angelique, n'allez pas faire ici la mijaurée. Quand Monsieur vous parle le plus honnêtement du monde, vous voulez le fuir?

ANGELIQUE.

Vous connoiffez, Madame, la répugnance que j'ai toujours eu pour les propos de cette nature. Valère prend le ton langoureux, & je ferois piquée au vif s'il étoit capable de m'engager à le fouffrir dans fa bouche.

elle fort.

MAD. LISIMON.

Allons, allons, Monfieur, point de foibleffe humaine. C'eft un petit caprice, il faut la fuivre pour l'en corriger. Venez avec moi, & repofez-vous fur mes foins. Du train que prennent les chofes, je vois que vous ferez mon gendre ce foir.

LISIMON *à Valère.*

N'irez-vous pas dire un feul mot à Emilie?

VALERE *en fortant.*

Grands Dieux! que je fuis coupable!

SCENE VIII.

LISIMON *feul.*

Mon chagrin ne fauroit fe concevoir. J'aime également mes enfans; mais Ange-

lique

lique par fa beauté, auroit toujours trouvé un établiffement. Valère & Emilie au contraire fembloient être formés pour faire mutuellement leur bonheur. Angelique d'ailleurs, abforbée dans le grand monde, eft indifferente pour tous les hommes, & ne recevroit tout au plus les hommages de Valère, que parce qu'il y a une efpéce de vanité à fe voir aimé d'un homme univerfellement goûté; au lieu qu'Emilie l'adore dans le fond de fon ame.

SCENE IX.

LISIMON, EMILIE.

EMILIE.

Vous avez bien voulu être mon confident; daignerez-vous auffi être mon guide & mon confeil : puis-je regarder déformais Valère comme un Amant, & comme mon Epoux?

LISIMON

Non, mais comme un Traitre.

EMILIE.

Jufte Ciel! qu'entends-je?

LISIMON.

Ouï, mon enfant, rappellez toute vôtre raifon pour oublier à jamais ce perfide. Mes yeux l'ont vû épris d'Angelique, & il lui a déclaré fon amour.

EMI-

EMILIE.

Que je suis malheureuse ! Mais hélas ! je n'ose le blamer. Angelique est si belle.

LISIMON.

La bonté de vôtre cœur cherche encore à l'excuser. Je crois en effet qu'il est moins coupable qu'il ne paroit, & qu'il se détermine en faveur de celle qu'il voit la dernière.

EMILIE.

Vous croyez donc, mon cher père, qu'il y auroit encore moyen de le ramener vers moi, si je pouvois lui parler?

LISIMON.

La seule difficulté, mon Enfant, n'est pas du côté de Valère. Angelique employe tous ses charmes pour l'attirer à elle. Geronte d'un autre côté fait les plus vives instances pour obtenir vôtre main, & il est apuyé par la plus forte protection de vôtre mère. Que pouvez-vous faire contre tant d'obstacles?

EMILIE.

Obéir à la volonté de mes parens, & me soumettre aux arrêts du Ciel.

LISIMON.

Non, ma fille, non. Le Ciel ne veut point qu'un mariage forcé soit le salaire d'aussi dignes sentimens.

EMILIE.

Vos bontés me pénetrent de la plus vive re-

con-

connoiſſance. Promettez-moi ſeulement, mon
cher père, que vous vous oppoſerez à mon
mariage avec Geronte.

LISIMON.

Ouï, mon Enfant, je vous le promets ; ai
lui, ni perſonne, ne ſera jamais vôtre Epoux
contre vôtre gré : mais je voudrois faire plus,
je voudrois vous unir à Valère, s'il étoit poſſible de fixer ſon inconſtance.

EMILIE.

Ne penſons plus à Valère ; s'il aime ma ſœur,
& s'il en eſt aimé, je ſacrifierai volontiers ma
tendreſſe à leur bonheur.

elle répand quelques larmes.

SCENE X.

LISIMON, EMILIE, PASQUIN.
une petite lanterne à la main.

LISIMON.

Hé ! voilà Paſquin. Quel ſujet vous amene,
& que veut dire ceci ?

PASQUIN.

Pardon, Monſieur, de ce que j'entre libre-
ment chez vous ; mais j'ai eu une petite fatalité.

LISIMON.

Quelle fatalité ?

PASQUIN.

J'ai perdu un billet.   LI-

LISIMON.

Où l'avez-vous perdu? Eft-ce ici?

PASQUIN.

Ma foi, fi je favois où, je ne l'aurois pas cherché fi long-tems.

LISIMON.

Etoit-ce un billet doux?

PASQUIN.

Pefte! c'eft un billet doux qui pourroit coûter cher à mon Maitre.

LISIMON.

Mais encore, dequoi s'agit-il?

PASQUIN rêvant.

Oui . . . parbleu . . . ma foi, c'eft cela précifément . . . . . . Oh! cela eft clair . . . . Monfieur, j'y fuis . . . Ne fauriez-vous pas où je puis trouver Louïfon?

EMILIE.

Elle eft fortie.

PASQUIN.

Il n'y a qu'elle qui puiffe en favoir des nouvelles. C'eft le Diable quand on a tant d'affaires en tête.

EMILIE.

Quoi un billet deux de vôtre Maitre dont Louïfon feule peut favoir des nouvelles?

PASQUIN.

Ah! Mademoifelle, ne me queftionnez pas;

je ne puis rien vous dire là-deſſus. Les Dames ſont curieuſes dans ce païs-ci.

LISIMON.

Ne le ſont-elles pas auſſi à la Chine?

à part.

Faiſons le babiller.

PASQUIN.

Qui dit femme, dit en général un être curieux.

LISIMON.

Vôtre Maitre a été, dit-on, fort eſtimé dans
ce païs-là.

PASQUIN.

Ah! l'argent fait beaucoup à la Chine comme
ici.

LISIMON.

J'en conviens; mais indépendemment de ſes
richeſſes, Monſieur Geronte eſt un homme d'un
fort bon caractère, & d'un merveilleux eſprit:
n'eſt-ce pas?

PASQUIN.

Ouï, c'eſt un fort bon Enfant pour le caractère; mais pour l'eſprit . . . tenez, je n'aime pas à médire, & vous me feriez lâcher
quelque ſottiſe. Par ma foi, il y a bien des
Maitres dans le monde, qui ſont heureux d'a-
voir des domeſtiques intelligens.

LISIMON.

Vous avez donc toujours été à ſes côtés pendant ſes voyages.   PAS-

PASQUIN.

Je ne l'ai pas plus quitté que son ombre. Je
l'ai accompagné jusques chez l'Empereur.

LISIMON.

Quoi? Vous avez vu l'Empereur?

PASQUIN.

Vraiment: mais c'est l'Empereur de la Chine, car il n'y a que celui-là à Pequin.

LISIMON.

Voilà qui est extraordinaire.

PASQUIN.

Il y a bien plus. Je l'ai vû manger, moi
qui vous parle.

EMILIE.

Il mange comme un autre homme, n'est-ce
pas ?

PASQUIN.

Point du tout. Il craint terriblement les
fatigues inutiles & pour ne pas incommoder
ses bras en gesticulant avec une cuillère, son
Grand Maitre d'hôtel lui seringue son bouïl-
lon dans la bouche. Cela est fort plaisant à
voir.

EMILIE à part.

Quel insigne menteur !

LISIMON.

Ce n'est pourtant que par des voyes que la
probité autorise, que votre Maitre a aquis
toutes ses richesses?

Bb 5   PAS-

PASQUIN.

Mais, oui, il n'a volé ni affaffiné perfonne.
Au refte quand nous fommmes en mer, nous
autres nous ne lifons guères dans le livre de la
probité.

LISIMON.

Vous parlez pour vous, Monfieur Pafquin,
mais votre Maitre eft un homme qui a de la
confcience.

PASQUIN.

Ecoutez-moi. On va à Rome pour faire
fon falut, on va à la Chine pour faire fa fortune.

EMILIE.

Pafquin n'eft pas fi fot.

PASQUIN.

Je vous parle vrai; c'eft là mon feul mérite.

LISIMON.

Je voudrois bien favoir encore . . . . .

PASQUIN.

Oh! Monfieur, vous faurez cela une autre
fois; je fuis obligé de retourner à la Douane
pour achever de régler nos affaires, & j'ai
l'honneur de vous faluer trés-humblement.

Il fort.

SCENE

SCENE XI.

LISIMON, EMILIE.

LISIMON.

Que dites-vous de cet entretien?

EMILIE.

Il me confirme dans la résolution que j'ai prise de ne jamais épouser Geronte.

LISIMON.

Et il ne m'a pas fait naître l'idée de vous y contraindre.

EMIEIE.

Consentez plûtôt à ma retraitte. Tout ce qui m'arrive ne peut que me donner du dégoût pour les hommes, & pour le mariage. Je me liverai à l'étude, aux beaux arts, & à mille plaisirs innocens, capables d'amuser une fille qui pense, & de faire oublier le spectacle bruyant du monde. Ma plus grande consolation surtout sera d'avoir pû rendre ma Sœur heureuse.

LISIMON.

Ne précipitons rien, ma chere Emilie. Les choses à la vérité sont fort embrouillées, mais je vais faire les démarches necessaires pour nous tirer au moins de cette incertitude fatale. Ma tendresse pour vous me suggérera des
moyens

moyens pour vous rendre auſſi heureuſe que vous le méritez.

Fin du quatriéme Acte.

ACTE V.

SCENE PREMIERE.

VALERE *ſeul.*

Enfin je reſpire, & je ſors de l'état cruel où mon irréſolution m'avoit jetté. Mon cœur s'eſt déclaré pour Emilie, & je puis voir d'un œil tranquille les charmes de ſa Sœur. Oui, divine Emilie, tous mes vœux ſeront deſormais uniquement pour vous . . . Dieu! quel empire ſon mérite prend-il ſur mon ame! Son caractére eſt charmant, ſon humeur douce, ſon eſprit orné, mais naturel; qualités toujours préférables aux ſimples attraits de la beauté. Jeuneſſe folâtre, en vain vous faites de brillantes conquêtes, hors de l'hymen vous ne ſauriez gouter le plaiſir d'être aimé d'une femme vertueuſe.

SCENE II.

MADAME LISIMON, VALERE.
MAD. LISIMON.

Ça, Monſieur, parlons un peu raiſon.

VA-

VALERE.

Je ne demande pas mieux, Madame.

MAD. LISIMON.

J'ai fait cette nuit un rêve singulier, & qui me donne beaucoup à penser.

VALERE.

Je souhaite, Madame, que vous dormiez une autre fois plus tranquillement.

MAD. LISIMON.

Ce n'eſt pas de cela qu'il s'agit. Mais à mon reveil j'ai demandé mon Almanac, & j'y ai trouvé d'heureux pronoſtics.

VALERE.

Tant mieux; je vous en félicite.

MAD. LISIMON.

Pleine de ces idées, j'ai pris la ferme réſolution de me donner aujourd'hui un gendre tout au moins.

VALERE.

Vous ne pouviez prendre une meilleure réſolution.

MAD. LISIMON.

Ouï, je l'ai juré, & je le tiendrai. Vous avez beau, Monſieur, chercher toutes ſortes d'échapatoires pour éluder cette queſtion, il faut, ou me donner vôtre réſolution tout à l'heure, ou vuider ma maiſon.

VALERE.

Cela eſt préciis, Madame.

MAD.

MAD. LISIMON.

Ce n'est pas que je veuille vous violenter. Non. Mes filles sans vanité ont assez de mérite pour que je ne sois pas embarrassée de leur établissement, mais je veux savoir où j'en suis.

VALERE.

Je sens tout le prix de l'honneur que vous me faites.

MAD. LISIMON.

Il ne s'agit pas ici de complimens. Il faut parler clair.

VALERE.

Ouï, Madame, je serai ce gendre heureux, puisque vous l'ordonnez.

MAD. LISIMON.

C'est parler raison. Il semble qu'on m'ait allégé le cœur d'un pesant fardeau.

VALERE.

Il ne m'en a point coûté de vous faire cet aveu. J'emploirai au contraire tous les jours de ma vie à vous témoigner mon extrème ré-connoissance.

MAD. LISIMON.

Avouez que c'est une jolie fille que nôtre Angelique.

VALERE.

Sa beauté est parfaite.

MAD. LISIMON.

Allez lui faire un compliment de ma part, & tâchez de me l'amener.   VA-

VALERE.

J'obéis à vos ordres. *il sort.*

MAD. LISIMON *riant.*

Ha, ha, ha! En vérité, quand je me mets
une affaire en tête, je sçai la faire réüssir.

SCENE III.

MAD. LISIMON, LISIMON, EMILIE.

MAD. LISIMON *sautant au col de Monsʃ. Liʃimou.*

Mon Poupon, voilà qui est fait, j'ai triom-
phé de tous les obstacles, & je puis vous
féliciter de bon cœur.

LISIMON.

Tout doux, Madame Lisimon, tout doux.
D'où vous vient ce transport?

MAD. LISIMON.

Je viens de parler à Valère, qui m'a témoi-
gné des sentimens si raisonnables, que vous
m'en voyez toute hors de moi.

LISIMON.

Il s'est donc déclaré?

MAD. LISIMON.

Oui, mon cher mari.

EMILIE.

Pour Angelique?

MAD. LISIMON.

Et pour qui donc, si ce n'est pour elle?

EMI-

EMILIE *à part.*

C'en est donc fait.

LISIMON.

Pourvû que ce mariage soit heureux.

à part.

Cette déclaration est bien contraire à mes vûes.

MAD. LISIMON.

Ne craignez rien, mon cher. Tranquillisez-
vous. S'il plait au Ciel, je vous verrai grand
Papa au bout de l'année.

LISIMON.

A la bonne heure! . . . Ma chère Emilie!

EMILIE.

L'ihgrat!

MAD. LISIMON.

Pour rendre nôtre satisfaction complette, il
faut aussi finir avec Monsieur Gerome. Nous
ferons les deux nôces à la fois, & puis croyez-
moi, mon cœur, nous nous trouverons comme en Paradis, ayant établi nos enfans.

LISIMON.

Je souhaiterois que ce mariage put se conclure à leur satisfaction mutuelle.

MAD. LISIMON

Oh! Dame, satisfaction ou non, il faut
bien que cela se fasse. C'est un grand embarras de moins, quand on n'a plus de fille sur
les bras.

EMI-

EMILIE.

Je me flatte, Madame, que ma conduite ne vous a jamais donné aucun sujet d'inquiétude, & je ne mérite pas que vous cherchiez à vous débarrasser de moi par un mariage qui répugne à mon goût.

LISIMON.

Non, ma chere fille, non. Ce n'est point là l'intention de vôtre mère : elle suppose sans doute que cet établissement se fait de vôtre gré.

MAD. LISIMON.

Ah ! . . . N'allez pas au moins lui mettre des chiméres en tête.

EMILIE.

Si vous êtes assez généreux pour ne pas me contraindre, ce ne sera certainement point un Géronte qui m'arrachera d'entre vos bras.

MAD. LISIMON.

Ouais, c'est donc ainsi que vous voulez repondre à mes bontés. Vous qui lisez tant, n'avez-vous jamais lû que le Ciel punit les enfans ingrats & rebelles à leurs parens ?

EMILIE.

A Dieu ne plaise que je mérite jamais un pareil reproche.

LISIMON *bas à Emilie.*

Ma chère Enfant, tâchons seulement de gagner du tems.

Cc   MAD.

MAD. LISIMON.

Soumettez-vous donc à mes volontés, & croyez que c'est pour votre bien. J'ai plus d'expérience que vous. Il n'y a pas de païs aussi difficile que le monde. Ah! si jeunesse savoit...

EMILIE.

J'espère que vous ne voudrez point voir en un même jour, une de vos filles au comble du bonheur, & l'autre dans un abime de chagrin.

MAD. LISIMON.

Quel conte! C'est un abime d'où vous vous tirerez facilement. J'ai vu cent filles en ma vie, qui ne pouvoient pas souffrir leurs maris avant le mariage, & qui en étoient folles quinze jours après.

EMILIE.

Folles en effet.

MAD. LISIMON.

Ah! ça, Emilie, ne faites point l'enfant, promettez-moi que vous ne rebuterez point Géronte quand il viendra tantôt vous demander.

EMILIE.

Helas! Madame, accordez-moi du moins quelque tems.

MAD. LISIMON

Quelle obstination!

LISIMON.

Ce qu'Emilie demande est juste & raisonnable.

ble, Je lui accorde quelque délai, & vous aurez pour agréable d'y consentir.

MAD. LISIMON.

Il le faut bien pour avoir la paix; mais le mariage demeure toujours conclû & arrêté. Je n'entens point raillerie sur ce chapitre & je n'en démordrois pas pour un empire.

SCENE IV.

MAD. LISIMON, LISIMON, EMILIE, LOUISON.

LOUISON entre avec précipitation, & se jette aux pieds de Monsieur & Madame Lisimon.

J'implore vôtre protection contre un perfide & un suborneur.

MAD. LISIMON

Contre qui? Qu'avez-vous? Qu'est-ce? Dites.

LOUISON.

Je suis . . .

MAD. LISIMON.

Eh bien!

LOUISON.

Je suis . . .

MAD. LISIMON.

Quoi?

LOUISON.

Trahie. Cc 2 LISI-

LISIMON.

Eh! par qui?

LOUISON.

Par un infame qui apparemment a jetté un
dévolû fur toute la maifon.

LISIMON

Mais encore?

LOUISON.

J'ai honte de le dire.

LISIMON.

Je veux le favoir.

LOUISON.

Eh! bien, fauf refpect, par Géronte.

EMILIE.

Géronte!

LISIMON.

Géronte!

MAD. LISIMON.

Géronte!

LOUISON.

Oui, Géronte.

MAD. LISIMON.

Mais comment, en quoi a-t-il pû vous trahir?

LOUISON.

Ah! c'eft une affaire d'honneur.

MAD. LISIMON.

Comment une affaire d'honneur? Ce vieux
loup auroit-il eu l'audace . . .

LISI-

LISIMON. *bas à sa femme.*

N'allez donc point éxaminer tout cela devant notre fille,

MAD. LISIMON.

Mais je veux savoir comment la chose s'est passée.

LOUISON.

Je vous raconterai tout, pourvû que vous me pardonniez l'incongruité que j'ai commise..

MAD. LISIMON.

Mais encore un coup, de quoi?

LOUISON.

D'accepter ce poulet de ce maudit Chinois.

MAD. LISIMON *à son Epoux.*

Voyez donc ce que c'est. Cela peut-il se lire?

LISIMON *lit.*

„Je soussigné, Eustache Géronte, déclare
„& fais savoir à tous ceux qui besoin en au-
„ront, qu'étant épris des charmes & des ver-
„tus de Mademoiselle Louison du Toupet,
„faisant en tout bien & en tout honneur les
„fonctions de fille de chambre de Mesdemoi-
„selles Lisimon, & ladite Demoiselle Louison
„n'ayant pas voulu répondre à mes chastes
„amours, à moins que d'être duëment nantie,
„je lui ai promis & promets par les présentes
„foi & loyauté de mariage entant qu'à moi
„appartiendra, & de l'épouser solénnelle-
Cc 3   „ment

„ment dans l'espace de trois mois, à compter
„depuis la date de cette signature, ou bien de
„lui payer par forme de dédit la somme de
„cinquante mille francs, le tout . . .

EMILIE.

En voilà plus qu'il ne faut, je pense, pour
justifier le délai que je vous ai demandé
tantôt.

MAD. LISIMON.

J'en reste pétrifiée.   A qui désormais se
fier? Il faut que la tête lui ait tourné.

LOUISON.

Ce n'est pas une conséquence.

LISIMON.

Ce procédé-là n'est point d'un galant
homme.

EMILIE.

Je ne croyois pas avoir Louison pour rivale.

LOUISON.

Tout le monde fait ici de grands ha, ha,
& moi je ne vois rien de si extraordinaire là-
dedans.

EMILIE.

Va, Louison, je ne te disputerai pas ce
cœur-là.

Géronte paroît au fond du Théâtre.

MAD. LISIMON.

C'est un cas pendable, & l'action d'un scé-
lérat.

ferat; d'un traître; fi je le tenois, je l'étran-
glerois de mes mains.

SCENE V.

LES ACTEURS PRECEDENS.
GERONTE.

GERONTE *toujours gris.*

Et qui, ma chere Maman?

MAD. LISIMON.

Vous.

GERONTE.

Moi?

MAD. LISIMON.

Oui, vous, vous, en propre perfonne,
vieux Reître infame.

GERONTE.

Et que diable vous ai-je fait pour me traiter ainfi . . . on boit tranquilement fon verre de vin . . . .

MAD. LISIMON.

Je voudrois qu'il vous donnât la colique,
la phrénefie & la mort.

GERONTE.

Hé . . . . .

EMILIE.

Je vous plains, mon cher Monfieur Geronte.

Quant-

Quant-à-moi je fuis fort content de vous, &
j'applandis au parti que vous avez pris.

GERONTE.

Plait-il? . . . .

LISIMON.

Dans le fond, Monsieur, vous étiez libre
de votre choix; ainsi je n'ai rien à vous dire
là-dessus, mais je suis en droit de blâmer la
façon dont vous en avez agi.

GERONTE.

Comment? . . . .

MAD. LISIMON.

Il fait le nigaud; à le voir on diroit qu'il
ne fait rien. Je vous répons qu'il est confit
dans la fourbe, & que ce n'est pas la première
fois qu'il joue de ces tours-là.

LOUISON.

Comme on traitte mon Amant! Non, il n'est
pas permis d'insulter un honnête homme,
pour un choix fensé qu'il a fait.

GERONTE.

Je vous prie de me dire, si vous êtes devenus fous & enragés, tous tant que vous êtes.
Le Père veut me parler raison, & ne fait ce
qu'il dit; la Mère en vraye Megère m'accable
d'injures; la fille m'applaudit, & la fuivante
m'appelle fon Amant fans favoir pourquoi!
Est-ce une gageure que vous avez faite?

MAD-

MAD. LISIMON.

Avouez, qu'on n'a jamais vû rien de plus
hardi ni de plus effronté. Dans le tems que
tout est découvert . . . .

GERONTE.

Mais quoi, de par tous les Diables? Qu'est-
ce que vous avez découvert . . . .

LISIMON.

A quoi sert-il de feindre. Vous ne faites
qu'irriter ma femme qui est capable d'oublier
les égards qui vous sont dûs. Tous les stra-
tagèmes ne tiennent point contre une chose
écrite & signée.

GERONTE.

Et Job ne tiendroit point contre un pareil
persifflage. Sachez, Monsieur, que j'ai aussi
la tête chaude, & que si l'on pense se moquer
ici de moi, ma bile . . . ,

LOUISON *passant la main sous le men-*
ton de Geronte.

Mon cher Cœur, ne vous fâchez point, la
colère pourroit vous faire mal.

GERONTE.

En voici d'un autre. Mon cher Cœur . . .
Mon cher Cœur . . . Est-ce une mode qui
s'est introduite depuis mon absence, que les
Suivantes tâchent de réparer par leur complaisance, ce que les Meres gâtent par une impertinente sévérité?

SCENE

SCENE VI.

LES ACTEURS PRÉCÉDENS,
ANGELIQUE.

ANGELIQUE *à Emilie.*

Voici, ma Sœur, un billet qui s'adresse à
vous.

EMILIE.

A moi, ma Sœur?

ANGELIQUE.

Oui à vous, & j'ai ordre de vous le remettre en propres mains.

EMILIE.

Et de qui vient-il?

ANGELIQUE.

Vous le verrez.

EMILIE *à part.*

Apparemment de Valère.

à Angelique.

Vous pouvez le garder, je n'ai de corres-
pondance avec personne, & je ne ne reçois
point de billets d'un inconnu.

ANGELIQUE.

Oh! vous pouvez le lire hardiment.

EMILIE *à part.*

Il m'annonce apparemment le choix qu'il a
fait d'Angelique.

à Angelique.

Vous triomphez ma Sœur.

AN-

ANGELIQUE.

Il eſt vrai, & mon triomphe a dequoi me rendre glorieuſe. Ce billet vous en dira davantage.

EMILIE.

Il n'eſt pas d'une ame généreuſe d'étaler tout l'appareil de ſa victoire aux yeux du vaincu, & de ſe repaitre de ſa confuſion.

ANGELIQUE.

Auſſi ne vous dis-je point de le lire en ma préſence. Nous rougirons peut-être toutes deux.

EMILIE.

Voyons donc . . . Je le lirai tantôt . . . Au moins ne m'annoncera-t-on rien à quoi je ne m'attende.

ANGELIQUE.

J'en ſuis perſuadée.

EMILIE.

Mais Valère pouvoit me dire tout naturellement ce qu'il avoit à m'apprendre; & vous auriez pu vous diſpenſer, ma Sœur, de vous charger de cette commiſſion.

ANGELIQUE.

Vous me paroiſſez piquée. Je ne veux point m'attirer des reproches. Adieu, ma Sœur. Dans un moment vous me voudrez ſans doute tant de mal, que nôtre amitié pourroit

en

en fouffrir, ainfi permettez-moi de vous embraffer, peut-être pour la dernière fois.

Elle embraffe Emilie.

EMILIE *à part.*

Je fuis outrée. Quelle contenance tenir?

ANGELIQUE *à Monfieur & Madame Lifimon.*

Et vous, Monfieur & Madame, je me flatte, que vous ne mettrez point d'obftacle au deffein de cette Lettre.

Elle fait une profonde révérence & fort.

MAD. LISIMON.

Non, ma Fille, ce mariage me fait autant de plaifir que fi e'étoit pour moi-même.

Angelique fort.

SCENE VII.

LISIMON, MAD. LISIMON, EMILIE, GERONTE, LOUISON.

EMILIE *à Lifimon.*

Mon Père, je n'ai point de fecret pour vous, Daignez lire ce billet, & annoncez-moi l'arrêt qu'on y prononce contre moi.

LISIMON *ouvre la Lettre, & après y avoir jetté les yeux, il témoigne par fes geftes fon étonnement & fa joye.*

Ma chere femme, mes amis, ma fille, écoutez-moi.

il

il lit.

„Ma chére Sœur. Je réconnois aujour-
„d'hui que le goût du grand monde eſt plus
„capable de triompher des paſſiôns que toutes
„les ſpéculations philoſophiques. J'ai été ſur
„le bord du précipice, j'ai penſé prendre un
„attachement ſérieux pour Valére, & peu
„s'en eſt falu que je n'aye ſacrifié à cette fan-
„taiſie la ſincére amitié que j'ai pour vous.
„Mais, grace au Ciel, la réfléxion m'eſt re-
„venué. Mon bonheur avec un mari n'auroit
„été que momentané, & je vous aurois rendue
„malheureuſe pour long-tems. Cet amour
„conjugal, que l'on croit ſi piquant avant les
„nôces, qui s'évapore, & qui devient ſi inſi-
„pide au bout de trois mois, a penſé me faire
„renoncer aux charmes du grand-monde, &
„au plaiſir de vous rendre heureuſe. Je ſai
„que vous penſez pour le mariage autrement
„que moi. Je vous en félicite, & je vous cé-
„de ſans regret mes prétentions ſur Valére.
„Je vais même me retirer pendant quelque
„tems chez ma Tante à la campagne, pour
„ne pas être témoin d'un délire matrimonial,
„qui pourroit, Dieu me le pardonne, deve-
„nir épidémique. Le ſacrifice que je vous
„fais n'eſt pas grand pour moi, & toute la ré-
„compenſe que je vous en demande, c'eſt de
„toujours aimer, après ce fidéle Epoux, votre
„tendre Sœur Angélique. LI,

LISIMON.

Voilà qui est admirable!

GERONTE.

Par ma foi, voilà une drôle de fille. Je veux faire sa fortune.

MAD. LSIMON.

Quelle archi-folle. Oh! cela ne se passera pas ainsi.

EMILIE.

Vous avez raison, ma chére mére, cela ne doit point se passer ainsi. Permettez que je coure arrêter ma Sœur, & que ce soit moi qui me retire à la Campagne.

MAD. LISIMON.

Ces filles sont, ma foi, timbrées. Tantôt elles se chamaillent pour épouser toutes les deux le même homme, & le moment d'après ni l'une ni l'autre n'en veut. Oh! il n'en sera rien, je veux voir aujourd'hui une noce du moins dans ma maison, j'en jure.

EMILIE.

Madame, permettez-moi de céder Valére à ma Sœur: & si vous voulez absolument faire un sacrifice à l'hymen, que j'en sois la triste victime. J'aimerois mieux épouser Géronte, que d'irriter votre colére.

LOUISON *à part.*

Oh! pour celui-là, vous n'en croquerez que d'une dent.

GE

GERONTE.

Diable, vous voudriez me faire l'honneur de m'époufer par defefpoir.

LISIMON.

Ne décidons rien. Emilie témoigne dans cette affaire des fentimens qui méritent que fon bonheur en foit la récompenfe. Mais ce bonheur ne fauroit être parfait fi Valere ne fe déclare.

MAD. LISIMON.

En ce cas là mon procés eft gagné. Il aime Angelique.

LISIMON.

Je veux le confulter. C'eft à lui à reconnoître par un retour fincère la tendreffe & les vertus de ma fille.

LOUISON.

Le voilà juftement. C'eft le Loup de la fable.

SCENE VIII

LES ACTEURS PRECEDENS, VALERE.

VALERE.

Je vous trouve ici fort à propos.
à Monfieur & Madame Lifimon.

Vous avez daigné me laiffer le choix entre Mesdemoifelles vos filles. C'eft une bonté donr

je

je reconnois vivement tout le prix, que je ne
mérite point, mais dont je me rendrois tout
à fait indigne si j'en abusois plus longtems.

MAD. LISIMON.

Ha, ha! bon cela.

VALERE.

Le mérite distingué de l'une & de l'autre a
tenu longtems mon cœur en suspens.

MAD. LISIMON.

Mais . . . .

VALERE.

Mais ce cœur s'est enfin trouvé vaincu par
des charmes tout-puissans. Il s'est déclaré en
faveur de l'aimable . . . .

MAD. LISIMON *l'interrompant.*

Angelique . . . .

VALERE.

Emilie.

EMILIE.

Juste Ciel!

MAD. LISIMON *se grataut l'oreille.*

Emilie , . . . Vous voulez dire Angelique.

VALERE.

Non, Madame, permettez que ce soit Emilie.

MAD. LISIMON *à part.*

Le sot!

LISIMON *embrassant Valere.*

Mes larmes doivent vous faire connoître
combien j'approuve votre choix.

VA-

VALERE *à Emilie.*

Mais, Mademoiselle, il s'en faut de beaucoup
que mon bonheur soit complet. Vos sentimens s'accorderont-ils avec ceux de votre pére,
& ne mettrez-vous point d'obstacle à ses de-
firs & aux miens?

EMILIE.

Valere, que vous me caufez de trouble!

VALERE.

Puis-je efpérer furtout qu'en recevant vôtre
main, je la doive plûtôt à vôtre inclination
qu'à vôtre obéiffance?

EMILIE.

Quel que foit le refpect que je porte aux ordres de mes parens, leurs bontés font telles
que je me crois libre en ce moment, & que
mon cœur feul difpofera de ma main.

VALERE *fe jettant à fes pieds.*

Eh! bien, donc, divine Emilie, ne differez
point de faire le bonheur d'un Amant qui vous
adore.

EMILIE

Valere, levez-vous.

VALERE.

L'irréfolution que j'ai fait paroître dans
mon choix, vous eft une affurance que mon
amour fera durable, puis qu'il eft fondé fur
l'eftime.

EMILIE.

Je n'ai garde de vous en faire des repro-

ches.

ches. Le tems que vous avez pris, pour vous
déterminer, m'a servi à approfondir vôtre ca-
ractere.

VALERE.

Hélas! puis-je me flatter . . . .

EMILIE.

J'ai trouvé beaucoup de raison dans vôtre
conduite, un fonds de probité dans toutes vos
démarches, de la politesse dans manieres, de
la douceur dans vôtre esprit, une gayeté raisonnable dans vôtre humeur.

VALERE.

Illusions trop heureuses pour moi, que vos
seules bontés vous ont faites en ma faveur!
Mais pourrois-je conclure de là . . . . .

EMILIE.

Que vous êtes aimé.

VALERE *avec précipitation.*

Mon bonheur ne se conçoit point. Non,
jamais mortel n'en a goûté de semblable. Madame, Monsieur, partagez ma joye . . . Je
succombe sous les transports qu'elle me cause ..
Se peut-il que tant de mérite se trouve réüni
pour faire ma félicité?

il baise la main d'Emilie.
se tournant vers Lisimon.

Mais vous, Monsieur, vous ne dites rien.
Regréteriez-vous d'avoir fait le mortel le plus
heureux qui fut jamais?

LISI.

LISIMON.

Si ma joye n'éclate point avec tant de vivacité, c'est que je commence par bénir le Ciel qui ne laisse jamais là vertu sans récompense.

VALERE.

Et vous, Madame, vous gardez également le silence. Que vôtre consentement mette le comble à mes vœux!

MAD. LISIMON. *à Geronte.*

Mais vous, Monsieur, qui vous tenez là, comme la Statuë au festin de Pierre, c'est bien vôtre faute si tout va ici à rebours; vous êtes cause que rien ne réüssit selon mes souhaits.

GERONTE.

Je vois en effet que je joue ici le rôle d'un sot.

MAD. LISIMON.

Vous êtes pire que tout cela.

GERONTE.

Je vous ai laissé dire. Mais que voulez-vous de moi? D'où vient vôtre colère, pourquoi me grondez-vous?

MAD. LISIMON.

Comment? N'en ai-je pas sujet? Vous introduire dans ma maison sous prétexte de vouloir épouser une de mes filles, & tout cela pour vous laisser séduire par une guenon de fille de chambre?

GE-

GERONTE.

Moi.

MAD. LISIMON.

Ouï; & lui donner enfin une promeſſe ſolemnelle de mariage.

GERONTE.

Moi? j'ai fait tout cela?

à Liſimon.

Je vous conſeille, Monſieur, de faire veiller ſur Madame vôtre épouſe. Il y a là quelque dérangement.

MAD. LISIMON *lui montrant la promeſſe de mariage.*

Liſez, Monſieur, & cachez-vous de honte aux yeux de l'Univers.

GERONTE.

Cela ſe peut-il? Ouï, c'eſt ma main, mais c'eſt le Diable qui l'a écrit. *il rêve.*

MAD. LISIMON.

Comme le voilà pénaut.

LOUISON.

Je me flatte, Monſieur, que vous ne vous en dédirez point. Tant de proteſtations, tant de ſermens, & enfin une promeſſe par écrit . . .

GERONTE.

Moi, je vous ai fait des proteſtations & des ſermens?

LOUISON.

Ouï, ou vous, ou Satan ſous vôtre figure.

GE-

GERONTE.

Voilà ce que c'est que le vin. Liqueur
maudite! M. foi, il faut que j'aïe été bien gris
quand je fis tant de fottifes, car je veux être
pendu fi je m'en fouviens. Eft-ce que je dé-
raifonnai beaucoup dans ces momens-là?

LOUISON.

Non vraiment. Vous parliez de fort bon
fens, & vous avez même fait l'action la plus
raifonnable de vôtre vie.

GERONTE.

Petite Coquine! *il rêve.*

MAD. LISIMON.

Sa confcience fe réveille à la fin.

GERONTE.

Madame, je vous protefte fur tout ce qu'il
y a de facré que je n'ai abfolument aucune
idée de tout ce chipotage-ci. Mais, confidérez ce que je vais vous dire. Voici vôtre fille
cadette qui va fe marier à Valère. L'ainée
s'eft fauvée pour aller demeurer à la Campagne, & à vous dire franchement, nous ne
fommes pas faits l'un pour l'autre . . . Parbleu! qu'elle eft fringante! . . .

MAD. LISIMON.

Quel parti prendrez-vous donc?

GERONTE.

Mais, puifque ce petit Chiffon-là veut

m'avoir, & qu'elle me' montre par écrit que je dois l'épouser, je ne veux pas m'en dédire.

MAD. LISIMON.

Cœur lâche & bas!

GERONTE.

Eh! que sait-on: je retournerai peut-être à la Chine, & je pourrai la faire passer pour une grande Dame comme tant d'autres.

LOUISON.

En vérité, je ne vois rien d'extraordinaire à cela. Monsieur Geronte n'est pas homme à se laisser gouverner par des préjugés.

GERONTE.

Mademoiselle Louison, si je fais tant que de vous épouser en face d'Eglise, serez-vous bien reconnoissante de cet honneur, m'aimerez-vous, me caresserez vous bien, n'écornerez-vous jamais la fidélité promise?

LOUISON.

Vous me faites rougir.

GERONTE.

Tréve de modestie.

LOUISON.

Mais, Monsieur Geronte, si vous voulez me promettre d'être sage à l'avenir, de renoncer au vin, de m'aimer aussi tendrement que vous me l'avez protesté dans vôtre yvresse, je pourrai consentir à vous épouser.

GE-

GERONTE.

Tu fais des conditions?

LOUISON.

Voulez-vous qu'une fille se rende de but en blanc?

GERONTE.

Ah ça! touches-là. Je t'épouse.

LOUISON.

Soit, j'y consens, & je vais signifier le congé à tous vos rivaux.

GERONTE.

Tu me rajeunis de dix ans. Vois-tu, j'ai besoin d'une femme qui me dorlotte & me soigne.

LOUISON.

Vous n'auriez jamais pu tomber en de meilleures mains.

SCENE IX. ET DERNIÈRE.

LES ACTEURS PRECEDENS, PASQUIN accompagné d'un Notaire.

GERONTE. à Pasquin.

Bélitre, pourquoi viens-tu nous troubler ici?

PASQUIN.

Pour mes affaires.

GERONTE.

Et que nous veut cet autre Original à face de Palais? Dd 4 PAS-

PASQUIN.

C'est un honnête Notaire royal, qui vient
protester contre vos déloyautés.

GERONTE.

Mes déloyautés! Maraut!

PASQUIN.

Et contre celles de cette indigne créature-là.

GERONTE *levant sa Canne sur lui.*

Coquin, sais-tu bien que c'est ta Maitresse.

PASQUIN.

Que trop bien. Je sais plus, c'est que vous
en voudriez faire la vôtre.

GERONTE.

Misérable! J'en fais ma femme.

PASQUIN *au Notaire.*

Écrivez, Monsieur Paraphe, comme quoi
il a déclaré, en présence de témoins, qu'il en
veut faire sa femme.   *le Notaire écrit.*

GERONTE.

Es-tu devenu fol tout-à-fait?

PASQUIN.

Rafflons.

GERONTE.

Encore un coup, que me veut ce butor-là?

PASQUIN.

Encore un coup, il vient de protester contre
toutes les entreprises, que vous pourriez former sur Mademoiselle Louison, ici présente.

GERONTE.

Au nom de qui?   PAS.

PASQUIN.

D'un fort honnête homme, qui s'appelle Pasquin, jadis vôtre Serviteur.

GERONTE.

Il est yvre, ce gueux-là.

LOUISON.

Et de quel droit, osez-vous entreprendre une pareille impertinence?

PASQUIN.

Comment, Coquine, tu ne m'as pas fait mille agaceries, tu ne m'as pas donné l'espérance de m'épouser, tu n'a pas écouté mes doux propos, tu n'a pas accepté la belle pagode que j'avois tirée des balots de mon Maitre?... tout cela ne me donne aucun droit sur ta personne? GERONTE.

Non, mais tout cela me donne un droit sur tes épaules. *il veut le frapper.*

LOUISON *l'arrêtant.*

Je vous demande grace pour lui. Les coups de bâton sont de mauvais augure; & ce jour, le premier de notre tendre union, ne doit être marqué que par des bienfaits.

GERONTE.

Mais voudriez-vous, mon poulet, que je souffrisse ses impertinences.

LISIMON *bas à Geronte.*

Je vous conseille de mettre un baillon d'or sur la bouche de ce Valet. Cent écus feront

plus

plus fur fon ame que cent coups de nerfs de
bœuf fur fon dos.

GERONTE.

Je le veux bien. Or ça, Monfieur Pasquin,
fi nous étions à bord, vous fentez bien que je
vous enverrois à fond de cale, & que là je
vous ferois expirer fous le bâton.

PASQUIN.

Mais, Monfieur, nous fommes à terre. Monfieur Paraphe proteftera contre toutes les voyes
de fait.

GERONTE.

Cependant ma bonté vous pardonne, & au
lieu des étrivières que vous avez fi dûëment
meritées, je veux bien vous offrir une vingtaine
de Loïus pour vous faire oublier vos amours.

PASQUIN.

J'ai toujours dit que dans le fond vous n'a-
viez pas l'ame d'un feffe - Mathieu.

LOUSON.

Ah ça, Pasquin; ne fois pas un fot, acceptes
la propofition, ou tu n'auras rien. Je veux
bien auffi te garder à mon fervice, mais à condition que tu feras fage à l'avenir, & que tu quit-
teras ton penchant à l'yvrognerie, au men-
fonge, au jeu, & à la débauche.

PASQUIN.

Mais voyez donc, avec quelle facilité ces Créatures parvenuës peuvent prendre l'air & le ton
de grandes Dames. GE-

GERONTE.

Le veux-tu, ou non? Prens cette bourse, ou je t'assomme.

PASQUIN.

L'alternative est croustilleuse.

Il se saisit de la bourse.

VALERE à *Madame Lisimon.*

Vous avez été la première à m'accepter pour gendre, mon cœur s'est declaré en faveur d'Emilie, & je me flatte, Madame, que vous donnerez à mon choix une entiere approbation.

MAD. LISIMON.

Je croyois que vous auriez assez de goût pour choisir Angelique.

EMILIE.

Par où, Madame, ai-je pû mériter votre disgrace? Si j'ai eu le malheur de vous déplaire, je vous en demande pardon, & je renoncerai plûtot à la satisfaction de posseder Valere que de causer le moindre chagrin à une Mère, pour laquelle j'aurai toute ma vie le respect le plus tendre.

MAD. LISIMON.

Vous me desarmez, mon Enfant. Non, je consens de bon cœur à vôtre mariage. Cette union fait plaisir à vôtre Père, & nous ne manquerons pas de trouver quelque bon parti pour Angelique.

EMILIE *lui baisant la main.*

Recevez mes remercimens sincéres. VA-

VALERE.

J'ofe y joindre les miens, & je tâcherai de vous
en marquer toujours ma vive reconnoiffance.

GERONTE.

Ma foi, voilà quatre cœurs bien contens. Angelique va fe grater encore l'oreille de m'avoir
refufé.

LOUISON.

Ne penfez plus à Mademoifelle Angelique.
Il faudra que vous ne viviez deformais que
pour moi.

GERONTE.

Oui, ma Poulette, je fuis à vous jusqu'au
dernier foupir. Vous ferez toujours le point
feptentrional, vers lequel fe fixera l'aiguille
de mon amour.

LISIMON.

Je ne vois rien, Madame, qui puiffe nous
empêcher de conclure le mariage de Valere &
d'Emilie. Voici fort à propos un Notaire qui
pourra dreffer le Contrat. Rentrons, mes amis,
pour regler les nôces. Mes Enfans, puiffe vôtre bonheur être à jamais durable! Vôtre
union me confirme dans la perfuafion que le
vrai mérite triomphe à la fin du clinquant.

Fin du cinquiéme & dernier Acte.

LE

MARIAGE.

COMÉDIE

EN UN ACTE.

ACTEURS.

JEROME.

MADAME JEROME, sa femme.

ISABELLE, leur fille, aimée de VALERE.

LEANDRE, leur fils, amant de JULIE.

JULIE.

VALERE.

L'OLIVE, Laquais de VALERE.

MARTHE, vieille servante de M. JERO
ME (boiteuse.)

UN COURTIER (begue)

*La Scene est dans la Maison de Monf.
Jerome.*

LE
MARIAGE,
COMÉDIE EN UN ACTE,

imitée d'une piéce Hollandoise qui porte le même titre.

ACTE PREMIER.

SCENE PREMIERE.

JEROME, MAD. JEROME.

MAD. JEROME.

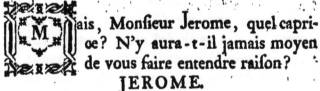ais, Monsieur Jerome, quel caprice? N'y aura-t-il jamais moyen de vous faire entendre raison?

JEROME.

Sornettes que tout cela. Et quand vous babilleriez jusqu'à demain, je n'y confentirai point.

MAD.

MAD. JEROME.

Qu'une femme eſt à plaindre lorſqu'il y a une tête auſſi revêche ſur les épaules de ſon mari!

JEROME.

Ce ſont là de vos douceurs ordinaires, Mad. Jerome. Mais peu m'importe. Je ne veux point en entendre parler.

MAD. JEROME.

Mais . . .

JEROME.

Point de mais. Je vous prie de me laiſſer en repos, ou . . .

MAD. JEROME.

Eh! bien, que ferez-vous? Voyez. Il ne me ſera plus permis de dire un mot ſur l'établiſſement de nos enfans? Vous ne me croyez donc pas aſſez raiſonnable pour cela?

JEROME.

Helas! Madame Jerome! Tout le monde croit l'être, & c'eſt une choſe ſi rare.

MAD. JEROME.

Il n'eſt pas prudent d'impoſer ſilence aux femmes. Si j'en avois été crue, vous n'auriez pas confié tant d'argent à un ſeul homme. Voilà vôtre débiteur décampé. Où prendrez-vous maintenant vos trente mille francs? Quelle dot pourrez-vous donner à vos enfans?

JEROME.

Encore des reproches? MAD.

MAD. JEROME.

Vous faites faute sur faute. Quelle folie, par exemple, de ne pas donner un mari à sa fille quand l'occasion s'en présente.

JEROME.

J'en conviens. On n'en prend pas tous les jours à ce trébuchet-là. Mais il s'agit d'un bon mariage, d'un établissement solide. Et où le trouverez-vous pour vôtre fille?

MAD. JEROME.

Eh! quoi? qu'est-ce qui manque à nôtre voisin?

JEROME.

Merci de ma vie! vous voudriez donner vôtre fille à un veuf, qui a par dessus le marché une troupe d'enfans sur les bras?

MAD. JEROME.

Mais vraiment oui. Vous en étonnez-vous?

JEROME.

Certes, ma femme, on voit bien que vous ne savez guere ce qui se passe dans le monde. Un mariage entre un garçon & une fille ne devient que trop souvent la source de mille petites quérelles domestiques: eh! que doit-on attendre quand on épouse un veuf chargé d'une nombreuse famille? La pauvre femme auroit beau se mettre en quatre, elle ne contentera jamais son mari. Toujours en dispute avec les enfans du premier lit, ces magots

Ee   courent

courent au pére, & l'animent par leurs cris &
leurs plaintes contre la belle-mére. A-t-il la
tête chaude? voilà d'abord la maison en com-
buftion. Si le mari meurt, la veuve eft abî-
mée de procès. Mon grand pére difoit à fa
fille; *mon enfant, gardes-toi d'un mari qui peut
comparer les bonnes qualités de fa défunte femme aux tiennes, & qui ne manquara pas de
t'en rebattre les oreilles.*

MAD. JEROME.

Si vous avez tant de répugnance pour un
veuf, que dites-vous de Valére? Il eft garçon.

JEROME.

Cela mérite réflexion. J'y penferai.

MAD. JEROME.

Et nôtre Fils Leandre . . .

JEROME.

Comment vous voulez encore me parler
de lui?

MAD. JEROME.

Eh! pourquoi non?. . . . Le voici juftement.

SCENE II.

JEROME, MAD. JEROME, LEAN-
DRE *vêtu fort fimplement.*

LEANDRE.

Eh! bien, Mama, mon pére y a-t-il confenti?   JERO-

JEROME.

A' quoi confentirai-je? Que voulez-vous de moi? Votre mere, vous, & votre sœur, vous ne penfez qu'à me faire tourner la tête; vous me rendrez fou.

MAD. JEROME.

Mon cher Cœur, il ne veut vous parler que de fon mariage.

JEROME.

C'eft précifément ce qui me fait enrager. Ces drôles-là s'imaginent, qu'on va défendre les mariages, & qu'ils viendront trop tard. A' peine ont-ils fait quelques pas dans le monde, qu'ils voudroient procréer des plats vifages comme eux. Ecoutes-moi, que veux-tu faire d'une femme? Tu n'es pas Juif, & ta fécondité n'importe point à ta Nation.

LEANDRE.

Mais, mon cher Pére, on fe marie bien plus jeune dans d'autres païs; en Portugal, par exemple . . .

JEROME.

Quel eft donc le bel objet, que tu as en vue? quelle eft donc cette jolie Créature?

MAD. JEROME.

C'eft la fille de feu Monf. Furet le Procureur.

JEROME.

Quoi? Julie?

Ee 2   LE-

LEANDRE.

Oui, mon cher Pére, Julie.

MAD. JEROME.

Elle-même. Il la fréquente déjà depuis quelque tems.

JEROME.

Et cela sans que vous m'en ayez dit la moindre chose?

MAD. JEROME.

Ne le grondez pas, mon cher poupon. Je lui avois commandé de tenir la chose cachée, jusqu'à ce qu'elle fut conclue. C'étoit pour vous éviter bien des peines & des inquiétudes.

JEROME.

Précaution admirable!

MAD. JEROME *le careffant.*

Ne vous fâchez point.

JEROME *brusquement.*

J'en ai sujet pourtant, je pense.

LEANDRE.

Si vous vouliez m'écouter, mon Pére, j'appaiserois bientot vôtre couroux.

JEROME.

Je n'ai pas besoin de longs discours. Dis-moi en deux mots jusqu'où en es-tu avec cette fille? Mais gardes-toi de mentir. Tu sais qu'on ne m'en impose point.

LEANDRE.

A' Dieu ne plaise, mon cher Pére, que je
veuïlle

veuille vous tromper. Sachez que nous nous
sommes promis, Julie & moi, une foi mutuelle.

JEROME.

Quelle audace! quelle précipitation!

LEANDRE.

Et je sais aussi de bonne part que les tuteurs
& les parens y donneront leur agrément, pourvû que vous leur en fassiez la demande.

JEROME.

Avoües que tu es un grand étourdi. Tu
crois donc les gens mariés heureux; n'est-ce
pas? Tu me fais pitié: si nous étions seuls je
t'en dirois des nouvelles, mais en voilà une...

MAD. JEROME.

Non, non, vous n'avez qu'à dire. Je saurai me taire, je vous le promets.

JEROME.

En ce cas là, asseyons-nous. Mais gardez-
vous de m'interrompre.

(ils s'asseyent.)

Sais-tu bien ce que veut dire le mot de femme?

LEANDRE.

Mais... une femme... est... oh!
cela se sent mieux qu'il ne s'explique.

JEROME.

Je vais te le dire. Une femme est un mal
nécessaire pour les écervelés. Les plus sages
s'en passent.

Ee 3

MAD.

MAD. JEROME.

Mais, Monfieur Jerome!

JEROME.

Ne l'avois-je point dit? Toi qui prétens connoître fi bien les anciens Philofophes, ne fais-tu pas qu'ils nous ont repréfenté une méchante femme, comme le plus grand de tous les maux.

LEANDRE.

J'en conviens; mais ce n'eft que des méchantes qu'ils parlent.

JEROME.

Et où trouve-t-on les bonnes?

MAD. JEROME.

Mais, Monfieur Jerome, vous n'y penfez pas . . . .

JEROME.

Encore . . . fouvenez-vous donc, que vous ne vouliez pas m'interrompre. Ce Cabaretier Hollandois, qui avoit fait peindre fur fon enfeigne, la bonne femme fans tête, n'étoit pas un fot.

LEANDER.

Vous plaifantez, mon Pére.

JEROME.

Nenni, certes. Quand même ce fage Hollandois ne l'auroit pas fait peindre fur fa porte, la chofe n'en eft pas moins avérée. Je t'en citerois des exemples récens, mais l'affaire eft
trop

trop délicate; il ne faut point réveiller le chat qui dort.

LEANDER.

J'ai lû l'histoire, & je connois assez le monde, pour savoir qu'il y a eu de tout tems, & qu'on voit encore un grand nombre de femmes, qui font les délices de leurs Epoux.

JEROME.

Cites-m'en une seule. Je t'en nommerai mille, qui font damner leurs Maris.

LEANDER.

Mais, laissez-moi réfléchir un peu . . . la mémoire . . .

MAD. JEROME.

Il n'est pas besoin d'aller si loin, mon fils. Nommez-moi . . .

JEROME.

Halte-là, ma femme. Je vous citerai, moi.

MAD. JEROME.

Oh! c'en est trop, Monsieur Jerome.

JEROME.

Léandre, suis mes conseils. Ne vas point troquer ta liberté contre l'esclavage. Un grand homme a dit: *qu'un Epoux n'a que deux beaux jours dans sa vie, celui de son mariage, & celui de l'enterrement de sa femme.* Je crois que c'étoit un des sept Sages de Grece. C'est un fort bon mot. Qu'en dis-tu?

LE-

LEANDER.

Je dis, que vos argumens ne font pas affez forts pour me faire renoncer au mariage.

JEROME.

Par quelle raison veux-tu donc épouser Julie?

LEANDER.

Pour ne pas laiffer éteindre vôtre famille, pour procréer des enfans. Rien n'eft plus doux, ce me femble, que de voir ces pauvres petits moutons joüer autour de leur Papa.

JEROME.

Par ma foi, tu as tout-à-fait l'air Papa. C'eft donc là la raifon qui te porte au mariage?

LEANDER.

Ouï, mon cher Pére. Ne croyez point que ce foit par un efprit de libertinage, pour me fouftraire à vôtre autorité, ou pour pouvoir, comme penfent la plupart de nos jeunes gens, fréquenter les fpeftacles, les caffés, les cabarets, fans que leurs parens puiffent y trouver à redire.

JEROME.

Ha, ha! c'eft donc là ce qu'ils s'imaginent?

LEANDER.

Ouï, vraiment. Car quand une fois on
eft

eſt marié, on vit à ſa fantaiſie. On a maiſon, jardin, chevaux : . .

JEROME.

Oui, tout va le mieux du monde, ſi la chére moitié y conſent. Il y aura, par exemple,
vingt - ſept ans à Pâques prochain que je ſuis
marié avec ta mére, & pendant tout ce tems
pas un de mes amis n'a goûté de nôtre vin,
que Madame Jerome n'ait fait une mine allongée, qui auroit fait fuir les plus intrépides
paraſites. Elle n'eſt pas la ſeule. Si l'on
vouloit faire un examen, je ſuis ſûr, qu'il ſe
trouveroit plus de dix maris dans le parterre,
qui ont à ſe plaindre du même mal domeſtique.

MAD. JEROME d'un ton animé.

Je le crois bien, Monſieur Jerome. Si je
n'y avois pris garde, il y a longtems que
vous auriez mis tous nos biens dans la leche-
frite. Croyez vous, que . . .

JEROME l'interrompant.

Point de colére, Mamour. Je vois bien
qu'il eſt tems de ſe taire. Léandre, tu peux
voir par mon exemple, combien un mari eſt
maitre chez ſoi.

MAD. JEROME fort en colére & ſe
levant.

Ah! je ne ſaurois garder plus longtems le
ſilence. N'eſt - ce pas une honte . . .

Ee 5 JE-

JEROME.

Brifons là-deffus, Madame Jerome. Vous favez, que j'ai auffi la tête près du bonnet.

MAD. JEROME.

Dieu le fait.

à part à à Léandre.

Vas, mon fils, pares-toi de tés plus beaux habits, & cours préfenter la main à ta promife. Elle viendra prendre le Caffé avec ta Sœur.

LEANDRE.

J'y vais de ce pas. Tâchez en attendant de fléchir mon Pére.

MAD. JEROME.

Je ferai mon poffible.

SCENE III.

JEROME, MAD. JEROME.

JEROME.

Léandre! ... Mais où va donc ce garçon?

MAD. JEROME.

Je l'ai chargé d'une commiffion. Il reviendra tout à l'heure. Avez-vous quelque ordre à lui donner?

JEROME.

Ouï, il doit copier une lettre que je viens d'écrire. *MAD.

MAD. JEROME.

Voici nôtre Isabelle.

JEROME.

Qu'est-ce que celle-là nous viendra chanter?

SCÉNE IV.

JEROME, MADAME JEROME, ISABELLE.

ISABELLE.

Vous n'ignorez pas, mon cher Pére, que Valere depuis quelque tems est fort assidu auprés de moi, qu'il me témoigne beaucoup de tendresse, qu'il veut que je me déclare. Je ne puis éluder plus longtems ses pressantes sollicitations, & je ne voudrois rien conclure sans votre aveu. Je viens en rougissant vous demander ce que je dois faire?

JEROME.

En doutez-vous, ma fille?

MAD. JEROME.

Voilà qui est sensé. Il faut conclure le marché, le plûtot est le mieux.

JEROME.

Justement le contraire. C'est un refus qu'il faut donner. Voilà mon idée.

ISABELLE.

O Ciel!

JE-

JEROME.

Mais, ma fille, y penfez-vous? Savez-vous
bien que c'eft pour toujours qu'on fe marie? . . . . Pour toujours . . . . Oüi, pour
toujours.

ISABELLE.

Tant mieux, mon Père.

JEROME. . . . .

Te marier mon Enfant? Vas, vas. Tu
t'en repentiras. Tant qu'une fille eft libre,
elle peut fe procurer mille agrémens; fe ma-
rie-t-elle, adieu les plaifirs. Les foins du ménage la jettent dans une efpece de létargie,
dont elle ne fe réveille que pour chanter à
côté d'un berceau. Paffe encore pour la premiére année. On vifite fes amis, la nouvelle
époufe eft menée en triomphe. Mais bientôt le jeune époux, amant autrefois fi affidu,
néglige fa femme pour courir après fa liberté.
Elle eft réduite à garder la maifon, tandis
qu'il voltige à droite & à gauche. S'il fait
une partie de Cabaret, s'il foupe gayement
chez fes amis, on y penfe peu à la pauvre
femme, qui fe morfond chez elle en attendant
le retour de fon galant Epoux. Il rentre
enfin la tête chargée des vapeurs de vin. Il
gronde, tout le fâche, tout l'inquiéte. Femme, enfans, domeftiques, tout ce qu'il rencontre, eft l'objet de fa mauvaife humeur. Il

veut

veut regagner fur eux les pertes qu'il a faites
dans fa Cotterie. Là il buvoit des vins précieux, & jouoit l'or à pleines mains ; ici il
murmure, il léfine pour une botte d'allumet-
tes. Enfin en jurant il gagne le lit, s'endort,
& laiffe fa femme au défefpoir.

ISABELLE.

Mais, mon cher Père, je ne vous ai jamais
vû agir ainfi.

MAD. JEROME.

Vous avez raifon. Depuis vingt-fept ans
que nous vivons en ménage, pareille chofe ne
s'eft point paffée.

JEROME.

Ah! je le crois bien, Mamour. Mais c'eft
que les Jeromes font rares.

ISABELLE.

Valere eft fi aimable. Je fuis fûre qu'il
vous imitera.

JEROME.

Oh! ils font tous aimables, tandis qu'ils
font garçons, mais je vous parle des maris.

MAD. JEROME.

Je me fais caution pour Valere. Sa conduite peut fervir d'exemple aux autres. Si
vous voulez m'en croire, vous lui donnerez
nôtre fille.

JE-

JEROME.

Allez donc l'appeller; que je lui parle moi-même.

ISABELLE *avec vivacité.*

Volontiers, mon cher Père, volontiers.

SCENE V.

JEROME, MADAME JEROME.

JEROME.

Eh! bien, que dites vous, Madame Jerome? Ai-je mieux plaidé la cause des maris que celle des femmes?

MAD. JEROME.

Non. Je commence à être plus contente de vous.

JEROME.

Il faut toujours présenter à ses enfans le mariage du plus mauvais côté, pour n'avoir point leurs plaintes & leurs reproches à entendre dans la suite. Tant mieux si l'événement est plus heureux que les apparences.

MAD. JEROME.

Je craindrois moi de les dégoûter.

JEROME.

Ne craignez rien; la Nature y a mis bon ordre. Mais voulez-vous que je vous dise pourquoi vous aimeriez à les marier?

MAD.

MAD. JEROME.

Voyons.

JEROME.

C'est que vous feriez bien aife d'être grand-Mére... Avouez que j'ai raifon. Je fai que les femmes de vôtre âge ne font jamais plus contentes que quand elles ont de pareilles occupations. Quelle joie quand la fille ou la brû eft prête d'accoucher, quand il faut préparer le trouffeau! Quelle fête que celle d'un batême! Quel plaifir de préfider à des vifites de couche, de commander à une nourrice, à une garde . . . .

MAD. JEROME.

Ah! je ne faurois difconvenir que ce ne foit là un plaifir.

JEROME.

L'eau vous en vient à la bouche, Madame Jerome, l'eau vous en vient à la bouche.

SCENE VI.

JEROME, MADAME JEROME, ISABELLE, VALERE.

JEROME.

Quoi, vous voilà déja de retour, Isabelle? Les filles font expéditives quand il s'agit des affaires de leurs galants.

ISA-

ISABELLE.

J'ai rencontré Monsieur dans le vestibule, & je l'ai amené.

VALERE à Jerome.

L'objet de ma visite ne sauroit vous être inconnu, Monsieur; vous savez que la beauté, les vertus, & le mérite de Mademoiselle vôtre fille, ont captivé depuis longtems, mon cœur. Je n'aspire qu'au bonheur d'unir mon sort au sien, & je viens aujourd'hui vous demander vôtre consentement pour cette union qui fera tout le bonheur de ma vie. J'espére que ma conduite me rendra digne de vôtre alliance, & mon unique étude . . .

JEROME l'interrompant.

Suffit, Monsieur, à moi le dez. Avez-vous bien réfléchi à la demande que vous faites? Vous-êtes-vous mis devant les yeux toutes les difficultés qu'entraine l'état du mariage?

VALERE.

Ouï, Monsieur, & je suis préparé à tout.

JEROME.

Avez-vous jamais lû un certain live qui a pour titre; *les* 365 *plaisirs*, & *les* 365 *déplaisirs du mariage?*

MAD.

MAD. JEROME.

Et quand il auroit là ses 365 doubles fottifes, qu'eft-ce que cela feroit à nôtre affaire?

JEROME.

Plus que vous ne penfez. Il auroit trouvé une lifte fort ample de toutes les fantaifies
qui paffent réguliérement pendant le cours
d'une année dans la tête d'une femme, & cela
quand elle eft fenfée. Car pour les extrava-
gantes, il eft impeffible de réduire leurs bizar-
reries à aucun fiftéme réglé.

VALERE.

L'amour nous fait paffer fur toutes les fantaifies d'une femme aimable.

JEROME *ironiquement.*

A' merveille. Le caprice eft même la ro-
cambole de la beauté. Mais, entrons dans
quelques détails. Trouverez-vous fort gracieux quand tous les matins votre chére Epoufe fe fentira une migraine qui n'influera fur
fon humeur qu'auffi longtems qu'elle fe trouvera feule avec vous?

VALERE.

Ce ne fera pas fa faute fi elle eft indif-
pofée.

JEROME.

Bon; mais que direz-vous, si ses soins
disparoissent au moment qu'elle verra compagnie, ou qu'elle aura les Cartes à la main?

VALERE.

J'en bénirai le Ciel.

JEROME.

A' merveille. Et quand vous serez parmi
le monde aurez-vous une si grande satisfaction
en voyant que votre femme prend une gayeté qui va jusqu'au bruyant, tandis qu'une troupe d'aigrefins voltige autour d'elle, & loüe
ses charmes & ses ajustemens, mais que cette
bonne humeur disparoit à vôtre aproche, ou
à la vuë d'une autre femme dont la parure
ou la beauté l'emporte sur la sienne. Si elle
vous dit alors; mon cher cœur, retirons-nous,
je n'en puis plus, je me 'meurs, serez-vous
assez complaisant pour quitter brusquement
la Compagnie, pour retourner au logis, &
mettre la chére moitié au milieu de ses lamentations dans un lit bien bassiné?

VALERE.

Vous chargez le Tableau, & au bout du
compte vos difficultés, Monsieur, ne sont
pas de grands malheurs. Je commencerai
par

par prendre une femme raifonnable, & ma tendreffe pour elle fera le refte. Tous les plaifirs de la vie ont leurs défagrémens; on ne s'en prive cependant point pour les incommodités qu'ils entrainent. Il n'y a que du tracas, & de la dépenfe à régaler fes amis, & malgré cela on s'en fait une joye. Il en eft de même du mariage.

MAD. JEROME.

Que cela eft bien dit! En verité, Valere, vous parlez comme un Oracle.

VALERE.

Je dis ce que je penfe. Quand même le mariage auroit fes inconveniens, il a auffi de grands avantages qu'il faut mettre de l'autre côté dans la balance. Un mari fent-il la moindre indifpofition? voyez comme fa chére Epoufe le foigne, la careffe, le dorlotte, comme elle foupire, comme elle gémit, comme elle pleure.

JEROME.

Larmes de Crocodile le plus fouvent! Continuez votre Panégyrique.

VALERE.

On a une aimable Compagne dans le fein de laquelle on peut dépofer tous fes chagrins,

&

& fes fecrets. Elle adoucit nos maux, augmente nos plaifirs, corrige nos défauts avec
douceur, loue nos vertus, prend foin de nos
intérêts, de nôtre gloire, de nôtre fanté.

JEROME.

Soyez marié fix mois, & vous m'en direz
des nouvelles. Vous vous lafferez bien vite
de ces fermons qu'on vous fait entre deux ri-
deaux. Le lit femble donner a une femme le
privilége de contrôler à fon gré toutes les actions & tous les propos que fon mari a tenus
dans la journée. .. Il y en a beaucoup qui
laiffent leurs femmes chez elles, pour ne pas
être expofés à ces charitables réprimandes.

VALERE.

L'intention & la politeffe peuvent adoucir
tout ce qu'il pourroit y avoir de fâcheux dans
ces fortes de reproches.

JEROME.

Soit. Puisque vous êtes réfolu à tout, je
ne vous ferai plus de réfléxions générales. Mais
difons encore un mot de ma fille.

MAD. JEROME.

Eh! bien, quels nouveaux défauts lui allez-
vous trouver?

JEROME.

Un trés grand. C'eft qu'elle n'eft pas riche.

che. Je ne saurois lui donner une dot bien considérable ; je ne veux tromper personne, & encore moins un gendre. Cela fait les plus mauvais ménages du monde. On compte sur de grands biens, on fait ses arrangemens en conséquence, & l'on est ensuite fort fâché de voir qu'on s'est trompé dans son calcul.

VALERE.

Je sçai, Monsieur, que la première question qu'on fait aujourd'hui en voulant épouser une fille, roule sur le bien qu'elle peut avoir, & que la beauté, les vertus, l'esprit, l'humeur, & le caractére, ne semblent être que des objets accessoires : mais telle n'est pas ma façon de penser. Je n'épouserai jamais un petit monstre pour son argent, ni ne troquerai contre un diner les solides agrémens de la vie. Je ne veux point frémir en donnant un baiser. Les biens sont passagers, on peut les perdre, & l'on garde toujours une femme désagréable, dont on aura acheté les défauts.

JEROME.

Mais encore faut-il vivre. Dites-moi naturellement à quoi peut monter vôtre bien. N'exagérez point. Tous les promis sont ordinairement riches, & toutes les promises belles. N'allez pas mettre aussi des effets imaginaires en ligne de compte.

VA-

VALERE.

Je fuis à même de vous convaincre par de bons documens que je poffede en effets bien folides environ cent mille francs . . .

JEROEM.

En voilà beaucoup trop, Monfieur Valéré, en voilà beaucoup!

MAD. JEROME.

Que nous veut, Marthe?

SCENE VII.

LES ACTEURS PRECEDENS. MARTHE.

MARTHE.

Monfieur, on demande à vous parler.

JEROME.

Qui eft-ce?

MARTHE.

C'eft un original qui begaye fi fort que j'ai peine à le comprendre.

JEROME.

Ha, ha! Ce fera mon Courtier. Il vient me parler d'affaire. Je fuis obligé de vous quitter pour un moment. Pardons, à l'honneur de vous revoir. *il fort.*

SCENE

SCENE VIII.

MAD. JEROME, ISABELLE, VALERE
MARTHE.

VALERE.

C'eſt le pére aux difficultés que Monſieur
Jerome.

ISABELLE.

Ses intentions ſont cependant bonnes.

MARTHE.

Mais il eſt ſi grognard depuis quelque tems,
que je voudrois pouvoir trouver un bon mari,
pour ſortir avec honneur de céans.

MAD. JEROME.

Je ſçai bien ce qui le rend de ſi mauvaiſe
humeur. Il a prêté la plus grande partie de
ſon bien à un certain Quidam, qui vient de
faire banqueroute, & qui pourroit bien nous
ruïner, ſi l'on ne trouve encore de bons effets
chez lui.

SCENE IX.

LES ACTEURS PRECEDENS.
L'OLIVE.

L'OLIVE à *Valere.*

Je vous cherche, Monſieur, pour vous dire
qu'il y a chez nous deux hommes qui vous

atten-

attendent: l'un porte un gros sac d'argent, &
l'autre qui qui semble être son Maître, ne porte rien.

VALERE.

Je sçai ce que c'est. On vient me rembour-
ser un Capital que j'avois prêté. Eh! bien,
qu'ils attendent. Peut-on pour une affaire d'intérêt quitter l'aimable Isabelle?

L'OLIVE.

C'est donc là ce charmant Enfant que vous
couchez en joue depuis si longtems? Ma foi,
vous avez le goût fin. Quel friand morceau!

VALERE.

Le fat. Elle a don l'honneur de vôtre approbation?

L'OLIVE.

Tout à fait. Je vous dirai bien plus; c'est
que je crois vôtre mal contagieux. Depuis,
que vous voulez vous marier, je me sens un
certain gribouïllement dans le cœur, qui me
menace d'une tentation matrimoniale.

VALERE.

Mesdames, en voilà bien d'une autre. Ce
malotru que vous voyez là, se met en tête de
se marier.

L'OLIVE *à part.*

Malotru. Ma foi, je vois beaucoup d'épou-
seurs

feurs qui n'ont pas cette élégance là dans tout, leur maintien.

MAD. JEROME.

Ce feroit un parti pour nôtre Marthe.

MARTHE *minaudant.*

Oh! Monfieur l'Olive ne penfera point à moi; je ne fuis plus à la fleur de mon âge, & j'ai toujours eu pour le mariage une répugnance naturelle.

L'OLIVE.

Vous devriez plutôt dire furnaturelle, ma poulette.

MAD. JEROME.

Marthe n'eft pas fi déchirée, elle a encore de beaux reftes, & d'ailleurs, telle que vous la voyez, ce n'eft pas une fille pauvre. Je lui garde fes gages depuis vingt ans.

L'OLIVE.

Diable! cela dit quelque chofe. Une femme, par exemple, qui me donneroit cent écus pour chaque année de fon âge; plus elle feroit vieille, plus je l'aimerois.

ISABELLE.

L'Olive eft furieufement pour le folide.

L'OLIVE.

J'ai ce foible là. Or ça, Mademoifelle Marthe,

the, tenez, confidérez, je vous prie, ce minois, ce nés, ces épaules . . .

MARTHE.

Monfieur l'Olive, vous me faites rougir . . . la pudeur . . . voulez-vous qu'une fille qui ne fait rien de rien . . . Ah! je crains les en-fants . . .

MAD. JEROME.

Je vois bien que l'Olive a gagné fon procés.

VALERE.

Pardonnez, Madame, fi je ne puis lui per-mettre de pouffer aujourd'hui plus loin la fleu-rette. Allez l'Olive dire à ces perfonnes qui m'attendent, de ne pas s'impatienter ou de re-venir dans une heure.

MAD. JEROME.

Et moi, je m'en vais mettre ordre à mon ménage. Marthe, fuivez-moi. Je vous laiffe feule, Ifabelle, avec Valére.

à Valère.

Car je vous regarde déjà comme mon gendre, & Monfieur Jerome ne tardera pas à revenir.

Madame Jerome fort d'un côté du théatre fuivie de Marthe. L'Olive fort de l'autre. En s'en allant il remarque que Marthe eft boiteufe, & en témoigne fa furprife par des geftes.

L'OLI-

L'OLIVE *au fond du théâtre.*

Les charmes de Marthe la font pencher d'un
côté. Il faudra mettre la bourse de l'autre
pour conserver l'équilibre.

SCENE X.

ISABELLE, VALERE.

ISABELLE.

Mais, Monsieur, les inconvéniens que
mon pére nous a réprefentés me parois-
fent affez importants pour y faire réfléxion.

VALERE.

Ma chere Ifabelle, ne forgeons pas des
monftres pour les combattre. Ces fortes de
mauvais préfages ne s'enfantent que dans la
tête des hypocondres.

ISABELLE.

Vous vous fentez donc l'ame affez forte
pour furmonter tous les petits chagrins qui
naiffent prefqua néceffairement dans le ménage? Vous m'aimez affez pour ne pas vouloir
me rendre malheureufe?

VALERE *fe jettant à fes pieds.*

Adorable Ifabelle, douteriez-vous de ma
raifon & de mon cœur? Vous me connoiffez
depuis

depuis longtems, pouvez-vous former aucun
fcrupule fur l'avenir ? Laiſſons aux ames vul-
gaires les petites tracaſſeries, les diſputes, &
toutes les miſéres qui répandent communé-
ment l'amertume dans les mariages.   Quant
à moi, je ne ceſſerai jamais d'être pour vous un
amant auſſi tendre que fidèle.

ISABELLE le relevant.

Perſiſtez, Valére, dans ces ſentimens, &
ſoyez ſûr du retour le plus ſincère.

VALERE.

Ne pourrions-nous pas imaginer quelque
ſtratagême honnête pour faire conſentir Monſieur votre Père à nos deſſeins?

ISABELLE.

Chut.   Je le vois venir, ſuivi de mon frére
& de Julie.

SCENE XI.

ISABELLE, VALERE, JEROME,
JULIE, LEANDRE <i>paré.</i>

JEROME <i>continuant une converſation avec
Julie.

Trêve de Complimens, vous dis-je, vous
êtes la bien venue.

JU-

JULIE *faisant toujours des révérences.*

Je vous demande pardon, Monſieur, mais c'eſt Monſieur vôtre fils, qui m'a forcé d'entrer. Vous m'en voyez tout confuſe.

ISABELLE *l'embraſſant.*

Vous vous moquez, ma chere Julie. Une viſite de vous eſt une faveur ſinguliére. Je ne m'attendois pas à cet honneur. Quelle conſolation pour moi d'avoir le bonheur de vous voir! Voilà une journée fort heureuſe. Faites-moi la grace de vous approcher.

JEROME.

Finirez-vous bientôt avec toutes ces graces, ces honneurs, ces conſolations, & tous ces Complimens.

ISABELLE.

Comme il vous plaira, mon cher Pére.

JEROME.

J'ai deux mots à dire à Mademoiſelle . . . Des ſiéges!

Marthe vient ranger les ſiéges.

Aſſeyez-vous. Je vous entretiendrai d'une matiére, qui pour l'ordinaire ne déplait pas aux filles, c'eſt du mariage. Léandre m'a aſſuré que vous lui aviez promis vôtre main. Oh! ne rougiſſez point. Vous pouvez vous con-

confeſſer hardiment à moi, & Valère n'eſt
pas non plus de trop ici. Il a les mêmes
intentions pour Iſabelle, & je puis vous déclarer à tous deux mes ſentimens à la fois.
Mais agiſſez avec autant de franchiſe que moi,
& avouez naturellement ſi Leandre m'a dit
vrai. Il ne me verroit de ſa vie, s'il avoit eu
l'audace de me tromper.

LEANDRE.

Je vous conjure, charmante Julie, au nom
de nôtre amour, de ne point irriter mon pére contre moi, en lui déguiſant vos ſentimens
& la vérité.

JULIE.

Mais comment voulez-vous qu'une fille . . .

ISABELLE.

Aimable amie, c'eſt de votre aveu ſincére
que dépend le bonheur de mon frère & le
nôtre.

LEANDRE.

Dans les cas déſeſpérés il eſt beau de
voir l'amour vaincre la répugnance. Si
jamais j'ai eu quelque empire ſur votre
cœur . . .

JULIE.

Vous me prenez par mon foible . . .

à Je-

à Jerome.

Eh! bien, Monfieur, vous le voulez. J'a-
voue donc que Leandre a sçû me plaire, &
que j'ai confenti à devenir fa femme, fi cette
alliance mérite votre approbation, & fi vous
voulez faire les démarches néceffaires pour en
obtenir le confentement de mes tuteurs & de
ma famille . . . . Vous voyez dans quelle
confufion me jette cet aveu.

JEROME *ironiquement.*

En vérité, vous faites pitié ; mais pour revenir à nos moutons. J'ai fort bien connu
votre pére & votre mére. C'étoient de braves gens, qui doivent avoir fait une bonne
maifon. Je fuis content de ce côté-là ; il s'a-
git cependant de favoir au jufte à quoi peuvent aller vos biens. Si j'en fuis fatisfait,
Leandre eft à vôtre fervice, & vous lui faites
beaucoup d'honneur. Sinon, il n'y a point
d'amour, point de confidération qui tienne,
je ne confentirai jamais à ce mariage, & je
faurai réduire vôtre galant à l'obéïffance.

JULIE.

Je crois, Monfieur, que vous ferez content de ma fortune. Mes tuteurs vous prou-
veront que je poffede au moins foixante mille
francs.

LEAN-

LEANDRE *courant vers son Pére.*

Eh! bien, mon pére, vôtre fils est il un nigaud, un étourdi? Vous ne dites mot, vous voilà bien étonné.

JEROME.

Ma chere Demoifelle, choififfez un autre époux: mon fils n'eft pas pour vous.

LEANDRE.

Comment? Plaît-il?

ISABELLE.

Jufte Ciel! qu'entens-je?

VALERE.

Quelle bizarrerie!

JULIE *voulant s'enfuir.*

C'étoit-là l'affront que vous vouliez me faire effuyer. Leandre, renoncez à l'efpoir de me revoir jamais.

à Ifabelle qui la retient.

Non, je n'en ai que trop fait.

LEANDRE *fe jettant à fes pieds.*

Vous voulez donc m'abandonner au defefpoir, cruelle Julie. Je ne furvivrai point à ce malheur. Hélas! donnez-moi le tems de fléchir mon Pére.

JULIE.

Quoi! vous voulez que je refte dans une

maifon

maison où l'on m'outrage? Mon honneur
vous est donc si peu cher?

JEROME.

Vôtre honneur ne souffrira point ici, Mademoiselle. Je serai le premier à y veiller.

JULIIE.

Comment? Après l'affront que vous venez
de me faire. Non, Monsieur. Il faut de
plus grands biens que les miens pour vôtre
fils. Vous allez lui trouver un parti plus riche, & je vous en fais mon compliment.

JEROME.

Je m'en garderai bien. Je ne veux point
que mon fils épouse une femme avec une fortune si considérable.

LEANDRE.

Quoi? Si Julie est assez riche, que sa nais-
sance & son caractére vous conviennent, vous
ne voulez pas consentir à notre mariage?

JEROME.

Non, te dis-je, Elle est trop riche.

LEANDRE.

Qu'est-ce que cela veut dire?

JEROME.

Qu'elle est trop riche, de par tous les diables. Ne faudra-t-il pas que je dise vingt
fois la même chose à ce butor?

LEAN-

LEANDRE.

Mais, tant mieux, mon père, si elle est
riche.

JEROME.

Et moi, je vous dis, tant pis. Mon expérience m'a fait connoître, que les mariages
où tous les biens sont d'un côté, deviennent
la source de mille chagrins & de mille dissensions. Il est rare qu'une femme riche ne dise
pas tous les jours à son mari : *Je le veux ainsi,*
mêlez-vous, Monsieur, de vos affaires. Ce sont
mes écus, qu'on entend sonner ici ; quand vous
y mettrez autant du vôtre, que moi du mien,
vous ferez comme il vous plaira. Voyez comme
on dissipe mon bien ; & cent choses pareilles.

LEANDRE.

S'il n'y a que les richesses de Mademoiselle,
qui vous inquiétent, on pourra vous tranquilliser. Il est aisé de se défaire du superflu.
D'ailleurs ces sortes de disputes pour l'autorité domestique étoient en vogue dans le bon
vieux tems ; aujourd'hui la mode en est passé, les époux tâchent de se prévenir par des
politesses mutuelles.

JEROME.

Attendez-moi sous l'orme.

ISABELLE à *Julie.*

Tranquillisez vous, ma chère amie ; vous

voyez, que mon pére ne méprise pas vos
biens, puisqu'il ne les trouve que trop considérables.

JEROME *à Leandre.*

Faites le beau parleur, tant qu'il vous plaira, je ne consentirai point à vôtre mariage,
ni à celui de votre sœur avec Monsieur Valere, qui a également le défaut d'être trop
riche. Si mon maudit débiteur, Claude la
Neffle, ne m'eut pas emporté le plus clair de
mon bien, en devenant insolvable, j'aurois
été charmé de vous établir. En vous donnant
chacun dix mille écus de dot, vos mariages
eussent été en quelque maniére assortis. Mais
sur le pied où sont les choses, il y auroit une
imprudence visible, à vouloir vous rendre
volontairement malheureux. Encore si ce fripon offroit 80 pour cent!

SCENE XII.

**LES ACTEURS PRECEDENS. MAD.
JEROME.**

MAD. JEROME.

Voilà encore vôtre petit Courtier de tantôt,
qui demande avec empressement à vous
parler ... Mais que vois-je? Vous voilà tous

G g 2   bien

bien confternés. Qu'elles mines allongées!
Apparemment que Monfieur Jerome a fait encore des fiennes. Jour de Dieu! Monfieur Je-
rôme, vous êtes un vrai trouble-fête. On a
beau fe donner de la peine pour procurer un
bon parti à fes enfans, vous gâtez tout par vos
fots fcrupules. Si je m'en croyois . . .

JEROME.

Ma foi, il n'y fait pas bon. Sauvé qui
peut. Et voyons ce qne le Courtier peut avoir
à nous dire.

il fe fauve.

SCENE XIII.

ISABELLE, VALERE, MAD. JERO-
ME, LEANDRE, JULIE.

MAD. JEROME.

Contez-moi donc tout cela. Qu'eft-ce?
Qu'a-t-il dit? Qu'eft-ce qui vous rend fi
capot?

VALERE.

Madame, il ne veut point confentir à nos
mariages.

MAD. JEROME.

Quelle tête! Quel caprice! Pour comble de
malheur le maudit Courtier n'offre que vo
pour

pour cela de la dette. Cela va le rendre de
bien bonne humeur, je pense.

LEANDRE.

L'amour me rend ingénieux; j'imagine un
stratagème qui fera réüffir à coup fûr nos
deffeins. Mon cher Valère, vous feul pouvez
m'aider dans mon projet. Voulez-vous me
prêter dix mille écus de vôtre bien, & vôtre
laquais. Je n'en veux difpofer que pour une
heure ou deux, & au bout de ce tems je vous
rendrai fidélement vôtre argent.

VALERE.

Avec le plus grand plaifir du monde. Auffi
bien, il y a un de mes débiteurs qui m'attend
chez moi, pour me remettre une pareille
fomme. Puiffe l'emploi de cet argent faire
fuccéder nos vœux! Mais, où trouver l'Olive?

ISABELLE.

Le voici fort à propos.

SCENE XIV.

LES ACTEURS PRECEDENS. L'OLIVE.

VALERE.

Ecoute l'Olive, tu fuivras Monfieur, tu lui
remettras l'argent qu'on vient d'apporter
chez moi, & tu exécuteras de point en point
tout ce qu'il t'ordonnera.

L'O.

L'OLIVE.

Je ne demande pas mieux. Sans vanité je ne suis pas manchot.

LEANDRE.

Ne perdons point de tems. Vôtre fortune & vôtre mariage, Monsieur l'Olive, dépendent du succés de vos soins.

Leandre & l'Olive sortent ensemble.

ISABELLE.

Ne craignez rien. Je connois mon frére. Quoiqu'il ait l'imagination vive, il ne laisse pas d'être prudent & sage. Mais mon pére revient dejà.

SCENE XV.

ISABELLE, VALERE, JEROME, MAD. JEROME, JULIE, UN COURTIER.

JEROME *au Courtier.*

Je vous le répète encore, je ne signerai jamais un pareil accord.

LE COURTIER *begayant toujours.*

Je vous proteste, Monsieur, qu'il est hors d'état de payer un sol de plus.

JEROME.

Il mourra donc en prison.

LE

LE COURTIER.

Vous vous en repentirez.

JEROME.

Je le mettrai hors d'état de jamais tromper
les honnêtes gens.

LE COURTIER.

Cela vous rendra-t-il vôtre argent ?

JEROME.

J'aime mieux tout perdre.

LE COURTIER.

Quarante pour cent valent mieux que rien.

JEROME.

Que le Diable l'emporte avec ses 40 pour
cent.

LE COURTIER.

Vous voulez donc courir après vôtre argent ?

JEROME.

Je veux plaider.

LE COURTIER.

Vous n'y gagnerez rien ; ce sera une dépense inutile.

JEROME.

J'aime mieux me ruïner.

LE COURTIER.

Les procès sont coûteux en diable ; & la
Justice est chére.

JEROME.

Ma caufe eft toute gagnée. Il ne s'agit que
de coffrer mon drôle.

LE COURTIER.

Il prendra de la poudre d'efcampette, &
vous en créverez de dépit.

JEROME.

Ta, ta, ta, ta. . . . . Qu'on me mette ce rai-
fonneur-là à la porte. Leandre, Leandre!
qu'eft-il donc devenu?

> *Le Courtier fe fauve. Jerome le pour-*
> *fuit, & en même tems Leandre ar-*
> *rive tout effoufflé. Tous les trois*
> *fe heurtent & tombent à terre.*

SCENE XVI.

ISABELLE, VALERE, MAD. JEROME, JEROME, JULIE, L'EANDRE.

JEROME *fe relevant.*

J'ai les reins rompus. . . . . Va, que la pefte
te crève, babillard infame. Cette affaire
me donnera la mort. Et vous auffi, vous
m'affaffinez avec vos chiennes d'idées matrimo-
niales.

MAD. JEROME.

Eh! mon poulet, vous êtes-vous bleffé? J'irai
cher-

chercher de mon onguent divin. J'en fais
tous les ans, la veille de la St. Médard. C'est
un remède qui feroit revivre un homme qui
se feroit caffé le col.

LEANDRE.

J'en aurois donc bon befoin, car je crois
que j'ai la jambe démise.

MAD. JEROME.

Quoi vous êtes vous laiffé cheoir auffi,
mon pauvre Leandre. J'en fuis au defefpoir.
Cela eft de mauvais augure pour vos nôces prochaines.

JEROME.

Pas fi prochaines que vous croyez bien; car
je vous avertis que je ne confens point à vos
mariages. Ne pouvant obtenir que 40 pour
cent de mon débiteur, je ne puis donner qu'environ feize mille francs à chacun de mes enfans pour leur établiffement. Il faut compter avec fa bourfe. Et qu'eft-ce que c'eft que
16 mille francs? Une pareille fomme ne dure
pas longtems, quand il s'agit de fe mettre en
ménage. La premiére année du mariage eft
toujours terrible; on s'en reffent encore pendant bien d'autres. Le luxe augmente à un
excès épouvantable, & je crois que la fin du
monde aproche.

LEAN-

LEANDRE.

Mon pére, ne craignez rien à cet égard.
Mon établiſſement n'aura rien de faſtueux.
Daignez conſidérer auſſi que Julie étant Or-
pheline elle n'a plus rien à eſpérer de perſonne, au lieu qu'aprés vôtre mort & celle de ma
mére . . .

JEROME *en colere.*

Comment, fils dénaturé, tu comptes déjà
ſur ma mort! Tu en as menti, & il n'en ſera
rien. Tu oſes me dire pareille choſe en face.
Je te jure que ſi tu as l'audace de vivre plus
longtems que moi, je te . . . . Mais pourquoi crois-tu que je mourrai bientôt? Je ne
ſuis affligé d'aucune infirmité. J'ai la voir
bonne, hem . . . hem . . . Je mange bien,
je bois bien, je . . . . N'eſt-il pas vrai, Madame
Jerome?

LEANDRE.

Mais, mon Père . . . . .

JEROME.

Vas, je ne ſuis pas ton Père. Tu es un
traitre qui ſouhaite ma mort.

LEANDRE.

Je prens le Ciel à temoin que ce n'a jamais
été mon intention, mon cœur eſt incapable
d'un ſentiment ſi indigne. Mais, mon cher

Père,

Père, quand même je mourrois avant vous, mes Enfans

JEROME.

Quoi, tu as des Enfans ? Où font-ils ? Des bâtards ?

LEANDRE.

Non, Monsieur, mais moi marié, moi mort avant vous, mes Enfans n'hériteroient pas moins de votre bien.

SCENE XVII.

LES ACTEURS PRECEDENS, MARTHE.

MARTHE.

Voici pour la troisième fois ce maudit Courtier qui abime nos escaliers avec ses pieds crotés.

JEROME.

Qu'il s'aille paître. Je ne veux plus lui parler.

MARTHE.

Mais il est accompagné d'un beau Monsieur. Ils difent tous deux comme ça, qu'ils ont une bonne nouvelle à vous apprendre, & qu'il faut absolument qu'ils vous parlent.

MAD.

MAD. JEROME si loin
Une bonne nouvelle! Oh! il faudra écouter.

JEROME.

Qu'ils viennent donc, pour la dernière fois,

MARTHE s'approchant de la Coulisse.

Vous plait-il d'entrer, Messieurs?

SCENE XVIII. ET DERNIERE.

ISABELLE, VALERE, JEROME, MAD. JEROME, JULIE, MARTHE, L'OLIVE comiquement travesti. LE COURTIER.

LE COURTIER à l'Olive.

Monsieur, voici le galant'homme avec lequel nous avons à traiter.

L'OLIVE affectant de parler Gascon pendant toute la Scene.

Cadedis, il a l'air d'être un tantinet de mauvaise humeur.

JEROME.

On le seroit à moins.

L'OLIVE.

Ah! ça, mon Patron, topez-là. Vous voyez

en

en moi le Phénix des gens d'honneur, mon
nom est Pamphile Crispin Mauffadiniac.

JEROME.

Serviteur à Monsieur Mauffadiniac.

L'OLIVE.

Vous me voyez au défefpoir, je voudrois
être anéanti.

JEROME.

Eh! pourquoi?

L'OLIVE.

Que l'on feroit heureux, fi l'on étoit dans
le monde comme Melchifédec, & comme bien
d'autres honnêtes gens, fans connoitre ni fon
Père, ni fes beaux Frères, ni fes Coufins.

JEROME.

Monfieur eft Gafcon.

L'OLIVE.

Pour vous rendre mes obéiffances, & d'u-
ne des meilleures Maifons du Périgord. Nous
avons eu cependant le malheur de faire alliance par les femmes, (& ce font les femmes
qui font toujours le mal;) nous avons eu,
dis-je, le malheur de nous allier à un certain
Claude la Neffle . . .

JEROME.

Ah! c'eft un grand malheureux celui-là.

L'OLI-

L'OLIVE.

Il a l'honneur d'être nôtre Cousin. Je sçai là petite mèsintelligence qui s'est élevée entre vous deux. Mais ce n'est qu'une bagatelle, & je viens exprès pour m'informer de ce que vous voulez précisément de lui.

JEROME.

De l'argent.

L'OLIVE.

Mon Cousin est pauvre, mais il a le cœur noble & l'ame grande comme César.

JEROME.

S'il ne me paye point, je pourrois fort bien faire pendre ce cœur noble.

L'OLIVE.

Cadedis, Monsieur, on ne pend pas des gens comme nous. Vous êtes bien vif, mon Patron. Que diable pendre! Mon pauvre Cousin est fort à plaindre. Par noblesse d'ame, & pour pouvoir vivre en Seigneur, il s'est avisé, pendant quelque tems, de troquer avec ses amis des marchandises contre de l'argent. Il n'y a point de mal à cela, je pense. Or ses amis décampent & oublient de lui remettre l'argent, pour les marchandises qu'il leur avoit procurées. Ce n'est pas sa faute, comme vous voyez. Il veut ni plus ni moins boire.

boire & manger tous les jours, & se divertir quelquefois; cela est naturel. Il faut donc qu'il cherche de l'argent. Monsieur Jerome a beaucoup d'argent, donc il lui emprunte; c'est tout simple. Mais sa mauvaise étoile veut qu'il ne puisse pas rendre, & par fatalité il fait une petite banqueroute. Oh! on ne pend pas d'abord les honnêtes gens pour cela. On dépeupleroit l'état, si on s'avisoit de pendre tous ceux qui empruntent, & qui ne rendent pas. Mon Cousin veut vous donner plus qu'il n'a. Se peut-il un plus galant homme? Qu'y a-t-il à redire.

JEROME *en colère.*

Comment? Vous voulez me persuader que l'on fait banqueroute par grandeur d'ame?

L'OLIVE.

Point de fâcherie, Monsieur Jerome. Je suis de sang froid. Tenez, je vous aime tendrement, & l'honneur de ma famille me tient à cœur. Mon cousin vous donnera 40. pour cent, & j'y ajouterai dix pour cent de ma propre bourse. Je sçai bien, que tous les banqueroutiers galants, qui s'enrichissent par ce moyen, vont me jetter la pierre, & que je gâte le métier; mais je les nargue.

LE COURTIER.

Monsieur Jerome, 50 pour cent vaut mieux qu'un concours. JE-

JEROME.

Il me faut au moins 90 pour cent.

L'OLIVE.

D'ailleurs avec 50 pour cent vous n'y perdrez rien. Comme un sage rentier vous aurez sans doute pris vos mesures d'avance, soit en donnant à mon Cousin au lieu d'argent comptant, des marchandises qui ne valoient pas la moitié du prix, soit en retenant sur le payement quelques années d'intérêt, soit en vous faisant donner quelques pour cent de provision, une discrétion, & ainsi du reste. Enfin, Monsieur, ne soyez point opiniâtre. Les autres Créanciers n'auront que 40 pour cent.

JEROME.

Il me faut 90 pour cent, ou je le fais arrêter.

L'OLIVE.

Votre Serviteur très humble. En ce cas là mon Cousin fait cession entière de ses biens, produit ses livres, & tire son épingle du jeu.

JEROME.

Je l'en empêcherai bien.

L'OLIVE.

Ah! ça, mon Patron, restons amis. Je veux faire en votre faveur un coup de générosité de mon pais.

JE

JÉROME.

Quand vous babillerez jusqu'à demain, je ne ferai jamais d'accord, à moins que vous ne m'offriez 80 pour cent.

L'OLIVE.

Quatre-vingt pour cent, eh! vous n'y pensez pas. Il ne manqueroit que 20 pour cent au Capital. Tout le monde se moqueroit de mon Cousin. Cela ne se peut point. La chose entraîneroit de trop fâcheuses conséquences, & feroit manquer bien des coups.

LE COURTIER.

Monsieur Maussadiniac, il faut faire un effort pour le contenter; je sçais qu'il est entier dans ses sentimens.

L'OLIVE.

Quatre-vingt pour cent! Cadedis, pourquoi mon Cousin se seroit-il donc donné la peine de faire banqueroute? Sur ce pied-là un honnête homme ne peut plus faire banqueroute.

JÉROME.

A quoi servent tout ces propos? Je vous dis & vous répéte, que je n'en rabattrai pas une obole.

L'OLIVE.

Quatre-vingt pour cent. Et dequoi mon

I   H h   Cou-

Coufin pourra-t-il faire figure après ? Demander 80 pour cent ! Monfieur, cela eft
Juif, Arabe, Anti-chrétien. Jamais perſonne
de nôtre famille n'a donné 80 pour cent. O
le mauvais ſiécle ! O vertus corrompues ! Mon
Patron, vous êtes un vrai Corſaire. Les 80
pour cent vous peſeront ſur la conſcience à
l'article de la mort.

Jerome l'écoute fort tranquillement, &
ſecouë la tête à cet endroit.

Eh ! bien, puiſque vous êtes tetû comme
une bourique, vous les aurez ces 80 pour
cent : mais ſi jamais vous faites banqueroute,
je vous jure ſandis, que vous en payerez tout
autant.

JEROME.

Je m'en garderai bien. Maitre Courtier,
dreſſez le procés verbal, que nous avons con-
clu l'accord à 80 pour cent. Quoi, vous hé-
ſitez . . . .

LE COURTIER.

Au moins, Monſieur, je me flatte que
vous me donnerez un ample courtage pour
mes peines.

Le Courtier va dreſſer dans un coin les Ar-
ticles, que Jerome & l'Olive ſignent
enſuite.

MAD.

MAD. JEROME.

Eh! bien, Monſieur Jerome, vous voilà au comble de vos deſirs. Rendez-donc ces jeunes gens également heureux. Tous les obſtacles ſont levés, & vous venez de leur repréſenter toutes les difficultés du mariage, mais ils n'en ſont pas moins réſolus de risquer l'avanture.

VALERE

Oſerois-je, Monſieur, joindre mes inſtances à celles de Madame? J'eſpére que vous ne vous repentirez jamais de m'avoir accordé Mademoiſelle vôtre fille.

LEANDRE.

Mon Pére, je vous demande la même grace. Ma conduite ſera telle, que mon établiſſement ne ſera jamais pour vous qu'un ſujet de joye & de ſatisfaction.

JEROME.

A' la bonne heure. Je ſuis maintenant en état de vous établir ſolidement. Mais faites bon ménage, & ne venez jamais m'importuner de vos plaintes.

MAD. JEROME.

Voilà qui va le plus heureuſement du mon-

de.

de. Venez, mes Enfans, que je vous embrasse. ... Je t'aime, M. Jérôme.

JEROME

Recevez aussi ma bénédiction. Puissent vos mariages être accompagnés d'un bonheur constant!

MAD. JEROME *sautant au col de son mari.*

Ah! ça, mon poulet, ne perdons point de tems pour achever le bonheur de ces petits moutons, & pour faire les' après do leurs nôces, rentrons.

Monsieur & Mad. Jerome sortent.

LE COURTIER à *Leandre.*

Mais, Monsieur, où en serai-je, si l'on vient à savoir que ces 80 pour cent ne sont qu'un jeu de vôtre invention?

VALERE.

Je me charge de régler toute cette affaire, & payer les 40 pour cent en sus. Aussi bien la moitié m'en revient.

L'OLIVE.

Et moi, qu'aurai-je pour mes peines & mes risques?

LE-

LEANDRE.

L'aimable Marthe sera le salaire de vôtre industrie, Monsieur l'Olive.

L'OLIVE.

C'est un présent qui ne vous coûte pas beaucoup, tout précieux qu'il est pour moi.

JULIE.

Je m'engage à la doter.

ISABELLE.

Et moi à lui faire son trousseau.

MARTHE.

En vérité, Mesdames, c'est une œuvre de charité que vous faites en me donnant un mari.

VALERE.

Mesdames & Monsieur, félicitons-nous mutuellement sur l'heureux succés de nos amours, & tâchons qu'un prompt hymen soit la récompense de toutes les inquiétudes que nous avons essuyées.

L'OLIVE à part.

Pourvû que la charmante Marthe ne fasse pas enrager Monsieur Maussadiniac, tout ira bien.

Et

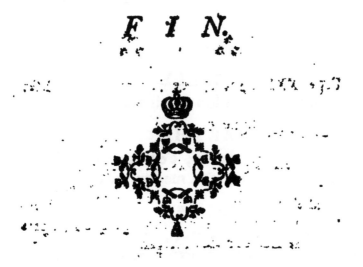

au Parterre.

Et vous, Meſſieurs, je ſouhaite que toutes vos intrigues réüſſiſſent auſſi bien que la mienne. Bon ſoir.

F I N.

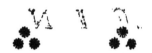

Page XXI. ligne 17. de l'avant-propos, lisez
. *mot pour mot.*

- - 373. ligne 24. LISIMON, lisez
LOUISON.

- - 411. ligne 11. Nous rougirons, lisez
Nous rougirions.

Il s'est encore glissé quelques fautes d'impreſſion dans cet ouvrage que l'on prie le Lecteur de corriger.